《中蒙俄国际经济走廊多学科联合考察》

丛书出版得到以下项目资助：

科技部科技基础资源调查专项"中蒙俄国际经济走廊多学科联合考察"项目（2017FY101300）

中国科学院战略性先导科技专项（A 类）"泛第三极环境变化与绿色丝绸之路建设"项目"重点地区和重要工程的环境问题与灾害风险防控"课题"中蒙俄经济走廊交通及管线建设的生态环境问题与对策"（XDA20030200）

国家出版基金项目
NATIONAL PUBLICATION FOUNDATION

"十四五"时期国家重点出版物出版专项规划项目

中蒙俄国际经济走廊多学科联合考察

丛书主编　董锁成　孙九林

中蒙俄国际经济走廊战略性资源格局与潜力研究

李泽红　吴殿廷　〔俄〕Igor Vladimirov　等　著

科 学 出 版 社
龙 门 书 局
北 京

内 容 简 介

　　本书以"一带一路"倡议首个落地建设的经济走廊——中蒙俄国际经济走廊为重点研究区域,针对战略性资源格局与潜力科学问题,在高分卫星及无人机遥感调查、现场踏勘、文献调查的基础上,重点揭示跨中国东北及华北沿边境地区、蒙古国、俄罗斯西伯利亚和远东地区主要战略性资源储量、资源组合及开发利用现状,评估油气、铜矿、金矿、铅锌矿四类关键矿产资源与耕地、森林、淡水、旅游等战略性资源的开发潜力及中蒙俄资源跨国合作的潜力,分析中蒙俄三国资源合作的现状、存在的问题及未来风险,提出通过加强中蒙俄国际经济走廊战略性资源跨国合作,为我国资源安全保障、东北振兴和资源型城市转型寻求接续资源及开展国际产能合作的建议。

　　本书可供世界地理、世界资源等相关专业教学人员和学生,以及资源战略、资源贸易研究和管理人员参考。

审图号:GS 京(2024)2293 号

图书在版编目(CIP)数据

　　中蒙俄国际经济走廊战略性资源格局与潜力研究 / 李泽红等著. -- 北京:龙门书局,2025. 3. -- (中蒙俄国际经济走廊多学科联合考察 / 董锁成,孙九林主编). -- ISBN 978-7-5088-6486-0

　　Ⅰ. F125.531.1;F125.551.2

　　中国国家版本馆 CIP 数据核字第 20246K5P68 号

责任编辑:周　杰　张　菊　李　洁 / 责任校对:樊雅琼
责任印制:徐晓晨 / 封面设计:无极书装

科学出版社
龙门书局 出版

北京东黄城根北街 16 号
邮政编码:100717
http://www.sciencep.com

北京中科印刷有限公司印刷
科学出版社发行　各地新华书店经销

*

2025 年 3 月第 一 版　开本:787×1092　1/16
2025 年 3 月第一次印刷　印张:14 1/4
字数:350 000

定价:200.00 元
(如有印装质量问题,我社负责调换)

《中蒙俄国际经济走廊多学科联合考察》
学术顾问委员会

主　任　孙鸿烈

副主任　欧阳自远　刘　恕

委　员　叶大年　　石玉林　李文华　刘嘉麒　郑　度

　　　　刘兴土　　方　新　王艳芬　田裕钊　陈　才

　　　　廖小罕　　毛汉英　叶舜赞

项目专家组

组　长　陈宜瑜

副组长　孙九林

专　家　尹伟伦　秦玉才　葛全胜　王野乔　董锁成

《中蒙俄国际经济走廊多学科联合考察》
丛书编写委员会

主　编　董锁成　孙九林

编　委（中文名以姓名拼音为序）

白可喻	包玉海	宝　音	常丽萍	程　昊	董晓峰
黄　玫	金　良	李　飞	李　颖	李　宇	李富佳
李泽红	刘运伟	齐晓明	邵　彬	时忠杰	孙东琪
万永坤	王　平	王传胜	吴殿廷	杨雅萍	姚予龙
于灵雪	张丽君	张平宇	张树文	周振华	

Arkady Tishkov（俄）　　　　　Arnold Tulokhonov（俄）

Baklanov Peter（俄）　　　　　Boris Voronov（俄）

Dashtseren Avirmed（蒙）　　　Dechingungaa Dorjgotov（蒙）

Dorjgotov Battogtokh（蒙）　　Endon Garmaev（俄）

Ganzy Kirill（俄）　　　　　　Igor Vladimirov（俄）

Maria Krukova（俄）　　　　　Mikail I. Kuzmin（俄）

Nikolay Kasimov（俄）　　　　Vladimir Kolosov（俄）

编委会办公室　李　宇　杨雅萍　李泽红

《中蒙俄国际经济走廊战略性资源格局与潜力研究》撰写委员会

主　　笔　　李泽红　吴殿廷　Igor Vladimirov

副 主 笔　　周振华　王　平　李　飞　邵　彬　姚予龙

参与人员　　张文彪　高　阳　刘诗奇　崔　丹　王梦媛

　　　　　　赵家齐　姜曙光　陈新凯　李懿珈　刘宏红

　　　　　　王春盈　丁　焱　任　杨　李静楠　苗欣然

　　　　　　李晓波

　　　　　　Tcogto Bazarzhapov　　　　Ayana Yangutova

　　　　　　Alexey Bilgaev　　　　　　Tamir Boldanov

总　序　一

科技部科技基础资源调查专项"中蒙俄国际经济走廊多学科联合考察"重点项目，经过中蒙俄三国二十多家科研机构百余位科学家历时 5 年的艰辛努力，圆满完成了既定考察任务，形成了一系列科学考察报告和研究论著。

中蒙俄国际经济走廊是"一带一路"首个落地建设的经济走廊，是俄乌冲突爆发后全球地缘政治研究的热点区域，更是我国长期研究不足、资料短缺，亟待开展多学科国际科学考察研究的战略重点区域。因此，该项考察工作及成果集结而成的丛书出版将为我国在该地区的科学数据积累做出重要贡献，为全球变化、绿色"一带一路"等重大科学问题研究提供基础科技支持，对推进中蒙俄国际经济走廊可持续发展具有重要意义。

该项目考察内容包括地理环境、战略性资源、经济社会、城镇化与基础设施等，是一项科学价值大、综合性强、应用前景好的跨国综合科学考察工作。5 年来，项目组先后组织了 15 次大型跨境科学考察，考察面积覆盖俄罗斯、蒙古国 43 个省级行政区及我国东北地区和内蒙古自治区的 920 万 km²，制定了 12 项国际考察标准规范，构建了中蒙俄国际经济走廊自然地理环境本底、主要战略性资源、城市化与基础设施、社会经济与投资环境等领域近 300 个综合数据集和地图集，建立了多学科国际联合考察信息共享网络平台；获 25 项专利；主要成果形成了《中蒙俄国际经济走廊多学科联合考察》丛书共计 13 本专著，25 份咨询报告被国家有关部门采用。

该项目在国内首次整编完成了统一地理坐标参考和省、地市行政区的 1∶100 万中蒙俄国际经济走廊基础地理底图，建立了中蒙俄国际经济走廊"点、线、带、面"立体式、全要素、多尺度、动态化综合数据集群；全面调查了地理环境本底格局，构建了考察区统一的土地利用／土地覆被分类系统，在国内率先完成了不同比例尺中蒙俄国际经济走廊全区域高精度土地利用／土地覆被一体化地图；深入调查了油气、有色金属、耕地、森林、淡水等战略性资源的储量、分布格局、开发现状及潜力，提出了优先合作重点领域和区域、风险及对策；多尺度调查分析了中蒙俄国际经济走廊考察全区、重点区域和城市、跨境口岸城市化及基础设施空间格局和现状，提出了中蒙俄基础设施合作方向；调查了中蒙俄国际经济走廊经济社会现状，完成了投资环境综合评估，首次开展了中蒙俄国际经济走廊生态经济区划，揭示了中蒙俄国际经济走廊经济社会等要素"五带六区"空间格局及优先战略地位，提出了绿色经济走廊建设模式；与俄蒙共建了中蒙俄

"两站两中心"野外生态实验站和国际合作平台，开创了"站点共建，数据共享，实验示范，密切合作"的跨国科学考察研究模式，开拓了中蒙俄国际科技合作领域，产生了重大的国际影响。

该丛书是一套资料翔实、内容丰富、图文并茂的科学考察成果，入选了"十四五"时期国家重点出版物出版专项规划项目和国家出版基金项目，出版质量高，社会影响大。在国际局势日趋复杂，我国全面建设中国式现代化强国的历史时期，该丛书的出版具有特殊的时代意义。

中国科学院院士

2022 年 10 月

总　序　二

"中蒙俄国际经济走廊多学科联合考察"是"十三五"时期科技部启动的跨国科学考察项目，考察区包括中国东北地区、蒙古高原、俄罗斯西伯利亚和远东地区，并延伸到俄罗斯欧洲部分，地域延绵 6000 余公里。该区域生态环境复杂多样，自然资源丰富多彩，自然与人文过程交互作用，对我国资源、环境与经济社会发展具有深刻的影响。

项目启动以来，中国、俄罗斯和蒙古国三国科学家系统组织完成了 10 多次大型跨国联合科学考察，考察范围覆盖中俄蒙三国近 50 个省级行政单元，陆上行程近 2 万 km，圆满完成了考察任务。通过实地考察、资料整编、空间信息分析和室内综合分析，制作百余个中蒙俄国际经济走廊综合数据集和地图集，编写考察报告 7 部，发表论著 100 多篇（部），授权 20 多项专利，提出了生态环境保护及风险防控、资源国际合作、城市与基础设施建设、国际投资重点和绿色经济走廊等系列对策，多份重要咨询报告得到国家相关部门采用，取得了丰硕的研究成果，极大地提升了我国在东北亚区域资源环境与可持续发展研究领域的国际地位。该考察研究对于支持我国在全球变化领域创新研究，服务我国与周边国家生态安全和资源环境安全战略决策，促进"一带一路"及中蒙俄国际经济走廊绿色发展，推进我国建立质量更高、更具韧性的开放经济体系具有重要的指导意义。

《中蒙俄国际经济走廊多学科联合考察》丛书正是该项目成果的综合集成。参与丛书撰写的作者多为中蒙俄国立科研机构和大学的著名院士、专家及青年骨干，书稿内容科学性、创新性、前瞻性、知识性和可参考性强。该丛书已入选"十四五"时期国家重点出版物出版专项规划项目和国家出版基金项目。

该丛书从中蒙俄国际经济走廊不同时空尺度，系统开展了地理环境时空格局演变、战略性资源格局与潜力、城市化与基础设施、社会经济与投资环境，以及资源环境信息系统等科学研究；共建了两个国际野外生态实验站和两个国际合作平台，应用"3S"技术、站点监测、实地调研，以及国际协同创新信息网络平台等技术方法，创新了点—线—面—带国际科学考察技术路线，开创了国际科学考察研究新模式，有力地促进了地理、资源、生态、环境、社会经济及信息等多学科交叉和国内外联合科学考察研究。

在"一带一路"倡议实施和全球地缘环境变化加剧的今天，该丛书的出版非常及时。面对百年未有之大变局，我相信，《中蒙俄国际经济走廊多学科联合考察》丛书的出版，将为读者深入认识俄罗斯和蒙古国、中蒙俄国际经济走廊以及"一带一路"提供更加特别的科学视野。

中国科学院院士

2022 年 10 月

总　序　三

中蒙俄国际经济走廊覆盖的广阔区域是全球气候变化响应最为剧烈、生态环境最为脆弱敏感的地区之一。同时，作为亚欧大陆的重要国际大通道和自然资源高度富集的区域，该走廊也是全球地缘关系最为复杂、经济活动最为活跃、对全球经济发展和地缘安全影响最大的区域之一。开展中蒙俄国际经济走廊综合科学考察，极具科研价值和战略意义。

2017年，科技部启动科技基础资源调查专项"中蒙俄国际经济走廊多学科联合考察"项目。中蒙俄三国20多家科研院校100多位科学家历时5年的艰苦努力，圆满完成了科学考察任务。项目制定了12项项目考察标准和技术规范，建立了131个多学科科学数据集，编绘133个图集，建立了多学科国际联合考察信息共享网络平台并实现科学家共享，培养了一批国际科学考察人才。项目主要成果形成的《中蒙俄国际经济走廊多学科联合考察》丛书陆续入选"十四五"时期国家重点出版物出版专项规划项目和国家出版基金项目，主要包括《中蒙俄国际经济走廊多学科联合考察综合报告》《中蒙俄国际经济走廊地理环境时空格局及变化研究》《中蒙俄国际经济走廊战略性资源格局与潜力研究》《中蒙俄国际经济走廊社会经济与投资环境研究》《中蒙俄国际经济走廊城市化与基础设施研究》《中蒙俄国际经济走廊多学科联合考察数据编目》等考察报告，以及《俄罗斯地理》《蒙古国地理》等国别地理，《俄罗斯北极地区：地理环境、自然资源与开发战略》等应用类专论等13部。

这套丛书首次从中蒙俄国际经济走廊全区域、"五带六区"、中心城市、国际口岸城市等不同尺度系统地介绍了地理环境时空格局及变化、战略性资源格局与潜力、城市化与基础设施、社会经济与投资环境以及资源环境信息系统等科学考察成果，可为全球变化区域响应及中蒙俄跨境生态环境安全国际合作研究提供基础科学数据支撑，为"一带一路"和中蒙俄国际经济走廊绿色发展提供科学依据，为我国东北振兴与俄罗斯远东开发战略合作提供科学支撑，为"一带一路"和六大国际经济走廊联合科学考察研究探索模式、制定技术标准规范、建立国际协同创新信息网络平台等提供借鉴，对我国资源安全、经济安全、生态安全等重大战略决策和应对全球变化具有重大意义。

这套丛书具有以下鲜明特色：一是中蒙俄国际经济走廊是国家"一带一路"建设的重要着力点，社会关注度极高，但国际经济走廊目前以及未来建设过程中面临着生态环境风险、资源承载力以及可持续发展等诸多重大科学问题，亟须基础科技数据资源支撑研究。中蒙俄科学家首次联合系统开展中蒙俄国际经济走廊科学考察研究成果的发布，具有重要的战略意义和极高的科学价值。二是这套丛书深入介绍的中蒙俄经济走廊地理环境、战略性资源、城市化与基础设施、社会经济和投资环境等领域科学考察成果，将为进一步加强我国与俄蒙开展战略资源经贸与产能合作，促进东北振兴和资源型城市转型，以及推动兴边富民提供科学数据基础。三是将促进地理科学、资源科学、生态学、社会经济科学和信息科学等多学科的交叉研究，推动我国多学科国际科学考察理论与方法的创新。四是丛书主体内容中的 25 份咨询报告得到了中央和国家有关部门采用，为中蒙俄国际经济走廊建设提供了重要科技支撑。希望项目组再接再厉，为中国的综合科学考察事业做出更大的贡献！

中国工程院院士

2022 年 10 月

前　言

中蒙俄国际经济走廊作为"一带一路"倡议首个落地建设的经济走廊，不仅在"一带一路"建设中具有举足轻重的地位，也是俄罗斯"欧亚经济联盟"和蒙古国"草原之路"等重大国际合作平台的交会之处，中蒙俄国际经济走廊已成为世界地理、世界资源、世界经济等研究领域的热点研究区域。尽管中蒙俄三国地域相邻、文化相通、自然生态系统相连，但自苏联解体以后，俄蒙两国与他国的国际学术交流较少，我国学者对俄蒙两国发展现状的了解及认识渠道受限。2017 年科技部启动科技基础资源调查专项"中蒙俄国际经济走廊多学科联合考察"（2017FY101300），旨在系统掌握俄罗斯和蒙古国地理环境、自然资源、基础设施、社会经济发展最新进展，为开展全面跨国合作研究奠定基础。在该专项的支持下，一批青年地理学者得以有组织地投入俄罗斯和蒙古国问题研究，作者有幸承担专项课题"中蒙俄国际经济走廊战略性资源格局与潜力考察"，本书就是这一课题研究成果的集成。

资源合作是中俄及中蒙国际合作的重点领域，也是中蒙俄国际经济走廊建设的优先领域。俄罗斯和蒙古国拥有丰富的自然资源及特殊的地理区位，与中国、日本、韩国甚至欧美国家和其他地区的资源贸易，一直是东北亚和欧亚地区的热点问题。当前，全球资源供应链危机日趋严重，中蒙俄资源合作战略作用更加凸显，本书的出版恰逢其时。

本书的成稿得益于项目首席科学家董锁成研究员的坚强领导、项目办公室的成功组织和课题组全体成员的全身心投入。2017 年项目启动以来，课题组共组织开展 15 次俄蒙地区资源科学考察，考察足迹遍布莫斯科及周边金环地区、西伯利亚铁路沿线地区［包括新西伯利亚、阿尔泰、图瓦共和国、克拉斯诺亚尔斯克、克麦罗沃、库兹巴斯、泰舍特、图伦、伊尔库茨克、乌兰乌德、赤塔、涅尔琴斯克（尼布楚）、哈巴罗夫斯克（伯力）、比罗比詹、滨海边疆区各港口城市］、中蒙俄跨境地区主要矿区、中蒙俄边境及口岸地区［包括苏赫巴托尔 – 恰克图、扎门乌德–二连浩特、满洲里、布拉戈维申斯克（海兰泡）–黑河、下列宁斯科耶 – 同江、符拉迪沃斯托克（海参崴）–绥芬河、兴凯湖地区］、中蒙跨境铁路沿线地区（包括达尔罕、乌兰巴托、赛音山达等地区）、蒙古国东部地区（包括乔巴山、温都尔汗、马塔德）、蒙古国西部地区（包括库苏古尔湖地区、额尔登特、布尔干）等。作者通过实地考察、资料整编、空间信息分析和室内综合分析相结合，深入调查了中蒙俄国际经济走廊油气、有色金属矿产、耕地、森林、淡水和旅游等主要战略性资源的储量、分布格局与开发利用现状，比较系统地构建起了中蒙俄国际经济走廊典型战略性资源储量与分布数据集和图集，查明了考察区典型战略性资源的分布格局及开发利用现状，综合评估了资源开发潜力，识别出了中蒙俄资源优先合作的重点区域和重点领域，揭示了资源跨境合作面临的风险，提出了风险防范对策，相关建议得到中央和地方有关部门及跨国资源型企业实质性采用。

本书共分 8 章，第 1 章绪论由李泽红执笔，第 2 章中蒙俄国际经济走廊油气资源格局与潜力由周振华、赵家齐、陈新凯执笔，第 3 章中蒙俄国际经济走廊关键有色金属资源格局与潜力由高阳执笔，第 4 章中蒙俄国际经济走廊耕地资源格局与潜力由李飞执笔，第 5 章中蒙俄国际经济走廊森林木材资源格局与潜力由邵彬、姚予龙执笔，第 6 章中蒙俄国际经济走廊淡水资源格局与潜力由王平执笔，第 7 章中蒙俄国际经济走廊旅游资源格局与潜力由吴殿廷执笔，第 8 章中蒙俄国际经济走廊资源合作总体战略与对策建议由李泽红、张文彪执笔。全书由李泽红、吴殿廷、Igor Vladimirov 负责统稿。赵川宇老师做了大量俄文资料翻译工作，刘诗奇、崔丹、李懿珈、刘宏红、李晓波参与了考察、数据收集和初步分析，研究生王梦媛、姜曙光、王春盈、丁焱、任杨、李静楠、苗欣然等承担了相关图件的制作和文字校对工作，留学生 Tcogto Bazarzhapov、Ayana Yangutova、Alexey Bilgaev、Tamir Boldanov 提供了大量俄文、蒙文文献资料，同时发挥了重要的对俄对蒙联络作用。

本书的顺利完成，还得益于俄罗斯科学院西伯利亚分院贝加尔自然管理研究所、伊尔库茨克地理研究所、经济与产业工程研究所、俄罗斯科学院远东分院太平洋地理研究所、俄罗斯科学院地理研究所（莫斯科）、莫斯科大学地理学院、蒙古国科学院地理与地球生态研究所等许多科研机构的大力支持，在此表示衷心感谢！

科技部科技基础资源调查专项"中蒙俄国际经济走廊多学科联合考察"（2017FY101300）、中国科学院战略性先导科技专项（A 类）项目课题"中蒙俄经济走廊交通及管线建设的生态环境问题与对策"（XDA20030200）、"一带一路"国际科学组织联盟（ANSO）联合研究合作专项"中蒙俄经济走廊绿色发展模式及典型示范研究"（ANSO-CR-KP-2020-02）为本书出版提供了经费支持。

本书内容涵盖资源种类多，涉及专业面广，由于作者写作水平有限，难免存在遗漏与不妥之处，望广大同仁不吝指正，以便不断完善。

作　者

2023 年 12 月于北京

目　　录

第1章　　　　　　绪　　论

自然资源是人类赖以生存和发展的重要物质基础，资源合作是中蒙俄国际经济走廊跨境合作的优先领域。当今世界正在经历百年未有之大变局，中国进入全面建成社会主义现代化强国的新时代和新征程，粮食、能源资源等供应链安全成为长期制约中国社会经济持续健康发展的重要因素，合理利用"两种资源，两个市场"，立足国内资源，开拓国际便捷经济资源来源，是国家破解资源约束的基本策略。俄罗斯和蒙古国自然资源丰富，发挥自身资源优势，支撑国家转型发展是两国自苏联解体以来的重要经济策略。中蒙俄三国资源互补性强，俄蒙两国是地理空间上中国最便捷的资源进口国，这一天然优势，使得中蒙俄三国资源合作前景广阔，资源贸易合作、资源产能合作、资源开发投资合作潜力巨大。为推进中蒙俄国际经济走廊资源合作，首先必须搞清该经济走廊沿线地区自然资源本底及其开发利用现状。

1.1　资源与自然资源

资源是一切可被人类开发和利用的客观存在。《辞海》对资源的解释是："资财的来源，一般指天然的财富。"联合国环境规划署对资源的定义是："在一定时期、地点条件下能够产生经济价值，以提高人类当前和将来福利的自然因素和条件。"上述两种定义侧重于资源的自然属性，即自然资源。马克思在《资本论》中引用威廉·配第的话说"劳动是财富之父，土地是财富之母""劳动和土地，是财富两个原始的形成要素"（马克思，1972）。恩格斯在《自然辩证法》中也明确指出"劳动与自然界在一起才是一切财富的源泉，自然界为劳动提供材料，劳动把材料变为财富"（恩格斯，1971）。马克思、恩格斯的定义，既指出了自然资源的客观存在，又将人（包括劳动力和技术）的因素视为财富的另一不可或缺的来源。由此可见，资源至少包括自然资源与劳动力资源两个基本因素，这反映出人与自然之间的物质转换关系。人类作为自然界重要组成部分，在其发生发展的同时，自然也异化出作为人与自然中介的资源。自然物质是客观存在的，只是在社会发展过程中人类才逐步认识到其价值，并创造出使用其价值的技术，从而使之成为创造人类社会财富的源泉。从这种意义上讲，资源是自然界、人类（劳动力）和文化（科学技术）相互结合的产物。资源是动态的，它依赖于人的成就和行为相应地扩大或缩小，不能同人类需要和人类能力相分离。因此，资源可理解为一切可被人类开发和利用的物质、能量和信息的总称，它广泛地存在于自然界和人类社会中，是一种自然存在物或能够给人类带来财富。换言之，资源是自然界和人类社会中一种可以用以创造物质财富和精神财富的具有一定量的积累的客观存在形态，如土地资源、矿产资源、森林资源、海洋资源、石油资源、人力资源、信息资源等。

资源是一个可变的历史范畴。作为资源主体的自然资源和劳动力资源的种类、形态、结构和功能随各个历史时期的社会生产力水平和科学技术水平的提升而变化。目前，资源学者仍习惯地将资源按其属性分为自然资源与社会资源两大类。前者是指人类可以利用的自然生成的物质和能量；后者则是指人类通过自身劳动在开发利用自然资源过程中形成的物质与精神财富，它不仅包括人类劳动所提供的以实物形态存在的人力资源和经济资源，而且包括科技、教育、文化、信息和管理等非实物形态的资源。

资源对经济发展与社会繁荣的意义是不言而喻的，一切发展都是资源的物质与能量转换。但发展阶段不同，自然资源和社会资源的地位与作用是不一样的。在自然经济时期，开发的资源多属初级加工品，主要取决于自然资源的丰度；随着社会生产力的提高，自然资源加工的次数增加、程度加深，物化到实物中的劳动量增加，人力资源越来越成为资源开发利用中的主导性因素。甚至有人认为，发展中国家的战略资源是自然资源，发达国家的战略资源则是社会资源，特别是其中的人力与资本，后工业化社会的战略资源将是信息资源。虽然如此，人类社会的生存与发展仍离不开对自然资源的开发和利用，它不仅是人类生存的物质基础，而且是社会资源得以发挥作用的物质载体，还是决定地区间关系和国家间关系的重要因素。

本研究中战略性资源，主要是人类社会生产和发展不可或缺的自然资源。自然资源是自然界形成的可供人类生活与生存所利用的一切物质与能量总称。它是人类赖以生存、社会得以发展的必不可少的物质基础。从全球范围来看，随着经济、社会的迅速发展和人口的不断增长，自然资源供应能力和人类需求之间的矛盾愈益尖锐（孙鸿烈，2013）。人类对自然资源不合理的开发活动，虽然使人类社会得到了暂时的发展和繁荣，但同时却在严重地削弱着自然资源对人类活动的支持能力，破坏着人类赖以生存和繁荣的基础。因此，自然资源研究者的根本任务就在于提出合理开发、利用、保护自然资源的办法，不仅使目前这一代人得到最大的、持久的利益，而且要保持资源的潜力，以满足子孙后代的长远需要。

1.2　战略性资源

本书中的战略性资源主要是战略性自然资源，是指关系国计民生、在资源系统中居支配地位的资源。战略性资源应具备3个特点或说存在3种矛盾：需求的基础性或刚性与供给难以永续性的矛盾、需求量的扩张性与供给量的稀缺性的矛盾、产品价格的低预期值与保护或开发的边际成本递增的矛盾。古人曾从哲学角度高度概括出五类资源，即"金、木、水、火、土"。"金"者，指的是矿产资源；"木"者，指的是植物资源，引申为生物资源；"水"者，指的是淡水资源；"火"者，引申为能源资源，特别值得关注的是石油和天然气资源；"土"者，指的是土地资源，特别值得关注的是耕地资源（李晓西，2001）。

以上5种资源也是现代人公认的最具战略性意义的资源。基于对战略性资源的3个特点的理解，借古人的智慧，人们一般把矿产资源、能源资源、淡水资源、土地和食物资源、生物资源列为最为典型的战略性资源。

国际上更多国家用"关键资源"代替"战略性资源"提法。由于各国自然资源的丰度、分布和需求得以满足的难易程度各不相同，很多国家把最难以得到满足、对国民经济制约因素最大的资源类型，或者在国际上对竞争国家尤为重要的资源列为战略性资源（关键资源）。因此，各国所认可的战略性资源是存在差异的。

以矿产资源为例，战略性关键矿产资源一般与国家利益存在不同程度的相关性。它一是反映在国家危急时期的战略需要上；二是体现在国家经济社会发展的重大战略实施时期减少潜在发展危机的战略需要上。举例如下（陈从喜等，2020）。

1）美国《关键矿产战略》

美国能源部的战略报告曾将 14 种矿物列为关键矿产（战略矿产），包括 8 种稀土元素（镧、铈、镨、钕、钐、铕、铽和镝）和 6 种其他元素（锂、钴、镓、铟、碲和钇）。美国内政部 2018 年 5 月发布"关键矿产"最终名单，确定 35 种矿产品，分别是：铝（矾土）、锑、砷、重晶石、铍、铋、铯、铬、钴、萤石、镓、锗、石墨（天然）、铪、氦、铟、锂、镁、锰、铌、铂族金属、钾盐、稀土元素族、铼、铷、钪、锶、钽、碲、锡、钛、钨、铀、钒和锆。

2）欧洲委员会《欧盟关键矿产原材料》

欧洲委员会 2010 年 6 月在《欧盟关键矿产原材料》报告中，将稀土金属、铂族金属、钨、锑、镓、锗、铍、钴、镁、铌、钽、铟、萤石、石墨 14 种重要矿产确定为关键原材料。其中，稀土金属包括 17 种金属元素，铂族金属包括 6 种金属，实际上相当于 35 种元素或矿物。欧盟关键矿产清单每 3 年更新一次，从 2010 年的 14 种增加到 2014 年的 20 种，再到 2017 年的 26 种（不包括橡胶），2020 年 9 月更新关键矿产清单扩大到 30 种。

3）日本《稀有金属保障战略》

日本对稀有金属定义为："地球上存量稀少，因技术和经济因素提取困难的，现代工业以及未来伴随着技术革命所形成的新型工业所必需的金属。"根据这个定义，日本政府将锂、铍、硼、钛、钒、铬、锰、钴、镍、镓、锗、硒、铷、锶、锆、铌、钼、钯、铟、锑、碲、铯、钡、铪、钽、钨、铼、铂、铊、铋、稀土元素 31 个矿种作为优先考虑的重点矿种。在 31 种关键矿产原材料中，日本优先考虑 10 种矿产，即钛、铬、锰、钴、镍、钼、硼、锶、钡（重晶石）、钯。

4）联合国环境规划署《未来持续技术用关键金属及其循环回收潜力》

联合国环境规划署报告针对未来可持续发展技术，将必须利用的铟、锗、钽、铂族金属（特别是钌、铂、钯）、碲、钴、锂、镓、稀土金属元素（包括 16 种元素）以及其他"高技术金属"归类为"绿色稀有金属"。该报告列出了 4 类未来可持续技术及其所利用的金属，包括：①电力和电子设备技术所必须利用的钽、铟、钌、镓、锗、钯等；②光伏技术所必须利用的镓、碲、锗、铟等；③电池技术所必须利用的钴、锂、稀土金属等；④催化技术所必须利用的铂、钯、稀土金属等。

5）中国战略性矿产目录

中国国土资源部 2016 年《全国矿产资源规划（2016—2020 年）》中列入战略性矿产目录的有 24 种，包括：能源矿产石油、天然气、页岩气、煤炭、煤层气、铀；金属矿产铁、铬、铜、铝、金、镍、钨、锡、钼、锑、钴、锂、稀土、锆；非金属矿产磷、钾盐、晶质石墨、萤石。陈从喜等（2020）认定高技术矿种 35 种，其中包括：稀土（含稀土金属 17 种），稀有金属 17 种，稀散金属 9 种，铂族元素、铬和硼、石墨、萤石、高纯石英非金属矿产 6 种，放射性元素铀、钍 2 种。

从各国战略性关键矿产资源确定的种类来看，战略性资源的确定首先强调战略需要，并根据国民经济和产业发展趋势动态调整。

1.3　中蒙俄国际经济走廊战略性资源研究对象

当前资源供给的不稳定性已经成为我国社会经济健康发展制约因素，利用国际市场和全球资源是保障资源供给的重要途径，也是我国对外开放的长期国策。中蒙俄在自然资源禀赋上的互补性和良好地缘优势，决定了资源合作成为中蒙俄国际经济走廊建设的优先领域。

俄罗斯和蒙古国作为我国最近便、最安全的海外资源进口区，表现的优势为资源储量大、运距短、地缘安全。俄罗斯西伯利亚地区、远东地区和蒙古国是世界自然资源最富集的区域之一，勘探开发潜力巨大，相比中东地区、非洲、大洋洲和南美地区，该区域是离我国最近便、最安全、更重要的战略资源供应地。2020 年底俄罗斯已探明的石油储量达 148 亿 t，居世界第六位，全年原油出口量达 2.3 亿 t。目前，我国每年从俄罗斯进口石油超过 7000 万 t，2020 年我国从俄罗斯进口石油 8357 万 t。其中，中俄输油管线每年输油总量达到 3000 万 t。俄罗斯天然气探明储量 37.4 万亿 m^3，居世界首位。2020 年俄罗斯仅沿海大陆架探明的油气储量分别达到 130 亿 t 和 20 万亿 m^3。蒙古国是世界第三大萤石生产国，铜（钼）矿产资源丰富，我国是全球最大的铜资源进口国。俄罗斯西伯利亚地区和远东地区的森林覆盖面积占俄罗斯的 72%，木材蓄积量为俄罗斯的 73%，年采伐利用率平均不到 18%，开发潜力依然巨大，而我国森林资源十分短缺；俄罗斯是世界上天然淡水储量较多的国家之一，储存总量为 60 万亿 m^3，且绝大部分水资源分布在西伯利亚和远东地区，而我国是全球 13 个人均水资源最为贫乏的国家之一。

我国是世界重要的油气、有色金属和木材进口国，俄蒙作为我国重要的资源进口地具有先天的地缘优势和突出比较优势，对我国资源供给具有重要作用，未来中蒙俄三国资源合作潜力依然巨大，资源合作是中蒙俄国际经济走廊建设的优先战略。当前中蒙俄贸易总额仅为中日、中韩贸易总额的 1/3，不足中美、中欧贸易总额的 1/5，与三国全面战略伙伴关系地位极不相称。此外，俄罗斯西伯利亚及远东地区和蒙古国还是我国资源型城市和东北老工业基地寻找接续资源及开展国际产能合作的重要战略区域之一。目前学者对俄蒙战略性资源、投资环境及政策研究不够，严重制约了中蒙俄资源和经贸合作。因此，开展中蒙俄国际经济走廊战略性资源考察，研究走廊战略性资源储量、格局、潜力及开发利用现状，将有利于进一步加强我国与俄蒙战略资源合作及产能合作，提高我国资源保障水平，促进东北振兴和资源型城市转型。同时，俄蒙资源贸易占据全球最为稳定的资源输出市场，支撑两国经济转型，中蒙俄资源合作是共赢合作。

基于中蒙俄三国资源禀赋，从保障各国资源供给和促进跨国资源合作的目的出发，按照战略性资源基本特征，参照国际上典型国家战略性资源分类及目录，重点将俄罗斯和蒙古国具有禀赋优势，同时我国又较为短缺、进口依赖度大的资源，纳入中蒙俄国际经济走廊战略性资源研究范畴。按照这一原则，将油气资源、铜金铅锌有色金属资源、耕地资源、森林木材资源、淡水资源直接纳入研究对象。同时，考虑到未来资源合作的潜力和前景，及促进中蒙俄三国在人文交流上的重要作用，将旅游资源补充纳入中蒙俄国际经济走廊战略性资源研究对象。

1.4　研究区范围说明

本研究得到了科技部科技基础资源调查专项"中蒙俄国际经济走廊多学科联合考察"课题二"中蒙俄国际经济走廊战略性资源格局与潜力考察"资助。按照专项部署，考察核心区范围横跨中国东北及华北边境地区、蒙古国、俄罗斯东西伯利亚和远东南部，区域总面积达 920 万 km²，其中中国 199 万 km²，俄罗斯 645 万 km²，蒙古国 76 万 km²。具体包括中国黑龙江、吉林、辽宁和内蒙古 4 个省（自治区）；蒙古国中央、色楞格、中戈壁、南戈壁、东方、东戈壁、肯特、苏赫巴托尔 8 个省；俄罗斯 19 个联邦主体（共和国、边疆区、州、市），包括远东联邦区的滨海边疆区、哈巴罗夫斯克边疆区、犹太自治州、阿穆尔州，西伯利亚联邦区的后贝加尔边疆区、布里亚特共和国、伊尔库茨克州、克拉斯诺亚尔斯克边疆区南部、图瓦共和国、阿尔泰边疆区、新西伯利亚州、鄂木斯克州，乌拉尔联邦区的秋明州、斯维尔德洛夫斯克州，伏尔加河沿岸联邦区的彼尔姆边疆区、基洛夫州、鞑靼斯坦共和国，莫斯科市、圣彼得堡市[①]（图 1-1）。

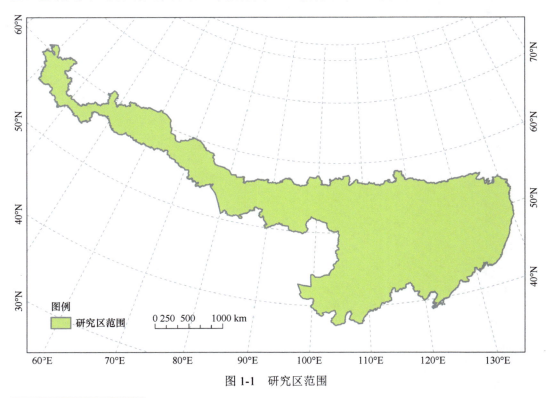

图 1-1　研究区范围

---

① 俄罗斯行政区划近年有变动，为保证研究的一致性，以各项研究进行时的行政区划为准。联邦管区一般简称联邦区。

　　考虑到数据的可获得性、资源类型的特殊性和研究分析的完整性，本书在具体论述各类型资源分布格局与潜力时，将结合重点资源富集区和中蒙俄三国资源整体情况进行分析。例如，在研究油气资源和有色金属矿产资源时，由于走廊内部本身并不是能矿资源富集区，分析时将研究范围拓展到中蒙俄三国全境的重要成矿带和大型矿区；在研究森林资源分布时，由于走廊西部核心区地域狭窄，森林资源并不丰富，在分析时考虑远东地区、贝加尔地区、克拉斯诺亚尔斯克地区作为研究重点。

第 2 章

中蒙俄国际经济走廊油气资源格局与潜力

能源是一个国家和地区经济发展的物质基础，是社会正常运转的重要动力支撑，油气更被誉为"工业的血液"，对于一个国家的工业发展具有极其重要的作用。俄罗斯能源资源种类齐全，油气资源储量丰富，是世界主要能源生产大国和出口大国（宋璐，2021）。由于政治、经济等原因，蒙古国石油地质研究工作基础相对薄弱，除塔木察格盆地在油气生成条件、油气分布规律、勘探前景及油藏特征方面勘探开发程度较高外，其他盆地或区块勘探程度低、地质条件复杂、勘探目标隐蔽性强、勘探难度大、勘探风险高（孙国昕等，2021）。中国经济发展迅速，对能源的需求与日俱增，是世界能源消费大国。中蒙俄油气资源合作是"一带一路"能源合作的重要组成部分，能够发挥各自的比较优势，各取所需，优势互补，对于中蒙俄都具有重要而深远的意义（朴光姬和李芳，2016；宋璐，2021）。

2.1 主要油气盆地

油气盆地被看作油气生成、运移、聚集和保存的基本构造单元，是生成并储藏石油和天然气的沉积盆地（管晋红，2021）。其规模差异很大，主要由地质构造环境决定，下面将概括中蒙俄地区的油气盆地资源的分布及特点。

2.1.1 中国境内的主要油气盆地

中国境内油气可分为东北、华北、西北、华南、青藏以及海域共计六大油气区，其中陆上石油以非青藏区为主，非青藏区的含油气盆地油气资源量占全部陆上油气资源量的 92%（郑民等，2019）。

东北油气区是我国最为重要的油气产区，区内包括松辽盆地、渤海湾盆地两个大型油气盆地，其中渤海湾盆地是我国境内油气资源储量最为丰富的油气盆地，分为陆上和海域两部分，陆上部分的总油气资源量高达 2.1494×10^{10}t，为我国陆上油气储量之最（施和生等，2019）；松辽盆地是我国最早开发的油气盆地，油气资源储量仅次于渤海湾盆地，我国最为著名的大庆油田就位于松辽盆地，大庆油田是目前世界上石油储量最大的陆相砂岩油田。

西北油气区的油气资源储量仅次于东北油气区，是我国目前第二大油气储存、生产区，区内有准噶尔盆地、塔里木盆地、柴达木盆地 3 个大型油气盆地，准噶尔盆地、塔里木盆地、柴达木盆地的油气资源量共计达到 1.75×10^{10}t（郑民等，2019）。塔里木盆地是我国西北区域油气资源最为丰富、地质条件最为复杂的叠合盆地，在台盆区塔中隆起、塔北隆起、巴楚隆起都探明大量的海相原油，其中仅塔北隆起发现的海相原油探明储量就超过 2.5×10^9t（庞雄奇等，2018）。准噶尔盆地的油气勘探是近些年油气勘探的热门领域，2012 年至今在近源区油气勘探成果斐然，发现了玛湖、沙湾等富烃凹陷，准噶尔盆地西部凹陷油气勘探发现进入新高潮（何海清等，2021）。柴达木盆地同样为西北部重要的油气盆地之一，自 1954 年至今，已探明油气田 32 个，探明的油气资源储量为 $1.17×10^9$t，近些年在英雄岭构造带的英西–英中区块又圈定了 155km² 的含油面积，新增探明储量 $1.54×10^8$t，是热门的勘探区域（张道伟等，2019；张抗和张立勤，2019）。

华北区域最为重要的油气盆地是鄂尔多斯盆地，鄂尔多斯盆地内油气资源丰富，经过 40 多年的勘探，形成了一系列成藏理论并发现了一批相当规模的油田，但是近些年鄂尔多斯盆地的石油开采已经进入中后期，并且第三次油气资源评价结果显示已无法满足油田的规划和生产，虽然在庆城地区 10 亿吨级页岩油田勘探获得重大突破，但仍不能满足未来的生产规划。

四川盆地和汉江盆地位于我国华南区域，汉江盆地是我国南部油气资源储量最大的油气盆地，在第三次资源评价中，汉江盆地白垩系远景资源量为 $5.878×10^7$t，石油地质资源量为 $2.928×10^7$t，具有一定的资源潜力（唐文旭等，2007）；四川盆地则是南方重要的天然气储藏盆地，四川盆地中具有天然气资源量 $1.246\ 55×10^{13}$m³，是我国重要的天然气储藏盆地；此外三塘湖盆地和百色盆地也是华南区域重要的油气储藏盆地（郑民等，2019）。

2.1.2 俄罗斯境内的主要油气省

俄罗斯是联邦制国家，其对于国内油气的勘探工作以联邦为主体进行，并且在油气资源的划分上，多是在联邦区域内，按照油气省为单位进行划分，因此在对俄罗斯油气盆地的描述上，以俄罗斯对油气省的划分为主，其油气省相当于中国和蒙古国的油气盆地。

西北联邦区是俄罗斯重要的油气生产区域，其石油储量占俄罗斯石油资源量的 7.66%，天然气资源量占俄罗斯的 1.29%，其中季曼–伯朝拉油气省、中欧油气省、波罗的海大陆架以及巴伦支海大陆架是西北联邦区重要的油气省（Malyutin et al.，2016）。

南部联邦区最为重要的油气省是北高加索–曼格什拉克油气省和伏尔加–乌拉尔油气省，此外聂伯河–普利比亚特油气省和里海油气省也具有相当的油气资源储量。其中北高加索–曼格什拉克油气省贯穿南部联邦区和北高加索联邦区，是南部联邦区和北高加索联邦区资源储量最丰富的油气省，同时是俄罗斯最为重要的油气省，其在南部联邦区区域内的油气储量占据了南部联邦区超过 62% 的石油资源量，北高加索联邦区区域内目前已探明的所有油气田均位于该油气省内，著名的北高加索油田就位于该油气省内（周永恒等，2019）。

伏尔加–乌拉尔油气省是伏尔加河沿岸联邦区以及乌拉尔联邦区最为重要的油气成矿带，伏尔加河沿岸联邦区内已探明的油气储量中 99% 集中在伏尔加–乌拉尔油气省中，该油气省的油气探明储量和开采量仅次于西西伯利亚油气省，是俄罗斯境内第二大油气省。

远东联邦区的油气资源主要位于勒拿–通古斯油气省、勒拿–维柳伊油气省、阿纳德尔–纳瓦林油气省、哈德尔油气省、鄂霍次克油气省、上布列因油气省，目前在这些油气省内已探明的油气资源相对分散，然而其总储量相当丰富，尤其是剩余油气储量占俄罗斯总剩余油气储量的相当比例（李德安等，2006）。

西伯利亚油气省位于西伯利亚联邦区，可以进一步分为东西伯利亚油气省和西西伯利亚油气省，其中西西伯利亚油气省已勘探出包括万科尔油田、库尤姆宾油田、科维克金油田在内的一系列超大型油气田，而东西伯利亚油气省由于缺乏油气领域的勘探，已探明的油气储量相对欠缺，但由于其油气资源总量相当丰厚，是俄罗斯油气资源最有前景的找矿区域。

乌拉尔联邦区是俄罗斯最主要的油气资源基地，乌拉尔联邦区的油气资源储量和每年开采量均居俄罗斯第一，乌拉尔联邦区内共有油气田 717 处，其中油田 530 处，主要分布在亚马尔–涅涅茨自治区、汉特–曼西斯克、秋明州和斯维尔德洛夫斯克州。其中汉特–曼西斯克是乌拉尔联邦区主要的油气储藏区，2015 年列入国家储量平衡表的油气田高达 447 处，已探明的储量共计 $8.03×10^9t$。

2.1.3　蒙古国境内的主要油气成矿带

蒙古国的油气资源丰富，根据英维思过程系统（Invensys Process Systems，IPS）方法对其油气资源量进行评估，其资源量约 $1.6×10^9t$，主要分布在蒙古国南部、东部、东南部的众多盆地、凹陷内，此外中西部也有少量油气分布，蒙古国的地质勘探工作基础相对较为薄弱，油气资源的开发利用程度较低（木永，2016）。

蒙古国油气资源分布集中在东部的塔木察格盆地和东戈壁盆地，其中东戈壁盆地是蒙古国大型大陆裂谷含油气盆地，呈北东—南西向分布，位于蒙古国和中国边界附近的区域，自 1922 年勘探以来，发现了宗巴彦油田和查干油田，此外还发现了另外两处油田，近些年才投入开采，油气产量不大。东戈壁盆地已证实的一套含油气系统——白垩系含油气系统的油气资源量为 $7.589×10^7t$，并且仍然具有较高的勘探潜力，是蒙古国油气勘探最有利的地区（田作基等，2016）。

大湖盆地为大陆裂谷盆地，位于蒙古国西部，其油气的成藏组合（侏罗–白垩系成藏组合）中发现石油资源量 $2.60×10^6t$，发现天然气资源量 $9.83×10^9m^3$。

中戈壁盆地为大陆裂谷盆地，位于蒙古国南部，与东戈壁盆地毗邻，目前在中戈壁盆地的油气勘探相对较少，几乎无油气开发活动，目前的勘探显示，在中戈壁盆地下存在一套白垩系的成藏组合，其中石油资源储量 $1.150×10^7t$，天然气资源储量 $1.644×10^{10}m^3$，目前中戈壁盆地的中南部地区和东部地区仍然具有较大的勘探潜力，盆地北部也有一定的勘探潜力（田作基等，2016）。

南戈壁盆地是蒙古国的大型大陆裂谷盆地，与中戈壁盆地毗邻，南部盆地中已探明的石油资源量为 $1.630×10^7t$，天然气资源量为 $3.5×10^9m^3$，南戈壁盆地的油气分布广泛，值得进一步勘探研究。

2.2　油气资源储量与分布格局

近年来，随着勘查技术手段的飞跃发展，油气资源的勘查储量也在不断增加，对于不同区域的油气资源的储量及分布也有了更为详尽的研究与成果，自然资源部发布的全国石油天然气资源勘查开采情况通报显示，2017 年我国油气资源勘查开采呈现新格局，油气基础地质调查取得突破性进展，勘查开采理论与技术取得进步（王少勇，2018）。在国内高速发展、国际环境错综复杂的背景下，中蒙俄国际经济走廊的建立具有十分重要的意义。它的建立有助于打造"一带一路"能源合作的先行示范基地；也有助于打造巩固东北亚安全的坚强后盾；还有助于解决中国能源进口的马六甲之忧（朴光姬和李芳，2016）。那么对于中蒙俄国际经济走廊带上的三方，即中国、俄罗斯、蒙古国，了解各国油气资源储量及分布对于加快推进中蒙俄能源合作具有较为重要的指示意义。

2.2.1 储量现状

俄罗斯是中蒙俄国际经济走廊中石油资源量和石油产量最高的国家，并且俄罗斯陆上石油勘探技术成熟，对石油的勘探已具有一定规模，尤其是对俄罗斯陆上的石油和天然气的勘探，已经达到相当水平。目前俄罗斯也是仅次于沙特阿拉伯的世界第二大石油出口国，同时俄罗斯作为全球最大的天然气储存和出口国，其每天天然气的出口量超过全球天然气供应量的20%（戚爱华等，2015）。

截至2018年，俄罗斯已探明的石油储量为1.46×10^{10}t，其石油储量位居欧洲第一、全球第六，2018年俄罗斯的石油年产量占世界石油年产量的12.9%（汪巍，2020）。同时俄罗斯石油储量的探明程度仍然较低，尤其是在东西伯利亚地区、远东地区，以及包括北极海和萨哈林沿海在内的沿海大陆架地区，虽然石油的勘探程度很低，但未来有极大的勘探意义，是未来俄罗斯石油储量增长的重要区域。除了这些区域，包括乌拉尔联邦区在内的众多俄罗斯传统石油生产区，仍具有很大的勘探潜力，俄罗斯全境待发现的石油资源量高达9.9×10^9t，占世界待发现石油资源量的8.6%，位居全球第三（王京和刘琨，2014）。

虽然俄罗斯四个油气生产基地已过高峰产能，但是俄罗斯尚未开采的油田仍有1300个，未开采的油田中储量超过1亿桶的就有27个，合计超过1.6×10^9t石油储量，这27个储量超过1亿桶的油田可以形成1.4×10^8t/a的高峰产量，根据俄罗斯未投产油气田储存及产能预测，西西伯利亚盆地、伯朝拉盆地、北高加索盆地、拜基特盆地等都具有相当规模的石油储量（然娜和侯银霞，2018）。

除石油外，俄罗斯的天然气资源也极为丰富，相较于自2000年以来探明储量呈逐年下降的石油，俄罗斯的天然气探明储量逐年上升，截至2020年，《BP世界能源统计年鉴（2019年）》统计，俄罗斯剩余可采天然气储量接近4×10^{13}m³，其天然气的可采储量已位居世界第一（表2-1），此外俄罗斯天然气资源还具有探明程度低、探明储量动用程度不高、优质储量采出程度比高的特点，仍然具有较高的勘探潜力，根据《2035年前俄罗斯能源战略》，俄罗斯天然气产量仍将持续增长，亚马尔气区将成为主要的增产区。

表 2-1　2018 年主要天然气国家探明储量（格叶莲娜，2019）

国家	储量/10^{12}m³	占比/%
俄罗斯	38.9	19.8
伊朗	31.9	16.2
卡塔尔	27.4	12.5

续表

国家	储量/$10^{12} m^3$	占比/%
土库曼斯坦	19.5	9.9
美国	11.9	6.0
中国	6.0	3.1
沙特阿拉伯	5.9	3.0
阿联酋	5.9	3.0
尼日利亚	5.3	2.7

俄罗斯的天然气资源主要分布在西西伯利亚、东西伯利亚、远东–萨哈林等地区（图 2-1），俄罗斯目前还有 500 个天然气田未投入开采，其中储量规模超过 $1 \times 10^{11} m^3$ 的天然气田有 21 个，合计天然气储量 $9 \times 10^{12} m^3$，这 21 个储量规模超过 $1 \times 10^{11} m^3$ 的天然气田可以形成 $3 \times 10^{11} m^3/a$ 的高峰产能（王素花和高书琴，2020）。

根据俄罗斯 2017 年公布的资料，俄罗斯天然气待探明资源储量高达 $1.95 \times 10^{14} m^3$，在西西伯利亚、东西伯利亚及俄罗斯海域仍然有极高的勘探潜力。

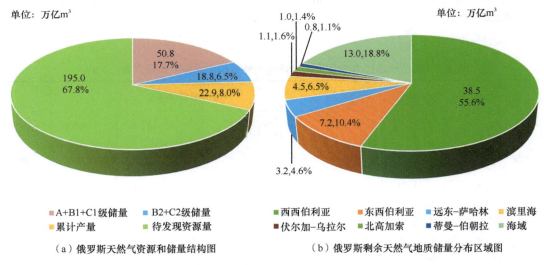

（a）俄罗斯天然气资源和储量结构图　　　　（b）俄罗斯剩余天然气地质储量分布区域图

图 2-1　俄罗斯天然气资源概况（王素花和高书琴，2020）

中国是石油领域的资源量大国，自中华人民共和国成立以来，中国在全国范围进行了极为细致的地质调查，目前已探明的油气地质储量位居世界前列；但是国内已探明的油气资源面临油气资源分散、开采难度大、油气产量低等问题。

中国油气的探明地质储量高，但技术开采储量不足，以石油为例，渤海湾盆地是中国目前勘探油气资源量最多的油气盆地，其石油探明地质储量达到 $1.09 \times 10^{10} t$，而俄罗斯最重要的石油生产基地乌拉尔联邦区的石油探明地质储量也只达到 $1.6738 \times 10^{10} t$，但是渤海湾盆地的探明技术可采资源储量严重不足，仅有 $2.863 \times 10^9 t$，在中国仅次于松辽盆地探明技术可采资源储量（$2.998 \times 10^9 t$），而实际的经济可采储量还要低于这一数值。

在中国油气七大盆地中，仅松辽盆地和渤海湾盆地的技术可采资源储量在 1×10^9t 以上，其余鄂尔多斯盆地、塔里木盆地、准噶尔盆地、柴达木盆地、汉江盆地的技术可采资源储量均少于 1×10^9t，除七大油气盆地外，其余油气盆地的技术可采资源储量大多少于 10^8t。除陆上的油气盆地外，中国近些年加大了对海上油气的勘探力度，在南海、渤海湾等海域发现一定规模的石油储量。

中国探明油气资源量高，而实际开采中储量不足的原因是中国的储量承袭苏联计划经济体制，储量指地质储量，即圈定三维空间范围内探明的地下油气蕴藏量，在 2006 年进行更改，提出了技术可采储量，即以当前技术可以采出，但是不一定能带来经济效益的储量（王陆新等，2018）。目前世界通行的储量报告中，所列的探明储量均指的是剩余经济可采储量，即在今后以先进技术可采并且可获得经济效益的储量。因此国内储量数值较经济可采储量高，在实际开采中，仍然面临石油储量不足、年产量低等问题。

虽然中国未开采的石油经济可采储量始终保持逐年增多的态势，尤其是从 2014 年的 1.036 74×10^9t 增长到 2017 年的 1.163 10×10^9t，但是中国石油的新增探明储量呈负增长态势（表 2-2），在 2012 年后石油的新增资源量的平均递减率达到 10.8%，2016 年的原油新增地质储量更是同比减少了 18.6%，石油新增地质储量下降的因素有国际油价大幅下跌、勘探投资减少等外因，但更为重要的是因为勘探程度提高使得后期发现和探明新的油气资源难度加大。

表 2-2 2013～2017 年中国原油新增地质储量构成（张抗和张立勤，2019）

年份	新增储量				新增地质储量构成							浅层至中深层的比例/%
	地质储量		经济可采储量/10^4t	采收率/%	>1×10^8t 的盆地			>2×10^7t 的老油田		>1×10^7t 的新油田		
	数量/10^4t	同比增加/%			个数	名称	占比/%	个数	占比/%	个数	占比/%	
2013	108 307	−28.7	17 585	16.2	2	鄂，海	59.3	15	69.2	6	18.1	84.5
2014	105 050	−3.0	15 418	14.7	2	鄂，海	57.5	15	65.8	14	38.5	85.3
2015	111 775	6.4	18 075	16.2	3	鄂，渤，塔	64.9	17	72.5	9	31.2	81.7
2016	90 954	−18.6	13 481	14.8	2	鄂，渤海	60.9	13	76.6	7	19.9	97.3
2017	85 804	−5.7	11 242	13.1	3	鄂，渤海，准	70.9	11	63	4	11.2	—

注："新增储量"不包括老油田核增、核减的数量；"占比"均指其占全国的比例；盆地简称为，渤（渤海湾）、鄂（鄂尔多斯）、塔（塔里木）、准（准噶尔）、海（海拉尔）。

中国天然气资源较为丰富，根据《BP 世界能源统计年鉴（2018 年）》，中国天然气的储量共计 6×10^{12}m^3，居于全球第六位（表 2-1），而根据中国对天然气的资源量统计，在 2015 年中国天然气的探明地质储量就达到约 1.5×10^{13}m^3，探明技术可采资源储量超过

$9.7×10^{12}m^3$（表 2-3），已探明的资源储量集中在南海海域，探明技术可采资源储量达到了约 $6×10^{12}m^3$，已经投入开采的四川盆地天然气探明技术可采资源储量达到了 $1.4×10^{12}m^3$，并且天然气的探明储量正逐年稳步上升（图 2-2）。

表 2-3　中国主要的油气盆地以及资源量（郑民等，2019）

| 资源类型——常规油气 | | | 石油/10^8t | | | | 天然气/10^8m³ | | | |
| 地域 | 主要含油气盆地 | | 地质资源量 | | 可采储量 | | 地质资源量 | | 可采储量 | |
	盆地名称	面积/km²	探明地质储量	总地质资源量	探明技术可采资源储量	总技术可采资源量	探明地质储量	总地质资源量	探明技术可采资源储量	总技术可采资源量
陆上	松辽	260 000	75.70	111.37	29.98	36.76	4 349.94	26 734.89	2 039.15	12 214.67
	渤海湾（陆上）	133 200	109.30	214.94	28.63	54.54	2 670.56	23 097.11	1 434.40	11 757.93
	鄂尔多斯	250 000	53.87	116.50	9.55	21.78	6 877.52	23 636.27	4 348.72	13 959.95
	塔里木	560 000	21.29	75.06	3.66	19.12	16 921.19	117 398.96	10 572.79	66 236.12
	准噶尔	134 000	26.08	80.08	6.39	17.35	2 017.49	23 071.31	1 219.95	10 072.04
	四川	200 000	0.00	0.00	0.00	0.00	21 557.35	124 655.82	14 298.33	73 859.57
	柴达木	104 000	6.23	29.59	1.31	5.54	3 612.30	32 126.99	1 967.86	15 899.93
	吐哈	53 500	4.11	10.09	1.03	2.26	482.52	2 434.57	320.89	1 311.74
	二连	109 000	3.30	13.39	0.61	2.54	0.00	0.00	0.00	0.00
	南襄	17 000	3.06	5.15	0.98	1.53	11.07	400.00	2.78	100.00
	苏北	35 000	3.54	6.22	0.80	1.40	29.78	600.00	19.94	330.00
	汉江	28 000	1.62	5.15	0.49	1.51	0.00	0.00	0.00	0.00
	海拉尔	79 600	2.28	10.10	0.45	2.01	0.00	841.79	0.00	336.72
	酒泉	13 100	1.70	5.11	0.47	1.09	0.00	416.09	0.00	287.10
	三塘湖	23 000	0.88	4.48	0.12	0.73	0.00	0.00	0.00	0.00
	百色	830	0.17	0.42	0.04	0.10	7.00	60.00	1.69	14.50
	其他	1 153 287	1.23	104.54	0.22	21.89	477.88	34 572.35	223.49	17 715.64
	小计	3 153 517	314.36	792.19	84.73	190.15	59 014.60	410 046.15	36 499.99	224 095.91
海域	渤海湾（海域）	61 800	33.14	110.29	7.55	25.37	679.50	12 977.00	418.04	6 099.00
	东海	250 000	0.27	7.23	0.09	1.48	3 154.87	36 361.00	1 812.42	24 753.00
	黄海	169 000	0.00	7.22	0.00	1.57	0.00	1 812.42	0.00	1 071.00
	南海	1 116 752	59.71	163.41	19.89	53.93	82 683.43	323 191.00	58 366.28	228 439.03
	小计	1 597 552	93.12	288.15	27.53	82.35	86 517.80	374 341.42	60 596.74	260 362.03
合计		4 751 069	407.48	1 080.34	112.26	272.50	145 532.40	784 387.57	97 046.73	484 457.94

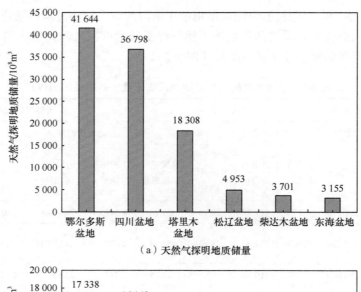

（a）天然气探明地质储量

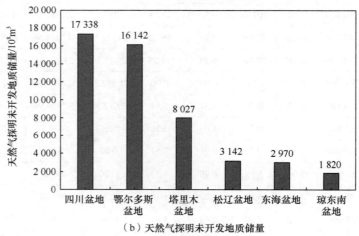

（b）天然气探明未开发地质储量

图 2-2　截至 2017 年统计数据中天然气地质储量（周立明等，2019）

蒙古国长期以来石油工业落后，油气勘探程度很低，已探明的油气储量小，石油产量低，并且截至目前蒙古国尚未做过全国性的石油资源评价，有关专家对蒙古国的石油资源量进行过估计，其石油资源量大约为 1.6×10^9 t，而有关机构对其石油储量的评价结果显示仅有 8.92×10^6 t（Nominzul et al.，2019）。虽然蒙古国近些年不断加大油气资源的勘探力度，但是收效甚微，仅在东戈壁盆地和塔木察格盆地发现小型油气田。

在已勘探的油气资源中，仅东戈壁盆地具有经济开采资源量，东戈壁盆地中石油的储量为 2.562×10^7 t，天然气储量为 7.079×10^7 m³，并且东戈壁盆地目前的勘探程度仍然较低，采用主观概率法以及类比法推断，东戈壁盆地仍有 5.36×10^7 t 石油资源量，以及 9.27×10^8 m³ 天然气资源量待发现，具有较高的勘探潜力，若加大勘探力度，可实现探明储量的增长（表 2-4）。

除东戈壁盆地外，位于蒙古国境内的大湖盆地、中戈壁盆地、南戈壁盆地均处于低–中等勘探程度，目前虽有已探明的石油资源量，但并无有经济开采价值的石油储量，采用主观概率法以及类比法对蒙古国待发现的油气盆地进行评价，大湖盆地具有 $8.1×10^6t$ 待发现石油储量和 $4.38×10^8m^3$ 待发现天然气储量，此外在中戈壁盆地和南戈壁盆地均有超过 $1×10^7t$ 的待发现石油储量和超过 $3×10^8m^3$ 的待发现天然气储量。

表 2-4　蒙古国主要含油气盆地总资源评价结果表（田作基等，2016）

盆地名称	成藏组合	石油 /10^6t	凝析油 /10^6t	天然气 /10^8m³	油气当量 /10^6t
大湖盆地	上石炭统	2.589 3	0.430 18	2.034 487	4.660 74
	侏罗系～下白垩统	5.511 51	0.200 02	2.345 504	7.603 5
	小计	8.100 8	0.630 2	4.379 991	12.264 24
中戈壁盆地	下白垩统	11.457 31	0.279 48	3.338 551	14.523 37
南戈壁盆地	白垩系	16.274 23	0.298 66	3.564 668	19.548 53
东戈壁盆地	白垩系	53.601 25	1.085 04	9.270 231	62.424 05

2.2.2　分布格局

中蒙俄三国中，俄罗斯是传统的能源资源大国，其油气资源的储量与产量都在全球占有举足轻重的地位；进入 21 世纪中国东北油气资源日益枯竭，面临剩余油气储量不足、油气资源相对分散且无大型油气田、开采勘探难度大等难题；蒙古国对油气的勘探开发程度不足，且未发现大型油气田。在这种情况下，俄罗斯的油气资源在中蒙俄国际经济走廊中尤为重要。

在中蒙俄国际经济走廊中，虽然已探明的石油资源量在中国和俄罗斯都有分布，但是能够投入开采的经济可采储量（A+B+C$_1$ 级储量）多位于俄罗斯，中国全境的经济可采储量根据中国 2017 年的储量通报为 $1.16×10^9t$，而《BP 世界能源统计年鉴（2018 年）》显示中国的经济可采储量仅有 $6×10^8t$，远不足以支撑中国的能源消耗。

目前俄罗斯已完成对多个地区的油气资源的勘探，并成功投入了开采。这些勘探和开采活动集中在俄罗斯西部，包括乌拉尔联邦区、伏尔加河沿岸联邦区以及西西伯利亚地区。支撑俄罗斯油气生产的一些重要油田，如普里奥布斯科耶（Priobskoye）、马蒙托沃（Mamontovskoye）、马洛巴利克（Malobalykskoye）和普里拉兹洛姆内（Prirazlomnoye）等大型油田，主要位于这一广阔区域。

经过近些年俄罗斯对油气的勘探，西伯利亚联邦区以及远东联邦区已经成为俄罗斯石油储量的重要增长地区，西伯利亚联邦区和远东联邦区占据俄罗斯总土地面积的 60%，已探明的油气资源储量占俄罗斯油气资源储量的半数以上，并且由于俄罗斯东部地区地广人稀，该地区的油气资源尚未得到有效的开发利用，因此西伯利亚联邦区和远东联邦区油气资源的剩余储量占比极高，是未来重要的油气开发场所。

除以上联邦区外，俄罗斯的众多联邦区如中央联邦区、南部联邦区、西北联邦区、北高加索联邦区也有相当规模的油气储量，其中西北联邦区的石油储量（A+B+C$_1$ 级）达到 $1×10^9t$，天然气储量达到 $6×10^{11}m^3$，分别占俄罗斯石油和天然气储量的 1.29% 和 2.09%（表 2-5），其余联邦区内石油和天然气储量也具有相当的开采价值。

表 2-5　俄罗斯石油和天然气经济可采储量（周永恒等，2019）

地区		石油储量 /10⁸t	天然气储量 /10⁸m³	凝析油储量 /10⁴t
西北联邦区		14.05	6 494.42	4 629.9
南部联邦区		0.984 1	33 287	47 295
北高加索联邦区		0.92	1 059.42	3.22
伏尔加河沿岸联邦区		35.68	8 876.95	1 832
乌拉尔联邦区	亚马尔–涅涅茨自治区	25.2	304 541	
	汉特–曼西斯克	80.3	6 921	2 061.5
	秋明州	2.49	72	6.9
	斯维尔德洛夫斯克州	0.009 4	11.72	0.6
西伯利亚联邦区		33.5	66 700	3 440
远东联邦区		6.843	36 627	1.634

　　整体来看，俄罗斯境内已探明的油气资源呈西部相对富集，油气资源相对集中，有一大批储量颇具规模的大型油气田，勘探和开发程度均达到一定水平；东部地区油气资源丰富，油气资源储量高，由于勘探程度相对较低，仍具有相当规模的待发现油气资源，并且由于东部地区对油气资源缺乏有效的开采，因此剩余储量占比高，是未来俄罗斯油气生产增长的重要场所。除油气集中分布区域外，各联邦区内都具有一定规模的油气资源储量，开采程度不一，部分联邦区的油气仍具有开采价值。

　　中国的石油勘探工作在 1959 年发现松辽盆地后迎来转机，此后陆续发现了渤海湾盆地、鄂尔多斯盆地、塔里木盆地、准噶尔盆地等一系列大型油气盆地，除在东北最初建立了石油工业基地外，在西北和海域也有重大发现，逐渐形成了七大盆地、五大领域的油气分布。

　　七大盆地是中国境内除海域外主要的石油集中区域，分别为松辽盆地、渤海湾盆地、鄂尔多斯盆地、塔里木盆地、准噶尔盆地、柴达木盆地以及汉江盆地，其中以松辽盆地和渤海湾盆地的石油储量最为丰富，分别达到了 2.998×10^9t 和 2.863×10^9t 的技术可采资源储量（薛永安和李慧勇，2018）。七大盆地的石油储量占全国总石油资源量的 75% 以上，除七大盆地之外，四川盆地、吐哈盆地、二连盆地、酒泉盆地等盆地和凹陷，以及东海、黄海、南海中的油气资源组成余下的石油资源量。

　　由于开采量的不断加大，我国的主要油气盆地都面临着剩余储量不足的局面，尤其是松辽盆地和渤海湾盆地已过巅峰产值，石油产量逐年下降。同时勘探程度的提高，导致石油勘探难度加大，每年新增石油储量呈逐年减少趋势，我国面临着新增石油储量不足的风险，虽然近些年加大了非传统油气的勘探工作，以及在南海等海域勘探出了一批具有一定规模的油气田，改变了油气储量不足的局面，但是我国的剩余油气资源可能在很长一段时间内，仍维持在 1×10^9t 这一规模。

　　与石油的新增储量逐年下降、剩余资源量不足相反，我国近些年在天然气勘探领域取得了一系列进展，尤其是在 2010 年后，实现了天然气资源未开采储量的稳步上升。国土资源部油气储量评审办公室 2017 年度的全国石油天然气探明地质储量评审表显示，我国天然气已探明的地质储量分布在 26 个盆地及海域中，其中储量超过 3×10^{11}m³ 的盆地有 5 个，分别为鄂尔多斯盆地、四川盆地、塔里木盆地、松辽盆地、柴达木盆地（表 2-3），其累计天然气储量占陆上天然气总储量的约 90%，其中鄂尔多斯盆地、塔里木盆地和四川盆地的天然气资源储量均达到 $1×10^{12}m^3$ 以上，分别为 $4.164\ 4×10^{12}m^3$、$1.830\ 8×10^{12}m^3$ 和 $3.678\ 9×10^{12}m^3$。

随着近些年我国加大对海域的油气资源勘查，尤其是我国在南海海域进行了一定规模的油气勘查，在南海北部的东沙海域以及南海北部神狐海域发现了相当规模的天然气资源量，极大地丰富了我国天然气资源储量。

我国石油和天然气的资源分布既有相似之处，又有所不同。石油储量集中在我国东北地区，如松辽盆地和渤海湾盆地都位于我国东北地区，而新增储量则相对集中在西北、西南以及南海等海域。从整体上来看，我国石油具有分布相对集中，东部较为富集、西部和海上具有勘探潜力的特点。天然气资源同样集中在部分盆地中，但与石油资源不同的是，天然气资源在我国的西北、西南地区，以及南海等海域相对富集，如天然气储量最大的三个盆地，鄂尔多斯盆地、塔里木盆地和四川盆地分别位于我国的华北、西北、西南地区。

蒙古国受制于较低的地质勘查水平，目前仅在东戈壁盆地发现 $2.562×10^7t$ 石油储量，此外蒙古国全境目前未发现可供开采的天然气田，仅在东戈壁盆地发现 $7.079×10^7m^3$ 天然气储量（田作基等，2016）。

采用主观概率法和类比法对蒙古国尚未开采的油气资源进行估算，结果表明在戈壁盆地中存在着相对大量的未发现石油和天然气储量。然而，对于中戈壁盆地、南戈壁盆地等其他盆地，尚未开采的石油储量均低于 $1×10^8t$，而未开采的天然气储量也都不足 $1×10^{11}m^3$（田作基等，2016）。

综合来看，蒙古国的油气资源集中在蒙古国的东南区域，除大湖盆地外，其余含油气盆地均在这一区域，并且仅东戈壁盆地具有一定规模的石油储量，以及较多的待发现石油、天然气储量，其余盆地的石油储量都相对贫瘠，未发现可供开采的油气田，并且待发现的石油、天然气储量相对不足。

结合中蒙俄三国的油气资源分布情况来看，石油储量以俄罗斯最为丰富，尤其是俄罗斯的西伯利亚联邦区和远东联邦区，油气储量占俄罗斯现有油气储量的一半以上，由于该地区勘探程度处于中等水平，仍具有较大的勘探潜力和待发现石油资源量。同时俄罗斯尚未对东部地区进行大规模的石油开采，未开采的石油储量占比较高，俄罗斯东部地区是重要的石油储量基地和未来提高俄罗斯石油产量的重要场所。与俄罗斯相比，中国和蒙古国的石油储量相对贫瘠，但蒙古国以及中国西部地区和海域仍具有较大的勘探潜力。

天然气储量依然以俄罗斯为最，俄罗斯的天然气储量居全球第一位，并且未开采天然气储量逐年增加，俄罗斯东部地区是天然气储量增长的重要场所。除俄罗斯外，中国也具有相当规模的天然气资源，塔里木盆地和四川盆地的天然气储量均超过 $1×10^{12}m^3$（表 2-3），并且现已发现的盆地和南海等海域仍有相当规模的未开采天然气储量，天然气的剩余储量自 2010 年开始保持逐年增长态势。

而蒙古国天然气目前无经济可采储量，但是蒙古国的部分含油气盆地具有一定的油气勘探潜力。

2.3 油气资源开发利用现状

油气田的勘探开发，是对油藏、气藏及油气藏的合理开发，通过技术手段，将石油和天然气开采到地面上来，经过一系列的油气集输程序，最终得到合格的油气产品，创造可观的经济效益。这为促进国民经济的发展做出了贡献，为社会提供了有效的石油资源，保证了资源和能源的供应（曹建军，2018）。随着油气勘探开发技术的不断发展和进步，以及油气资源的不断开采，全球石油和天然气资源储量均在不断调整及更新，其分布发生了一定的变化。俄罗斯是产油气、出口油气的大国，而我国石油和天然气对外依存度较大。为了能够有效地推动我国国民经济的发展，保障我国对油气资源的需求，需要针对油气田的开发进行讨论研究（李峥，2019）。

2.3.1 开采现状

在油气资源开采方面，俄罗斯具有最悠久的历史，并且具有极为完善的石油开采加工生产链，其每年的油气开采量居于世界前列，是中蒙俄三国中油气开采最多的国家。

俄罗斯的石油产量从 2000 年开始，进入稳步增长阶段，报告显示，俄罗斯在 2019 年的石油产量为 $5.602×10^8 t$，达到了俄罗斯有史以来石油产量的最高水平。此外 2020 年受新冠疫情影响，俄罗斯的油气产量自 2000 年后首次下跌。虽然 2020 年的石油产量是近 10 年石油产量的最低水平，但全年的石油产量仍达到了 $5.1268×10^8 t$，相当于日均大约 20 万桶。

俄罗斯石油产量自 2000 年后能够实现稳步增长，主要依托于先进技术的引入和改进应用技术的使用。这些举措促进一些现有石油矿藏的产量增加，同时，部分大型油气田投入开采也促进了俄罗斯石油产量的提升。同时，俄罗斯加大了对一批中-小型油田的开采，中-小型油田的产量实现逐年增加，这些石油产量的增加极大地弥补了俄罗斯传统油气工业区产量下降带来的空缺，推动了新的油气产量增加（Архипенко，2017）。

俄罗斯的石油产量主要来自西西伯利亚地区和乌拉尔-伏尔加地区，这些地区是俄罗斯传统的石油开采加工基地，2016 年美国能源信息署对俄罗斯主要石油产区产量的调查报告显示，西西伯利亚地区和乌拉尔-伏尔加地区的石油日产量分别高达 862t 和 342t，分别占俄罗斯石油日产量的 36% 和 13%，合计约占俄罗斯石油总产量的 50%（表 2-6）。虽然这些地区石油产量已过巅峰阶段，但依托着先进技术的引入和改进应用技术的使用，未出现石油产量的大幅度下跌，至今为止，西西伯利亚地区和乌拉尔-伏尔加地区仍然是俄罗斯石油生产工业的重要支柱地区。

表 2-6 俄罗斯石油主要产区（迪娜拉，2018）

区域	石油日产量/10^3 桶
西西伯利亚地区	6 294
汉特-曼西斯克	4 830
亚马尔-涅涅茨自治区	977
西西伯利亚其他地区	487

区域	石油日产量/10^3 桶
乌拉尔–伏尔加地区	2 498
东西伯利亚和远东地区	1 338
克拉斯诺亚尔斯克边疆区	426
伊尔库茨克州	364
萨哈林州	344
萨哈（雅库特）共和国	204
阿尔汉格尔斯克州	328
科米共和国	284
里海	41
北极海岸	36
其他	57
总计	18 508

注：1t ≈ 7.3 桶。

虽未出现石油的减产，但是西西伯利亚地区和乌拉尔–伏尔加地区仍面临着石油新增储量降低，以及剩余储量不足的风险，除自身储量不足的因素外，随着近些年中俄油气贸易的深入，以及中国加大了对俄罗斯油气的投资，东西伯利亚地区和远东地区成为俄罗斯石油生产的又一重要基地。

东西伯利亚地区和远东地区的石油产量明显提高，从 2012 年石油产量占俄罗斯石油产量的 5%，到 2016 年其石油产量已占俄罗斯日石油生产量的 12% 以上，达到了日石油产量 183t，增幅极为明显。东西伯利亚地区和远东地区的石油生产主要依托于克拉斯诺亚尔斯克边疆区、伊尔库茨克州、萨哈林州和萨哈（雅库特）共和国等地，在楚科奇民族自治区、堪察加边疆区等地也有相当规模的石油储量，并且部分已投入开采，是未来远东地区石油产量增长的重要区域。东西伯利亚地区和远东地区带来的油气产量完全可以弥补西西伯利亚地区和乌拉尔–伏尔加地区老油田的减产，在未来将给俄罗斯的油气开采带来新的产量。

此外，阿尔汉格尔斯克州、科米共和国、里海和北极海域也是俄罗斯油气开采的重要场所，这些地区占据俄罗斯油气产量的 6%，并且随着一批中–小型油气田的投产，这一比例可能会在未来有所升高（Левченко and Иванова，2016）。

在天然气的开采中，俄罗斯同样占有举足轻重的地位，《石油天然气杂志》报道，俄罗斯天然气储气量达到了 $4.757×10^{13}m^3$ 的惊人储量，占全球天然气储量的 1/4，其中已探明的经济可采储量更是高达 $3.9×10^{13}m^3$，居全球第一位。这些储量大部分位于西西伯利亚的大型天然气田内，如亚马尔–涅涅茨自治区最大五个油气田，扬堡、乌连戈伊、梅德韦日耶、扎伯利亚尔诺耶和波瓦伦科沃气田，储气量共占俄罗斯天然气总储量的1/3，这些气田由俄罗斯天然气工业股份公司经营，是俄罗斯天然气产业的主要贡献气田（表 2-7）。

表 2-7 2016 年俄罗斯天然气主要产区（迪娜拉，2018）

区域	天然气产量/Tcf
西西伯利亚地区	19.30
亚马尔–涅涅茨自治区	17.90
汉特–曼西斯克	1.20
托木斯克州	0.20
东西伯利亚和远东地区	1.70
萨哈林州	1.00
克拉斯诺亚尔斯克边疆区	0.50
伊尔库茨克州	0.10
萨哈（雅库特）共和国	0.10
乌拉尔–伏尔加地区	1.10
奥伦堡州	0.70
阿斯特拉罕州	0.40
科米共和国	0.10
其他	0.40
总计	44.70

注：1Tcf ≈ 283.17m³。

美国能源信息署的调查报告显示，2016 年，俄罗斯天然气产量约为 $5.946×10^{11}m^3$，仅次于美国的 $7.504×10^{11}m^3$，居世界第二位。俄罗斯天然气的开采主要来自天然气田，而与石油伴生的天然气则大多是被烧掉，美国国家海洋和大气管理局（NOAA）的数据显示，俄罗斯 2016 年烧掉了大约 $2.40×10^{10}m^3$ 石油伴生天然气，是全球燃烧量最多的国家。

俄罗斯的天然气开采主要来自天然气田，已经投入开采的天然气田大多位于西西伯利亚地区，大多由俄罗斯天然气公司直接开采，如俄罗斯目前最大的天然气田——扎伯利亚尔诺耶天然气田，该天然气田在 2001 年投入生产，其天然气产量在 2016 年达到 4.60Tcf，并将持续保持这一产量。2016 年西西伯利亚地区的天然气占俄罗斯天然气总产值的 85%，达到 19.30Tcf 的年产量，而西西伯利亚地区主要的天然气产出来自亚马尔–涅涅茨自治区，其天然气的年产量达到了 17.90Tcf，是俄罗斯天然气的主要产区。

目前部分天然气田投入开采超过 30 年，产量开始有所下降，尤其是亚马尔–涅涅茨自治区的部分天然气田，产量已明显下降，因此以俄罗斯天然气工业股份公司为首的天然气生产商开始在东西伯利亚地区和萨哈林地区开发新的油气田，如东西伯利亚地区的恰扬金斯科耶油田和伊尔库茨克地区的科维克塔油田已经逐步投入生产，其天然气产出直接用于俄罗斯东部的天然气使用，以及通过西伯利亚地区的油气管道出售给中国。

与作为能源大国的俄罗斯相比，中国的油气开采水平明显不足，尤其是石油的开采，从 2016 年开始中国的石油产量整体呈下跌趋势，根据中国石油天然气集团有限公司（简称中石油）以及国家统计局的统计结果，中国在 2018 年的石油产量达到谷底，石油年产量仅 $1.89×10^{10}t$，2015～2017 年平均年增量、平均年增率分别约为 $-1.1522×10^9t$、-5.5%，下跌趋势较为猛烈（表 2-8；萧芦，2020），在 2019 年石油产量虽较 2018 年有所上升，但整体仍呈下跌态势。

表 2-8　2014~2019 年原油产量（萧芦，2020）　　　　（单位：10^6t）

项目	2014 年	2015 年	2016 年	2017 年	2018 年	2019 年
全国合计 I（公司口径）	20 959	21 331	19 771.1	19 133.2	18 917.5	19 093.8
全国合计 II（国家统计局口径）	21 142	21 455	19 968.5	19 150.6	18 910.6	19 101.4

　　我国的石油开采主要由国有企业进行，其中中石油、中国石油化工集团有限公司（简称中石化）以及中国海洋石油集团有限公司（简称中海油）完成了我国 90% 以上的石油开采，目前已探明的大型油田均由上述公司开采。

　　东部一直是我国石油的主要产区，由于以大庆油田为代表的一大批油田经过长时间的开采，产值已过巅峰，并且由于剩余储量减少，产量逐年下降，进入 21 世纪后，我国探明的新增石油储量大多在西北地区以及南海等海域，因此在油气开采与加工中，有明显的由东部向西北及海域转移的趋势，东部地区的油气产量由原来的年产 $1.1196×10^8$t，占全国石油产量的 71%，降至 2017 年的 $8.322×10^7$t，占比降至 46.8%，取而代之的是西北地区和南海海域，在 2017 年石油产量分别达到 $5.282×10^7$t 和 $4.184×10^7$t，分别占全国石油产量的 29.7% 和 23.5%（表 2-9；张抗和张立勤，2019）。

表 2-9　2017 年全国主要地区/盆地原油储量、产量及其占比（张抗和张立勤，2019）

地区/盆地	累计地质储量		累计经济可采储量		剩余经济可采储量		产量	
	数量/10^8t	占比/%	数量/10^8t	占比/%	数量/10^8t	占比/%	数量/10^4t	占比/%
东部	207.73	54.00	59.20	64.50	9.83	39.90	8 322.00	46.80
松辽	79.08	20.50	29.45	32.10	4.49	18.20	3 649.00	20.50
渤海湾	113.60	29.50	26.75	29.10	4.41	17.90	4 201.00	23.60
西北	120.52	31.30	20.24	22.00	9.24	37.50	5 282.00	29.70
鄂尔多斯	61.72	16.00	8.70	9.50	4.86	19.70	2 587.00	14.50
塔里木	21.40	5.60	3.34	3.60	1.39	5.60	968.00	5.40
准噶尔	28.88	7.50	5.92	6.50	2.20	8.90	1 270.00	7.10
柴达木	6.82	1.80	1.05	1.10	0.48	1.90	228.00	1.30
南海	49.84	12.90	12.26	13.40	4.98	20.20	4 184.00	23.50
全国	385.11	100.00	91.77	100.00	24.66	100.00	17 793.00	100.00

　　虽然西北地区的油气产量在我国的油气产量中占比增加，但是 2015 年后，也面临着新增储量减少、剩余储量不足等风险，其石油产量有下降趋势，而南海海域以及渤海湾海域，虽然具有相当规模的剩余油气储量，但是因为一段时期石油价格持续低迷以及海上石油开采难度大，其石油产量在 2015 年后也有下降趋势。然而，在渤海湾等海域，截至 2017 年还有 1 个亿吨级大油田（蓬莱 9-1，地质储量为 $2.7116×10^8$t）、6 个地质储量大于 $5×10^7$t 的稠油油田未投入开发，它们共有地质储量 $6.0676×10^8$t，占全区的 16.6%。此外，还有一批地质储量较小的稠油油田未统计在内。投入开采可以使我国的石油产量提升。

　　我国的天然气产量正处于明显的上升阶段，根据国际石油经济的统计，2014~2018

年我国天然气产量处于连续上升阶段（表 2-10），在 2019 年，我国的天然气产量已达到 $1.7617 \times 10^{11} \mathrm{m}^3$，并且根据《中国石油报》，到 2020 年，我国的天然气产量的增幅已连续 3 年超过 $1 \times 10^{10} \mathrm{m}^3$。

表 2-10　2014～2018 年天然气产量（萧芦等，2020）　（单位：$10^8 \mathrm{m}^3$）

项目	2014 年	2015 年	2016 年	2017 年	2018 年
全国合计 I（公司口径）	1 283.1	1 304.2	1 346.5	1 453.3	1 558.2
全国合计 II（国家统计局口径）	1 301.6	1 346.1	1 368.3	1 480.3	1 602.7

根据产量构成法以及生命模型法、组合模型法，结合我国现有的天然气储量以及各项指标，对我国的天然气产量进行预测，我国天然气产量在未来十年内仍将保持增长态势（图 2-3；陆家亮等，2018）。

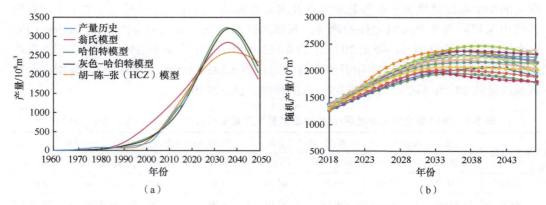

图 2-3　基于组合模型法（a）和产量构成法（b）对我国天然气产量的预测（陆家亮等，2018）

我国天然气产量相对分散，部分石油产地都有伴生天然气的开采，年产量超过 $1 \times 10^{10} \mathrm{m}^3$ 的天然气产区分别位于塔里木盆地、四川盆地，以及陕西的长庆油气田，集中在我国的西北、西南地区。

整体来看，我国石油产量处于衰退阶段，整体处于下降趋势，而天然气产量则处于上升阶段，并将在未来一段时间保持增长态势。无论是石油还是天然气，西北地区、西南地区都是目前重要的生产基地，其油气产量为我国油气产量的重要组成部分，而南海及渤海湾等海域，虽然油气储量丰富，但由于开采难度大，对油气的开采程度有限，是未来油气产量增长的重要区域。

蒙古国目前仅有 4 个油气盆地处于开采或待开采状态，受困于蒙古国自身的经济状况、较为落后的石油工业，对于石油的开采相对落后，调查显示，蒙古国 2015 年的石油产量只有 870 万桶，其中大部分出口中国（田作基等，2016）。

此外，蒙古国目前探明的天然气储量极少，暂无用于生产天然气的天然气田，仅有部分石油伴生天然气随石油开采产出，目前没有蒙古国天然气开采的准确数据。

综合来看，在中蒙俄国际经济走廊带中，石油产量几乎全部来自俄罗斯，达到了 $5.1268 \times 10^8 \mathrm{t}$，而中国全年的石油产量仅有 $1.891\ 06 \times 10^8 \mathrm{t}$，约为俄罗斯石油产量的 1/3。在俄罗斯的石油开采与生产中，超半数的石油产量来自俄罗斯西部，目前俄罗斯东部石油开采程度较低，有较大的石油开采潜力。而对于天然气的生产，依然以俄罗斯的天然气产量为最，虽然中国天然气产量正处于增长阶段，但与俄罗斯相比仍然较低，俄罗斯天然气产量达到 $5.9465×10^{11}m^3$，居世界第二位，中国天然气产量为 $1.7617×10^{11}m^3$。蒙古国虽然作为能源出口国，但油气产量较低，石油年产量仅 870 万桶，无天然气产量。

2.3.2 利用现状

在已探明油气资源的利用上，中国对不同区域的油气利用程度不同，其中在较早完成勘探的东部地区由于开发较早，并且已经过长时间的勘探，因此对已探明油气资源的利用程度较高。油气的未开发率可以反映目前对油气资源的利用程度，未开发率越低，对油气资源的利用程度越高，反之未开发率越高，对油气资源的利用程度也就越低。以松辽盆地为例，其剩余油气储量严重不足，在 2015 年时，松辽盆地在累计储量接近 $3×10^9t$ 的情况下，未开发储量仅为 $1.68×10^8t$，由于盆地内新增的油气储量较少，不足以维持长时间的开采，其产量从 2000 年开始缓慢下降，在 15 年后更是开始快速下降（张抗和张立勤，2019）。

目前我国陆上新增油气储量主要来自西部地区，相对于东部地区，西部地区对油气资源的利用程度也相对较低，但是随着近些年的开采，西部地区的油气资源利用也已经到了相当高的程度，以鄂尔多斯盆地为例，其石油的未开发率在 2010 年时为 27%，而在 2017 年这一比例下降到 23.0%，未开发的石油储量仅为 $2.0×10^8t$（表 2-11；张抗和张立勤，2019）。

表 2-11 2017 年全国和主要盆地石油（原油）探明经济可采储量及其未开发率（张抗和张立勤，2019）

地区/盆地	可采储量/10^8t	未开发储量/10^8t	未开发率/%
全国	91.77	11.63	12.7
松辽	29.45	1.68	5.7
渤海湾	26.75	2.22	8.3
鄂尔多斯	8.7	2.0	23.0
塔里木	3.34	0.68	20.4
准噶尔	5.92	0.96	16.2
渤海	7.90	2.54	32.2
珠江口	3.41	0.48	14.1

目前我国利用程度相对较低的油气资源主要来自海上，由于原油价格的持续走低，以及海上开采油气的成本较高、开采难度较大，因此对海上油气的利用程度较陆上要低得多，南海对油气的利用程度要低于渤海湾盆地。

此外，俄罗斯对本国油气的利用已达到相当高的程度，截至 2017 年，俄罗斯在国内进行开采的油气田已累计达到 1700 多个，占俄罗斯全部剩余可采储量的 70% 以上，在这些油气田中，达到巨型规模的油气田有 8 个，达到大型规模的油气田数量达到 70 个，此外还有 90 个油气田共同开采的石油储量高达 $1×10^6t$，这些油气田的油气储量累计达到 $3.3×10^8t$，占俄罗斯目前国内石油开采量的 67%（然娜和侯银霞，2018）。

俄罗斯的传统油气工业区位于俄罗斯西部地区，如西西伯利亚、汉特–曼西斯克、乌拉尔–伏尔加等油气开采加工体系完善、经济相对发达的地区，而这些地区也是目前俄罗斯油气产量较高的地区，日石油产量往往可以达到百万桶以上规模。而在这些已经探明储量的地区，除被俄罗斯列入战略储备的油气田，以及开采难度较大、现阶段没有开采价值的油气田外，几乎已全部投入开采。

俄罗斯东部地区对油气的利用程度较低，尤其是东西伯利亚地区和远东地区，虽有大量的油气资源，但是由于其地广人稀、交通不便和这些地区的经济原因，这些油气资源未得到有效利用，东西伯利亚地区和远东地区也一度被视为俄罗斯油气开采最后的"处女之地"（周永恒等，2019）。

蒙古国由于本国无油气生产工业体系，且蒙古国的人口由游牧民族组成，因此蒙古国对本国油气资源的利用程度极低，目前仅有位于东戈壁盆地的 4 个油田投入开采，而蒙古国全境尚无天然气生产，而同样有油气资源的大湖盆地、中戈壁盆地、南戈壁盆地虽有部分已探明的油气资源，但是尚未被开采，对油气的利用率目前为零。

目前在中蒙俄国际经济走廊中，中国的东部和西部及俄罗斯的西部地区对于油气的利用程度较高，油气产量达到一定规模，并且面临剩余油气储量不足的问题。而中国的渤海湾等海域及蒙古国的东戈壁盆地对油气的利用程度相对较低，还处于上升阶段。俄罗斯的东部地区，以及蒙古国除东戈壁盆地外的其他盆地，对油气的利用程度整体较低，几乎处于未开发的阶段，具有较高的开采价值。

2.3.3　贸易现状

俄罗斯是世界上主要的石油、天然气出口国，在石油出口方面稳居世界第二，排名居沙特阿拉伯之后。俄罗斯出口贸易的 50% 以上依赖石油及天然气等能源的出口，并且俄罗斯的贸易顺差也主要依赖石油的出口。目前俄罗斯日石油产量约为 1000 万桶，而俄罗斯日石油消费量仅为 300 万桶（达尔森和徐春祥，2020），其石油产量远远高于国内对石油的需求量，这意味着俄罗斯超过一半的石油可用于出口。

俄罗斯的石油出口量及出口额自 2000 年开始处于波动增长中，截至 2019 年，俄罗斯的石油出口量已增至 2.661×10^8 t。2018 年俄罗斯的油气出口额增长最为明显，是 2015 年以来出口额增长幅度最大的年份。相比 2017 年，2018 年俄罗斯的石油出口量也同比上涨了 2.9%，达到了 2.6×10^8 t；石油出口额同比增长了 38.2%，达到了 1290 亿美元，石油产品的出口额也增长了 34.1%，达到了 781 亿美元。2018 年俄罗斯石油出口量和出口额上涨的主要原因是 2018 年石油价格波动，从年初上涨到 10 月达到历史高位，促进了俄罗斯石油的出口（达尔森和徐春祥，2020；Левченко and Иванова，2016）。

在 2015 年前，俄罗斯石油出口量就达到每日 500 多万桶，这其中大部分出口面向欧洲国家，占俄罗斯石油出口量的 70% 以上，虽然俄罗斯依赖欧洲消费，但欧洲同样依赖俄罗斯的石油供应，2016 年欧洲原油进口量超过 1/3 来自俄罗斯。除欧洲外，亚洲和大洋洲地区也是俄罗斯石油出口的主要场所，占俄罗斯石油出口总量的 26%，其中俄罗斯石油出口量最大的国家是中国，俄罗斯每日向中国出口 95 万桶石油，占俄罗斯石油出口量的 18% 以上，并且向中国的出口量正逐年增加，2016 年开始，俄罗斯取代沙特阿拉伯，成为中国石油最大的供应国（迪娜拉，2018）。

此外，由于乌克兰危机，与欧佩克国家达成减产协议，以及 2014 年后美国不断加大对俄罗斯的制裁力度，尤其是针对俄罗斯油气生产及出口方面，俄罗斯面临着石油类燃料能源出口受限、石油行业收入减少、与国外尤其是欧洲的石油公司投资合作项目被迫中上、石油行业就业率下降等困扰，并且随着制裁时间的持续，潜在的技术滞后、缺乏资金和其他负面影响正在扩大，俄罗斯面临被挤出世界石油供给市场的潜在风险。特别是 2016 年后，俄罗斯在欧洲市场的石油出口受挫，石油的出口额呈下降趋势（表 2-12）。

表 2-12　2012～2019 年俄罗斯原油和石油产品出口量、出口额和增长率（达尔森和徐春祥，2020）

年份	原油				石油产品			
	出口量/亿 t	增长率/%	出口额/亿美元	增长率/%	出口量/亿 t	增长率/%	出口额/亿美元	增长率/%
2012	2.4	−1.8	1 809	−0.5	1.382	4.6	1 036	8.3
2013	2.366	−1.4	1 736	−4	1.517	9.8	1 094	5.6
2014	2.234	−5.6	1 538	−11.4	1.653	9	1 158	5.9
2015	2.448	9.6	895	−41.8	1.717	3.9	674	−41.8
2016	2.547	4	736	−17.8	1.566	−8.8	461	−31.6
2017	2.567	0.8	933.06	26.8	1.484	−5.2	582.46	26.3
2018	2.601	1.3	1 290.5	38.3	1.501	1.1	781.34	34.1
2019	2.661	2.3	1 214.4	−5.9	1.428	−4.9	668	−14.5

注：根据俄罗斯中央银行历年统计数据计算整理得出。

欧洲市场的失利让俄罗斯迫切地寻求新的石油出口渠道，而中国是世界上较大的能源消费国，随着中国经济的高速发展，对石油的需求量也逐年扩大，同时由于俄罗斯与中国合作的不断加深（Пешкова Самарина，2019），两国在油气领域也展开了一系列合作，目前俄罗斯正在将油气由西向东引导，增加了油气对中国的交付，2018 年俄罗斯对中国的石油供应相较于 2016 年增加了 64%，2018 年对中国的石油出口总量达到了 7.149×10^7 t，平均每日石油出口量达到 143 万桶，中国成为俄罗斯油气资源出口的重要伙伴，是从俄罗斯进口石油最多的国家，进口的石油量在俄罗斯油气出口总量中占比超过 30%（图 2-4；汪巍，2020），并且这一比例仍在不断上升。2020 年中国从俄罗斯进口石油总量达到了 8.126×10^7 t，而 2021 年我国对俄罗斯原油的进口达到了 2600 亿美元，占

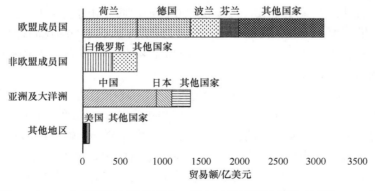

图 2-4　2016 年俄罗斯石油主要出口国家以及地区示意图（汪巍，2020）

进口总额的 50.76%。

中国是世界上较大的能源消费国，但是石油产量相对较低，只能满足 8% 的国内石油消费需求，而其余的石油需求则需依赖进口，此前中国石油进口主要依赖中东国家，特别是沙特阿拉伯，其长期以来一直是中国石油的主要来源国，并且中国进口的石油资源 80% 通过苏伊士运河和马六甲海峡运输。对中东地区的过度依赖和油气运输的单一通道都给中国油气安全带来了极大的风险和不确定性，因此中国需要在中东市场之外寻求新的能源供给国。而俄罗斯是世界上较大的能源出口国，这就意味着中国和俄罗斯之间的能源合作是双方战略合作的重要组成部分。这不仅关乎到贸易关系的规模，更关乎到两国的能源安全。

随着中国与俄罗斯在油气领域合作的加深，中国从俄罗斯进口的石油量逐年增加，特别是 2016 年后，俄罗斯已超过沙特阿拉伯成为中国石油进口量最大的国家，根据中华人民共和国海关总署的调查报告，在 2018 年后，从俄罗斯进口的石油占中国进口石油总量的 14% 以上，并且这一比例仍然在上涨。中国同俄罗斯油气领域的合作与贸易不断加深，使得中国对中东油气的依赖程度相对降低，从中东进口的油气比例目前占中国进口油气的 46%，其中以来自沙特阿拉伯的油气为最（汪巍，2020），并且这一比例随着中俄油气贸易加深，可能会有所下降。油气的运输除了通过马六甲海峡和苏伊士运河外，部分油气通过连通俄罗斯和中国的油气管道运输，使得我国油气安全多了一道保障。

促使中俄两国在油气领域贸易不断加深是基于两国现状考虑的：一方面中国近些年经济发展迅速，但本土油气资源严重不足，需要大量依赖进口；另一方面，俄罗斯对外的石油出口是其国民收入的重要组成部分。这些因素使得中俄两国在石油领域的贸易和合作不断加深。

从 2009 年开始，中国国家开发银行向俄罗斯石油公司提供 20 年 250 亿美元的贷款，而俄罗斯向中国提供 $3 \times 10^8 t$ 石油，中国和俄罗斯的石油贸易开始出现以贷款换石油的方式，这种贸易方式一方面刺激俄罗斯石油工业的发展，另一方面为中国的石油能源提供了保障，之后这种以贷款换石油的贸易方式不断加深。除此之外中国也越来越多地主动参与俄罗斯油气建设，如在 2019 年中石油和中海油分别认购了 10% 的北极 LNG2 有限责任公司的股权，而北极 LNG2 有限责任公司的北极 LNG2 项目位于俄罗斯格达半岛北部的萨尔马诺夫凝析气田（汪巍，2020）。中方越来越多地投资俄罗斯的油气工业，以及更多地直接参与俄罗斯油气的开发，无疑将会使得中俄双方在油气领域的贸易进一步扩大。

蒙古国对石油的开采量不大，每年仅 870 万桶，同时由于蒙古国的经济相对落后，对石油的消费量不大，如蒙古国在 2015 年全年仅消费了不足 60 万桶石油，因此其开采的石油大多销往国外，在 2015 年蒙古国共出口了 814 万桶石油，是本国石油消费量的 10 倍以上（木永，2016）。

同时由于蒙古国是完全内陆国家，没有海上的油气运输通道，并且蒙古国仅与中国和俄罗斯接壤，而俄罗斯是全球主要的油气出口国，几乎不需要从别的国家进口石油，因此中国成为蒙古国最主要的石油出口国，尤其是中蒙油气运输管道的建成使蒙古国可以更加方便、有效地向中国输送石油，因此每年蒙古国出口的石油几乎全部面向中国。在 2017 年 1～11 月，蒙古国向中国出口石油 $9.5 \times 10^5 t$，折合桶数约 700 万桶。

随着中国加大向蒙古国石油工业的投资、蒙古国对本国石油开采的重视，以及中蒙双方都在寻求油气领域的进一步合作，中蒙之间的石油贸易规模很有可能随着蒙古国石油产能的提高而进一步扩大。

2.4　油气资源潜力评估

油气资源评价指估算某个特定区域的某个圈闭、某个区带、某个盆地、某个国家或者世界的地下油气潜力（主要是待发现的油气资源）的过程。通过对油气田开发现状及未来发展趋势的研究，分析油气田开发的现状，采取有效的技术措施，提高油气田产量，并预测未来的发展趋势，保证油气田长期高产稳产，创造最佳的经济效益（李昭和马亮，2017）。想要提高油气田的产能首先就需要对地质情况进行精细的勘测研究，建立全面的地质资料，只有这样才能够确保油气田开发工作的顺利进行。其次，要不断改进新的钻探勘探方法，结合人工智能等手段进行分析。再次，需要了解油气田自身特征及不同的类型，对具体的情况进行分析讨论，从而能够使开采效益达到最大化，采用科学合理的方法进行开发利用。最后，需要从产能这一点入手，结合这方面去进行技术探究，认真地勘测油气田的实际情况，不断地提高油气开发的方法和技术水平（李峥，2019）。

2.4.1　勘探潜力

中国由于对基础科研的持续投入，对地质工作的研究程度已相对完善，尤其是 1∶20 万、1∶50 万填图，以及航空磁测、航空重力研究等完成比例已相对较高。对于油气资源的勘探，自中华人民共和国成立以来持续加大投入，如今对油气的勘探程度已达到世界前列，剩余的油气勘探工作随着油气勘探投入的进一步提高，难度逐渐加大，尤其是在传统油气领域，已很难再取得重大突破。

对于东部地区的油气勘探工作，在 20 世纪末已经基本完成，已经没有勘探潜力，而对于西部地区的油气勘探工作，从 2000 年开始不断完善，截至目前也已基本完善，每年探明的新增油气储量正呈下降趋势，其勘探潜力也相对较低。而对于非传统油气领域，以及南海、渤海湾等海域的油气勘探，由于勘探难度较大，完成勘探的程度相较陆上低，因此具有一定的勘探潜力，近些年中国新增的油气储量中有相当比例来自南海等海域；但是海上探明的油气储量面临着开采难度大、开采成本高等不利因素，因此中国的油气勘探潜力相对较弱，油气储量面临着下降的风险。

与中国相比，俄罗斯目前地质工作的研究程度相对较低，各种类型的地质填图工作完善程度极其不均衡，整体表现为西部地区相对完善，1∶50 万填图完成比例普遍达到90% 以上，而东部地区完善程度较低，如远东地区和西伯利亚地区，1∶50 万填图完成比例分别仅达到 54% 和 74%（周永恒等，2019）。

除了地质工作的完善程度不均衡外，俄罗斯对油气的勘探程度也同样极不均衡，在俄罗斯西部，对油气的勘探工作已达到相当程度，如乌拉尔–伏尔加地区的部分油气田已开采超过 30 年，对油气盆地及外围的勘探都达到了比较高的程度。由于现有的勘探程度越高，对剩余未勘探油气的勘探难度越大，在俄罗斯石油的重点产区，如东西伯利亚地区、北高加索地区、乌拉尔联邦区、伏尔加河沿岸联邦区，经过多年的油气开采，以及进行了长时间的油气勘探，其油气开采程度和勘探程度达到了一定水平，面临着油气勘探难度增高的困扰。虽然其中部分地区根据评估仍有较多的待发现油气储量，但是因勘探难度大，新增石油储量逐年下降，并且这些地区石油产量已过巅峰，可能会因缺乏资金而不能对油气进行勘探，因此这些地区的油气勘探潜力较为有限。

在俄罗斯境内，油气勘探潜力较大的地区是位于俄罗斯东部的东西伯利亚和远东地区。西伯利亚和远东地区占俄罗斯总面积的60%，由于地广人稀、未形成完整的油气生产基地，对油气资源的开采相对滞后，有大量的油气资源储量，并且由于没有油气生产而缺乏相应的资金，因此在这一地区，对油气的勘探工作相对滞后，相比于已经得到重度勘探的西部地区，这一地区有相当储量的油气资源待勘探发现。并且由于俄罗斯油气由西向东引导，以及中国加大了对俄罗斯油气生产的投入，近些年东西伯利亚和远东地区得到了一定的资金进行油气的勘探和开发，这些年俄罗斯的新增油气储量中很大一部分来自这一地区。

在俄罗斯的东部地区，远东地区是俄罗斯油气勘探潜力最大的地区之一，根据俄罗斯对油气的统计，在远东地区石油储量高达 $1.1×10^9t$，待发现的天然气储量达到 $4.903×10^{12}m^3$（朱蓓蓓，2019），如果增加资金投入，可能在短时间内获得相当规模的油气储量，具有相当的油气勘探潜力。东西伯利亚目前也有相当规模的油气储量，并且由于勘探程度较低，现有油气田外围区域未进行有效的勘测，并且还有相当多的油气远景区有待进一步勘测，因此预测还有相当储量的待发现油气储量，但是目前尚无权威机构对东西伯利亚地区的待发现油气储量做出可靠的预测。此外，俄罗斯境内的北极大陆架、乌拉尔地区都是具有勘探潜力的地区，有待进一步勘探。

蒙古国的矿产资源以及油气资源较为丰富，但是受限于蒙古国本国的经济状态，蒙古国对油气的勘探缺少必要的资金支撑，以及蒙古国的勘探技术手段有限，目前蒙古国境内的油气资源勘探需要寻求外部合作才能够完成，因此蒙古国的四大盆地内可能蕴藏丰富的油气资源，但由于勘探程度较低，蒙古国内已探明的油气资源仍然较少，勘探并投入开采的油气田仅有 4 个（Nominzul，2019）。

由于勘探水平相对较低，蒙古国的许多盆地尚未充分勘探，其中蕴藏的大量油气资源有待发现，如在对蒙古国各个盆地中待发现油气资源量的评价中，仅东戈壁盆地待发现的石油资源量就达到了 $5.36×10^7t$，以及待发现天然气储量 $9.27×10^8m^3$，此外南戈壁盆地待发现油气当量为 $1.95×10^7t$，中戈壁盆地的待发现油气当量为 $1.45×10^7t$，大湖盆地的待发现油气当量为 $4.66×10^6t$，都具有一定规模（表 2-4）。

东戈壁盆地为蒙古国目前已探明油气储量最多的盆地，其中 4 个油气田已经投入开采，并且连通通往中国的油气管道，生产、运输相对于蒙古国的其他地区都较为完善，之所以油气勘探程度低，有大量的待发现油气储量，是因为蒙古国自身的经济状况，如果可以与蒙古国展开油气领域的合作，加大对蒙古国油气勘探与开采的投资，在东戈壁盆地相当规模的油气资源有待勘探。

综合来看，在中蒙俄国际经济走廊中，最有油气勘探潜力的地区分别为俄罗斯的远东地区、东西伯利亚地区，以及蒙古国的东戈壁盆地，以上这些地区虽然都蕴藏着大量的油气资源，但由于本国的经济状况以及技术限制，都没有得到很好的勘探和开发，已探明的储量都仅为该地区油气储量的一部分。这其中尤其是远东地区和东西伯利亚地区，已探明的油气资源储量和待勘探的油气资源储量都极为丰富，达到了 10^8t 以上的规模，有较高的油气勘探潜力。

2.4.2　利用前景

中蒙俄三国中，除蒙古国因为自身的经济、科技、政治因素对油气资源利用率不高外，俄罗斯作为传统的能源出口大国，油气出口额是国民收入的主要部分，而中国也是重要的油气消费国，对本国的油气资源都有充分的利用。

俄罗斯对油气的利用主要依托于国有油气公司，虽然在苏联解体后的一段时间俄罗斯的油气利用由私营公司把控，并由大量国际公司参与，但是俄罗斯通过合并，重新将油气的开发收归到少数国有公司，并且严格管控国外资本参与本国油气勘探、开采工作，目前俄罗斯的油气利用主要由俄罗斯石油公司控制（表 2-13）。而近些年，俄罗斯才重新开放国外资本进入本国油气的通道，并且执行严格的审查制度。

表 2-13　2016 年俄罗斯主要油气公司的石油产量（然娜和侯银霞，2018）　（单位：10^3 桶/d）

公司	石油产量
俄罗斯石油公司	4 021
卢克石油公司	1 679
苏尔古特石油公司	1 225
俄罗斯天然气工业股份公司（包括俄罗斯天然气工业石油公司）	1 117
鞑靼石油有限公司	570
巴什石油公司	423
斯拉夫石油公司	300
诺瓦特克石油公司	247
罗斯石油公司	150
PSA 运营商	290
其他	853

由于较长时间的开采，俄罗斯对本国油气的利用已达到相当程度，截至 2017 年，俄罗斯在国内进行开采的油气田已累计达到 1700 多个，占俄罗斯全部剩余可采储量的 70% 以上，在这些油气田中，达到巨型规模的油气田有 8 个，达到大型规模的油气田数量达到 70 个，此外还有 90 个油气田的可开采石油储量高达 $1×10^6t$，这些油气田的油气储量累计达到 $3.3×10^8t$，占俄罗斯目前国内石油开采量的 67%（然娜和侯银霞，2018），这些油气日是俄罗斯主要的油气来源，此外还有大量中–小型油气田也投入开采，目前这些已经投入开采的油气田大多位于俄罗斯西部地区，尤其是西西伯利亚、汉特–曼西斯克、乌拉尔–伏尔加等油气开采加工体系完善、经济相对发达的地区，而这些地区也是目前俄罗斯油气产量较高的地区，日石油产量往往可以达到百万桶以上规模。

除已经进行开采的油气田外，俄罗斯境内还有大量未投入开采的油气资源，2017 年的统计显示，俄罗斯全境大约还有 1300 个油气田未投入开采。这些油气田或是位于东西伯利亚和远东地区，经济发展相对欠缺，因此未投入开采；或者是处于地层底部，开采所需的技术条件较高且资金较多；或者是因为俄罗斯政府对环境的保护，开采受到限制，以及相当一部分油气田被俄罗斯列入战略储备中，禁止石油公司对其进行开采。在这些未开采的油气田中，达到巨型规模的油气田共有 4 个，此外达到大型油气田规模的共有 25 个，达到中型规模的油气田共有 66 个，其余均为小型油气田（然娜和侯银霞，2018）。

对于已经投入开采的油气田，对油气田中的油气利用程度均较高，这些油气田对油气储量的利用程度平均达到了 60% 以上，大型油气田对其中油气的普遍利用程度更是在 85% 以上，对巨型油气田中油气的利用程度更是全部高于 50%，其中利用程度最高的更是高达 95%（孙永祥，2017），均已过巅峰产能阶段。由于剩余油气储量的减少，其油气产量势必呈下降趋势。但开采技术的提升、新技术的应用，以及对老旧设备的再造升级，可以提高对这些油气田中剩余油气储量的利用程度，达到提高油气产量的目的。

同时对于未开采的油气田，新技术以及新开采工艺的应用可以将原本因开采难度大而未投入开采的油气田重新利用起来，如位于地层底部的油气田，通过新开采工艺可以将其列入油气产量中。此外，俄罗斯境内利用前景最为广阔的油气资源就是位于俄罗斯东部地区的东西伯利亚和远东地区的油气资源，这些地区的油气资源极其可观，由于缺乏相应的资金进行油气的勘探和开采，这些油气田尚未投入生产。只要有足够的资金支持，这些位于东西伯利亚和远东地区的油气田就能够实现生产，从而为俄罗斯带来新增的油气产量。

整体来看，俄罗斯在对油气资源的开发和利用上，仍然有较好的前景，如俄罗斯有丰富的待发现储量和大量未投入开采的油气田，但是俄罗斯由于自身经济状况的持续衰退，对东西伯利亚和远东地区的油气勘探与开采缺乏必要的资金支撑，因此该地区的油气资源并没有得到有效利用。可以通过加大对中蒙俄国际经济走廊的投资，以及通过为中蒙俄国际经济走廊提供必要的支持，来加快对未开发油田进行有效的开发与利用，从而扩大俄罗斯的油气产量。

蒙古国目前对本国的油气资源的利用程度非常低，无论是对本国油气储量的勘探程度，还是对已勘探的油气田的开发程度，都处于相当低的水平。蒙古国对本国油气资源的利用前景主要分为两方面：一是对本国油气资源的勘探工作，二是对本国探明油气储量的开发和利用。

对于本国油气资源的勘探，蒙古国目前通过与别国合作来完成，其中石油在与蒙古国的合作勘探方面有重要作用。蒙古国东戈壁盆地蕴藏着可观的尚未开采的油气资源。目前，已确认的油气储量主要分布在这一地区，并且蒙古国正在对东戈壁盆地内的油气田进行开采。除了已经勘探出的石油储量，东戈壁盆地还蕴藏着大量待发现的油气储量。此外，如果对中戈壁盆地、南戈壁盆地和大湖盆地进行更为详细的勘探，也有望为蒙古国增加新的石油储量。蒙古国在已知石油储量的开采方面具备巨大的潜力。目前，蒙古国只开发了东戈壁盆地内的 4 个油气田，而中戈壁盆地、南戈壁盆地和大湖盆地中虽然也发现了相当数量的油气储量，但尚未开始实际生产。

整体而言，蒙古国待发现油气储量丰富，对已发现油气的开采程度低，油气资源的产储比相对较低，目前蒙古国油气资源的产量正处于快速上升阶段（图 2-5），对油气的利用前景可观。

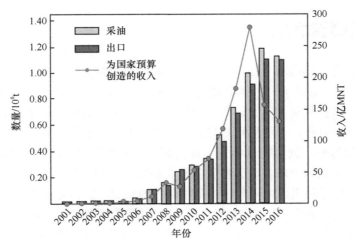

图 2-5　蒙古国采油预算收入（Nominzul，2019）

MNT，蒙古国货币图格里克

蒙古国的油气资源勘探和开采主要依托与别国的合作，尤其是中国的中石油，在蒙古国的油气勘探开采中具有举足轻重的地位。蒙古国对油气勘探、开采的程度有限，主要受限于以下几方面：一是蒙古国自身的经济不发达，蒙古国没有足够的资金投入油气的勘探与开发中；二是蒙古国的科研技术有限，自身无法对本国油气进行勘探与开采，主要依托与别国的合作；三是蒙古国的政治因素，此前蒙古国未重视本国的油气资源开采。

在中蒙俄国际经济走廊的建设过程中，中国可以通过加大对蒙古国的资金以及技术的支持，来促进蒙古国对已探明油气资源的开发，以及通过与蒙古国的合作，对蒙古国的主要含油气盆地进行勘探，提高新增油气储量。中国目前对本国油气的利用程度已达到相当高水平，对于中国陆上的含油气盆地，以及含油气盆地周边的地区，都已经达到中–高勘探水平，剩余的待发现油气储量极为有限，目前中国虽然投入大量资金进行国内的油气资源勘探，但是新增油气储量仍呈下跌趋势，尤其是中国的油气资源储量长期维持在 $1 \times 10^9 t$ 这一水平线上，油气产量已无提高空间。从已探明油气资源的开发和利用情况来看，东部渤海湾盆地和松辽盆地经过数十年的开采，剩余储量已明显不足，而在这些地区又没有新增的油气储量，虽然通过技术改良保持油气产量没有大幅度下滑，但是其油气产量已呈下降趋势。而西部地区 2000 年后发现的油气田相继投产，是中国油气新增产量的主要产区，但由于近些年没有新的重大突破，新增油气储量逐年减少，剩余储量也岌岌可危。对于已探明油气的利用，唯一有较高潜力的地区就是渤海湾海域和南海海域，这些海域有大量已探明的油气储量，但由于技术或经济效益的限制未投入生产，随着技术的革新和油价回升带来的经济效益，这些地方可能成为中国油气增产的重要区域。

整体而言，中蒙俄国际经济走廊中，油气利用前景较好的地区是俄罗斯的东西伯利亚和远东地区，这一地区不仅有丰富的剩余油气储量，更有丰富的待发现油气储量。其次是蒙古国以东戈壁盆地为代表的含油气盆地，这些地区对已探明油气的利用程度较低，有大量的剩余油气储量，但其油气资源总量有限，因此其利用潜力有限。

2.5 油气资源合作

当前，我国进入推进海外油气合作项目的战略机遇期，应推动与周边油气资源丰富的国家开展大型油气项目合作（朱九成等，2020）。合作共赢一直是我国所信奉的准则之一。当今世界，科技高速发展、国际形势风云突变，因而合作共赢更是时代的选择。很多事情的成功在于合作，合作也可凸显共赢，携手共进。目前，中国是全球第一大天然气进口国，在碳达峰、碳中和目标下，业内预计，天然气需求在未来 20 年仍将保持稳步增长，这使中国成为全球各大天然气供应商最为重视的市场。近年来，能源合作成为中俄两国合作中分量最重、成果最多、范围最广的领域。2014 年 5 月，中国和俄罗斯签署《中俄东线供气购销合同》。2022 年 2 月 4 日，俄罗斯天然气工业股份公司（Gazprom）与中石油签署《远东天然气供销协议》，达成新的交易后，俄罗斯对中国的天然气供应有望从目前的每年 $3.8 \times 10^{10} m^3$ 增加到每年 $4.8 \times 10^{10} m^3$。该协议是继 2019 年 12 月中俄东线天然气管道投产供气后，双方在管道天然气贸易方面取得的又一重要合作成果，符合全球能源发展的总趋势，在全世界朝着控制和降低全球平均气温上升幅度的大背景下，中俄都是把碳达峰、碳中和作为重要的战略任务（亢荣，2022）。

2.5.1 合作现状与问题

1）合作现状

中国和俄罗斯互为战略上的最大合作伙伴，尤其是在能源领域中的合作在中国和俄罗斯之间起到了重要纽带的作用，其作用不仅仅表现在两国的经济上，更是表现在两国的政治和外交上。中国是全球对能源消费较多的国家，同时俄罗斯是全球最大的能源出口国，因此中国和俄罗斯之间在油气领域的合作是双方战略合作的重要组成部分，这不仅关乎两国贸易的规模，更关乎两国的能源和经济安全，并且对亚太地区的能源安全有至关重要的作用（Anna，2018）。

中华人民共和国海关总署近些年公布的数据显示，在 2012～2017 年，中国从俄罗斯进口的石油总量从 $2.433 \times 10^7 t$ 增加到了 $5.970 \times 10^7 t$，2017 年石油的进口量较 2012 年增加了 145%。在此期间，2014 年中国从俄罗斯进口石油总量的增幅最为明显，增幅达到了 35.4%，进口石油总量达到了 $3.311 \times 10^7 t$。2015～2017 年从俄罗斯进口石油的总量保持高速增长趋势，石油进口量的增幅分别达到 28.1%、23.5% 和 14.0%。截至 2017 年，中国从俄罗斯进口的石油总量已达到 $5.970 \times 10^7 t$，互相成为对方在油气领域的最大贸易伙伴（表 2-14）。在石油贸易的金额方面，中国和俄罗斯的石油贸易额是动态不稳定的，这主要是因为受到国际油价的影响，不过整体来看，除 2013 年和 2015 年受到国际油价波动影响，中俄石油的贸易额出现负增长外，其余年份中俄石油的贸易额都呈正增长态势，并且在 2017 年中国自俄罗斯石油进口额为 205 亿美元，同比增长了 22.0%。2021 年俄罗斯出口原油近 $2.3 \times 10^8 t$（来源：中华人民共和国海关总署），截至 2022 年 1 月，中国已从俄罗斯管道进口的原油累计超过 $3 \times 10^8 t$，而天然气进口量则超过了 $1.50 \times 10^{10} m^3$。

表 2-14　中国自俄罗斯进口石油量（格叶莲娜，2019）

年份	石油进口量/10⁴t	增长率/%	石油进口额/亿美元	增长率/%
2012	2 433	—	197	—
2013	2 445	0.5	192	−2.5
2014	3 311	35.4	238	24.0
2015	4 243	28.1	165	−30.7
2016	5 238	23.5	168	1.8
2017	5 970	14.0	205	22.0
2018	7 149	19.7	—	—
2019	7 585	6.1	365	—
2020	8 357	10.2	—	—
2021	7 964	−4.7	—	—

中国同俄罗斯在天然气领域的贸易完全是以液态天然气进行贸易，在 2012～2017年，中国从俄罗斯进口天然气的总量波动较大，如在 2013 年中国从俄罗斯进口的天然气总量从 $3.82×10^5t$ 下降到了 $6.5×10^4t$，同比下降了 83%，但是在 2013 年后中国从俄罗斯进口的天然气量以较大增幅快速增加，到 2017 年中国从俄罗斯进口的天然气量已达到 $4.45×10^5t$，超过了 2013 年中国从俄罗斯进口的天然气量。除进口量外，中国从俄罗斯进口天然气的进口额在 2013 年后也不断上涨，但是进口额受天然气成交价的影响，有所波动（表 2-15）。

表 2-15　中国自俄罗斯进口天然气量（格叶莲娜，2019）

年份	天然气进口量/10³t	增长率/%	天然气进口额/万美元	增长率/%
2012	382	—	29 900	—
2013	65	−83.0	840	−97.2
2014	130	100.0	7 560	800.0
2015	187	43.8	10 400	37.6
2016	257	37.4	10 145	−2.5
2017	445	73.2	17 592	73.4

除油气资源的贸易量和成交额不断增加外，中国同俄罗斯在油气领域的合作也越来越多，如 2019 年中石油和中海油分别收购北极 LNG2 项目 10% 的股份，直接参与到俄罗斯的油气勘查与开采中。此外，除已建好的贯穿中俄的石油管道外，2014 年 5 月，在普京总统访华期间，中俄双方签署了中俄东线天然气世纪合同"西伯利亚力量"，在该计划中中石油将为建设"西伯利亚力量"天然气管道提供 250 亿美元的预付款，该管道用于俄罗斯对中国的油气运输，该管道的建设虽多次搁浅，但是中俄在油气运输上的合作从未停止。截至 2022 年 1 月，中国自俄罗斯管道进口原油累计已超 $3×10^8t$，天然气超过 $1.50×10^{10}m^3$。

中国与蒙古国在油气领域也有较为广泛的合作，由于蒙古国是内陆国家，并且与其接壤的国家只有中国和俄罗斯，这就意味着蒙古国在诸多领域需要依赖中国和俄罗斯，尤其是在油气资源的出口上，蒙古国出口的油气资源几乎全部销往中国，并且已建成连通中蒙的油气运输管道。

此外在油气的勘查与开采上，蒙古国与中国的合作也越来越密切，这表现在中国的油气公司越来越多地直接参与到蒙古国油气的勘探和开发中，截至 2018 年，仅中石油就已经帮助蒙古国探明石油储量超过 $3×10^8t$，建设生产能力超过 $1.70×10^6t$，为蒙古国团队创造 20 亿美元的工程量，也使蒙古国的石油工业从零开始，使蒙古国真正成为一个石油工业国家，中国已成为蒙古国最大的合作伙伴（Nominzul，2019）。

2）存在问题

尽管中国同俄罗斯在油气领域有广泛且深入的合作以及广阔的合作前景，但是在中俄双方的油气合作中，始终存在着一些分歧，如能源领域的合作存在长远规划的缺失、俄罗斯政府始终遵循最大限度保护国家利益的基本原则、俄罗斯国内集团对中国企业缺乏互信、在油气的定价上双方存在争议、俄罗斯投资市场不稳定等问题。

首先，俄罗斯联邦政府缺乏与中国的能源合作长期发展的统一方案，尤其是俄罗斯缺乏一个统一的国家机构和企业系统，来与中国展开在油气领域的合作磋商，这导致在中国与俄罗斯的油气合作中，尤其是长远的合作上缺乏长远的规划。

其次，俄罗斯一向注重最大限度地保护国家利益，尤其是在能源领域，俄罗斯在很长的一段时间里拒绝国外油气企业的进入，仅展开有限的合作，即便近些年允许一些国外企业进入俄罗斯，在俄罗斯本土与俄罗斯的油气企业展开合作，但往往也会提出较为苛刻的要求，以确保俄罗斯的利益得到最大保障，这并不利于中国与俄罗斯在油气领域展开更为深入、全面的合作（孙永祥，2017）。

此外，俄罗斯国内的油气企业也对中国的企业缺乏信任，这是由于随着俄罗斯政治制度和经济结构的变化，国内集团的势力在俄罗斯国内得到发展，这些集团为了保护自身的利益，通过各种渠道对俄罗斯政府在能源领域的外交政策展开影响，导致俄罗斯与中国在能源合作时，在战略上存在多种意见，例如在此前建设连接中俄的油气运输管道时，俄罗斯否定了可以从安加尔斯克直接连通大庆的"安大线"，转而铺设通过俄罗斯纳霍德卡市的改向太平洋沿岸的"安纳线"，以使得俄罗斯企业集团可以获得更多经营收入，而改道后的管道增加管道的长度，也增加工程量，使得油气运输的成本更为高昂。

由于三个最大的中国油气企业（中石油、中石化和中海油）是国家所有制的，而在国有化制度的管理之下，它们在市场上的竞争能力要比公司制运营的国际能源公司的竞争能力更低，俄罗斯油气企业往往对中国公司的可靠性产生怀疑，因此在进行有限的市场合作时，它们也更倾向于同全球知名的跨国油气公司进行合作，以确保自身的利益可以得到最大化的保障。

影响俄罗斯同中国油气合作的还有油气的定价问题，由于俄罗斯缺乏与中国能源合作长期发展的统一方案，有关油气的定价问题双方一直没有达成统一意见，双方在油气价格上的磋商一直没有办法展开。中俄双方在 2014 年普京总统访华期间签署了中俄东线天然气"西伯利亚力量"合同，合同中计划由中石油为建设"西伯利亚力量"天然气管道提供 250 亿美元的预付款，来换取俄罗斯天然气工业股份公司降低天然气价格，因为通过天然气管道供应的天然气将来自西西伯利亚的偏远地区，管道运输可以降低天然气的运输成本。但是，俄罗斯天然气工业股份公司拒绝采用预付款，以避免降低原材料价格。由于俄罗斯天然气工业股份公司和中石油是国家机构，最终决定未达成（周永恒等，2019）。

俄罗斯的法律也是影响中俄展开深入油气合作的问题之一，尽管俄罗斯联邦存在有关国外投资的法律，但是相关法律基础非常复杂，并且在俄罗斯境内的外国公司经常面临执行机关拒绝合作、过分的官僚要求与超多检查量和审计量等问题。这都使得中国在俄罗斯的投资面临着缺乏法律保护的风险。

俄罗斯的投资市场还面临市场风险大等诸多问题，如俄罗斯的法定货币卢布的汇率不稳定，2015 年后国际油价大幅下跌对石油出口造成影响，俄罗斯国内通货膨胀风险加剧，地缘政治紧张，以美国为首的北约集团对俄罗斯实施较为严厉的制裁，宏观经济的恶化，都加剧了俄罗斯投资市场的风险，使大多国际油气集团不愿意对俄罗斯的油气生产进行投资（苏轶娜和许敬华，2015）。

虽然蒙古国因为地理位置的关系，也在主动寻求与中国的合作，但是在与蒙古国进行合作时，中国面临着与俄罗斯相似的问题。

蒙古国石油和天然气行业投资缺乏准确的法律框架，这与蒙古国缺乏长期稳固的政治和法律环境有关。虽然蒙古国支持别国直接参与本国的油气开采，但是缺少必要的法律保护，尤其是在油气开采过程中，有关油气开采以及国外投资的法律法规变更频繁，这都给中国在蒙古国的投资带来很大的不确定性，因此在进行合作时面临着诸多问题（Nominzul，2019）。

此外，油气的勘探与开发受到当地人的排斥，由于当地多是游牧民族，进行油气的开采会触及当地游牧民族的利益，因此常常受到当地人的抵制，此外在油气勘探过程中未能充分雇佣当地居民也是油气开采在当地受到抵制的原因之一。

由于蒙古国意识到战略利益的重要性，在近些年采取大国平衡的策略，并且将强化"第三邻国"作为本国的外交策略，而"第三邻国"的定义从最初的美国演变到西方国家，到现在的包括日本、韩国在内的所有援蒙国家（徐建山和朱颖超，2016），2014 年更是与美国签订《关于战略性第三邻国伙伴关系的联合声明》。蒙古国有意平衡各个国家在其国内的影响地位，尤其是刻意加大美国等西方国家在其国内的影响力，在中美竞争加剧的当前环境下，势必造成诸多不确定因素，给中国在蒙古国的投资带来极大的风险和阻碍。

2.5.2　优先合作区

中国在考虑中蒙俄国际经济走廊建设中油气资源的开发时，应当首先将俄罗斯东西伯利亚地区和远东地区列为优先合作区域。

首先，虽然西西伯利亚地区和远东地区的石油和天然气的开采量目前来看在俄罗斯联邦并不占优势，目前石油的开采量远远低于乌拉尔联邦区、伏尔加河沿岸联邦区和西伯利亚联邦区，但是其石油产量的增长趋势良好，尤其是目前俄罗斯每年新增的油气储量，大部分来自对未开采油田的开采，其油气产量的占比也从 2010 年占俄罗斯石油总产量的 3.6% 稳步增长到了 2016 年的 5.2%，日均石油产量更是达到了 1.338×10^6 桶。同样其天然气的产量在俄罗斯的天然气总产量中也保持持续稳定增长的趋势，从 2010 年的 4.1% 增长到 2016 年的 5.1%（Вологин and Лазарев，2016），并且这种增长趋势在 2016 年后仍未放缓。根据英国石油公司（BP）、智研咨询整理数据，2019 年俄罗斯天然气产量达 $6.790×10^{10}m^3$，较 2018 年增加了 $9.93×10^8m^3$，同比增长 1.48%，2020 年受新冠疫情影响，天然气产量有所下滑，2020 年俄罗斯天然气产量为 $6.385×10^{10}m^3$，较 2019 年减少了 $4.056×10^9m^3$，同比减少 5.97%。

其次，远东地区和东西伯利亚地区对油气资源的利用率低，俄罗斯西西伯利亚地区油气田油气利用率普遍达到 50% 以上、巨型–大型油田的利用率普遍达到 85% 以上，而东西伯利亚和远东地区的油气资源大多数还处于未开采状态。远东地区和东西伯利亚地区的油气储量也十分丰富，根据现有探明储量计算的油气资源量，远东地区和东西伯利亚地区的油气资源量占俄罗斯油气储量的一半以上。这些油气资源主要分布在鄂霍次克海、白令海、东西伯利亚海等海域的大陆架中，萨哈（雅库特）共和国的石油和天然气储量分别为 $6.732×10^8t$ 和 $3.0310×10^{12}m^3$，萨哈林州的石油和天然气储量分别为 $4.256×10^8t$ 和 $1.8720×10^{12}m^3$（Аганбегян，2010）。

再次，远东地区和东西伯利亚地区还有较为完善的油气运输管道，如中俄原油管道总长 1030km，由俄罗斯东西伯利亚–太平洋输油管道的斯科沃罗季诺输油站，从我国漠河兴安镇入境，自北向南沿大兴安岭东坡延伸，穿越嫩江平原，止于大庆林源输油站。管道在我国境内段全长 953km，是连通中俄的原油管道，更是我国的四大能源战略通道之一，该管道分两期建设，一线和二线先于 2011 年 1 月和 2018 年 1 月投入使用，在 2017 年中俄原油管道输油达 $1.650×10^7t$，2018 年后每年通过该管道进口的俄罗斯原油更是达到 $3×10^7t$，通过该管道进口的原油占我国陆上进口原油的 58% 以上，截至 2021 年 1 月 1 日，中俄原油管道累计输送原油近 $2×10^8t$。这条管道显著提高了我国与俄罗斯之间的油气运输能力，降低了运输成本。此外，该管道连接了大多数分布在远东地区和东西伯利亚地区的油气田，在未来的开发中有望将更多的油气田纳入管道的连通范围内。

除出于经济因素考虑外，从国家的油气安全和国家战略考虑，也应将远东地区和东西伯利亚地区纳入优先合作区域。在油气的进口方面，中国长期依赖中东地区的油气进口，即便这一份额在 2015 年后已经有所下降，但依然达到了我国进口石油量的 46%，过度单一的油气进口结构对于我国的能源安全极为不利，因此我国亟须开辟一个新的、稳定的油气进口市场。同时在我国进口的石油中，有超过 80% 的石油都需从海上运输，需要通过马六甲海峡和苏伊士运河运往中国，较为单一的运输通道也给我国的能源安全带来诸多挑战。尤其是 2021 年 3 月苏伊士运河因为货轮搁浅而运输中断，数百艘满载石油的货运为此被迫绕道或者停滞在苏伊士运河通道两侧，再一次警示中国，单一的油气运输通道会给油气运输乃至国家安全带来诸多不稳定因素。

俄罗斯有着世界上最为发达的油气管道运输网络，管道运输在俄罗斯运输系统中所占份额超过了 47%。管道运输的对象主要是石油、天然气等液态或气态的产品（朱蓓蓓，2019），而这些油气管道，可以通过中俄原油管道与中国连通，并且在东西伯利亚地区和远东地区本来就有与中国连通的原油管道，为中俄间的油气运输提供了便利（图 2-6），此外，例如 2022 年 12 月 21 日全线贯通的"西伯利亚力量"天然气管道，全长 3000km，管径 1420mm，极大地提高了我国与俄罗斯之间的油气运输能力。

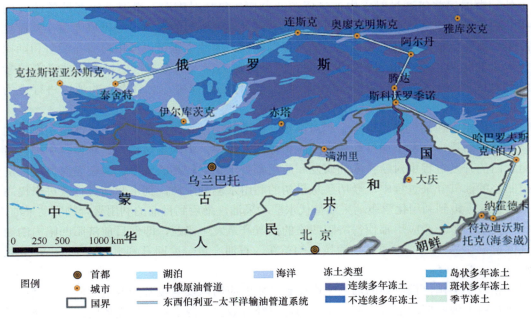

图 2-6　俄罗斯主要油气管道分布示意图（李国玉等，2021）

因此，将远东地区和东西伯利亚地区纳入优先合作区域，可以在中东之外开辟一个新的具有战略意义的合作区域，为我国油气进口渠道的多样性做出贡献，同时减少我国对于中东地区油气过度依赖带来的不确定性和潜在风险。同时远东地区和东西伯利亚地区与中国连通的中俄油气运输管道，也可以缓解中国进口油气过程中对马六甲海峡和苏伊士运河的过度依赖，开辟油气运输的第二通道，提高油气进口的可靠性和保障我国的能源安全，具有充分的战略意义。

2.5.3　重点合作领域

在中蒙俄国际经济走廊建设中，中国与俄罗斯、蒙古国的重点合作领域是待发现油气储量的勘探、已发现油气的开采以及原油管道的建设。

前面已经提到，在俄罗斯的东西伯利亚地区和远东地区，俄罗斯受困于本国经济的持续低迷，占俄罗斯领土 50% 的东西伯利亚地区和远东地区的油气并没有得到很好勘探，在地质勘探方面，如在 1∶50 万填图上，东西伯利亚地区和远东地区仅分别完成了 74% 和 54%，处于相当低的水平（周永恒等，2019）。地质勘探的低程度也意味着在东西伯利亚地区和远东地区，有着大量的油气资源处于待发现状态，事实上俄罗斯每年新增油气储量很大一部分来自东西伯利亚地区和远东地区。尤其是在位于东西伯利亚地区和远东地区的鄂霍次克海、白令海、东西伯利亚海等海域的大陆架，有着极为丰富的油气资源的待发现储量，近些年已经成为俄罗斯重点想要勘探的地区。而蒙古国更是由于自身的技术和政治因素，其国内几乎所有的含油气盆地均未进行有效的勘探，待发现油气资源量极为丰富。

而中国对油气的勘探中，除了自身经济可以支撑起这一拥有广泛面积的地区的勘探外，中国近些年通过对国内油气资源的勘探（包括对南海、渤海湾等海域的油气勘探）积累了相当多的经验，不仅可以完成对陆上油气资源的勘探，更可以完成在勘探难度相对高的处于海域的大陆架上的油气资源勘探。因此中国可以利用自身在经济和勘探技术上的优势，更多地与俄罗斯和蒙古国进行更为深入的合作，通过合作或者直接参与到对俄罗斯东部地区，以及蒙古国含油气盆地的勘探中，对有潜力的地区进行更为详细的勘探。

中国由于在油气资源储量上相对不足，在油气的勘探与开采上，一直注重不断增加老油区的储量，开发上通过新技术的应用提高采收率，力求相对稳产。这使得中国在对油气田的开发过程中对新技术的研发和应用都处于相对较高的水平，如在渤海湾盆地济阳凹陷的油气开采过程中，经历了从最初的利用水驱动采油，到水驱动进行改进来提高采油效率，再到利用化学驱动采油替代水驱动采油，最后到目前的利用聚合物驱动采油，每次技术的革新和应用都使得济阳凹陷的油气产量发生飞跃，即便目前济阳凹陷内的油气储量已明显不足，但通过采油技术的革新，石油产量一度回升到 $2.7×10^7$t 以上，并且没有大幅度下降。

相较于中国，俄罗斯的油气生产在新技术的应用以及老设备的改造上明显不足：一方面是由于俄罗斯的油气资源充足，为追求经济效益而忽视对油气设备的改造升级；另一方面由于俄罗斯本国的经济因素，对新的开采技术和采油工艺的研发速度相对较慢。部分俄罗斯的巨型–大型油气田经过长时间的开采而储量下降、采油设备老化及没有新技术的支持与应用，导致石油产量连续下滑。而蒙古国由于本国无油气开采的技术和工艺，在油气开采上完全依赖与别国的合作，虽然目前由于油气开采时间较短，油气田中油气储量充足，石油的产量还没有下滑，但是从长期来看，蒙古国面临着与俄罗斯相同的困境，即在油气的开采过程中不能及时对老旧设备进行改造，新技术的应用相对迟缓，导致石油产量下降。

因此在中蒙俄的合作上，中国可以利用自身在开采技术上的优势地位，通过帮助俄罗斯和蒙古国改造和升级现有的油气设备，帮助其尽快地应用新技术，以提高现有油气田的产量，来加大与俄罗斯、蒙古国的合作，如通过合作开采或者直接入股油气开采的项目，使自身更多地且更加直接地参与到俄罗斯和蒙古国的油气开发中，来确保自身的利益和换取能源安全。

天然气领域是未来中国同俄罗斯的重要合作领域，能源工业的最新发展可能导致天然气消费取代石油消费。尤其是中国自 2017 年后深化落实"绿水青山就是金山银山"的发展理念，积极实施节能减排政策，将实现碳中和列为产业生产的目标之一，都使得能源产业发生改变，这主要表现为从煤炭向更环保的碳氢燃料——天然气大规模过渡。为了保护大气免受煤炭燃烧的影响，几乎完全燃烧后不留下任何有害残留物的天然气是重要的替代资源。而在政策的实施上，2017 年北京及周边地区的所有煤炭站的关闭，以及河北省有 33 000 多个设施停止运行，都使得天然气燃料变得更为短缺（Anna，2018）。虽然中国也开始积极开发自己的天然气田，但天然气开采的数量还不足以满足中国能源部门的需求，大量天然气仍然需要从国外购买。

前面提到，俄罗斯是世界上天然气资源最多的国家，总共约有 20% 的世界已知天然气储量集中在俄罗斯联邦，俄罗斯的亚马尔半岛和西西伯利亚地区有巨大的天然气矿藏，在实施亚马尔液化天然气项目的基础上，南 Tambye 油田已探明的天然气储量达到 $9.260 \times 10^{11} m^3$。在亚马尔–涅涅茨自治区也有很多天然气田（Anna，2018），预计俄罗斯在不久的将来将成为中国以及东南亚国家液化天然气的领先供应商。

油气管道的建设领域也是中国同俄罗斯以及蒙古国的重点合作领域。通过加大油气管道的建设，一来可以更为高效地完成油气运输，如俄罗斯的原油管道仅一年运输的原油量就达到了 $3 \times 10^7 t$，占中国陆上油气运输总量的 58%，同时通过原油管道运输，可以节省油气运输的成本，降低中国进口原油的价格。因此中国与俄罗斯展开在天然气领域的合作是对中国能源安全的重大保障，中国可以通过帮助其对天然气进行勘探与开采，参与到和俄罗斯的油气合作中。此外，油气的运输，更是关系到我国的能源安全，如目前中国过度依赖通过苏伊士运河和马六甲海峡的海上运输，通过该航线向中国运输的石油占中国进口石油的 80% 以上，对该航线的过度依赖给中国的能源安全带来了诸多风险和不确定性，因此中国需要尽快开辟除该航线外的油气运输渠道。而与俄罗斯及蒙古国之间的油气管道建设，可以带动中国油气运输渠道的多样化发展。尤其是俄罗斯有大量的油气资源，油气产量和油气出口额都居于世界领先地位，俄罗斯是中国在油气领域中最大的合作伙伴，中国建立与俄罗斯之间的油气管道更是可以提高中国同俄罗斯之间油气资源的运输量，节省油气运输的成本，目前的中俄原油管道，以及正在协商建设的"西伯利亚力量"天然气管道，都给中俄间的油气贸易带来了诸多便利，以及加深了中俄在油气领域的合作，具有很好的借鉴与参考意义。

此外，蒙古国的石油出口主要面向中国，目前主要产出油气的东戈壁盆地与中国直接接壤，建设油气管道所需的成本相对较低，并且油气管道的建设可以换来油气运输成本的降低。同时蒙古国有较高的油气开发潜力，油气管道的建设也可以给以后的油气运输带来便利。

2.5.4　合作模式与对策

俄罗斯与中国的石油天然气合作已有 20 多年的历史，其间有困难，也经历了快速发展的阶段。当前，俄罗斯与中国的石油天然气合作进入了新的历史阶段，两国间的石油天然气合作正在不断地深入发展，对于带动中俄双边合作有着非常重要的意义。并且中蒙俄目前由于各自经济、政治、油气领域的现状，未来在油气领域的合作应当以技术换合作、以贷款换取原油。

虽然俄罗斯是油气出口大国，本国的油气开采更是有相当长的历史，但是由于俄罗斯经历了苏联解体，以及受自身经济影响科研领域发展缓慢，俄罗斯对石油企业的资本投入远远落后于欧盟和美国，造成俄罗斯石油企业的创新发展潜力也远远落后于同行业的外国新兴工业经济体。这导致俄罗斯油气开采的技术和设备整体落后，尤其是油气开采的设备，很大程度上依赖外国进口，并且因为石油企业具有高度的固定资产折旧和对进口设备的依赖，俄罗斯需要大量的资金投入，来进行科技研发与设备维护和更新改造（然娜和侯银霞，2018）。

美国的制裁，特别是 2014 年美国发布的《出口管理条例》，以及 2017 年美国时任总统特朗普通过的《以制裁反击美国敌人法案》，禁止提供、出口或再出口可直接或间接用于新深海、北冰洋、页岩油勘探和生产项目勘探与开采的货物、服务或技术。同时禁止企业参与有 33% 以上俄罗斯股份的深水、北极、页岩油勘探和生产项目（达尔森和徐春祥，2020）。这些使得俄罗斯目前面临难以进口油气生产设备的窘境。而对于俄罗斯目前所面临的窘境，俄罗斯可以通过从中国进口替代设备，以及由中国供应设备类似物两方面解决。

同时，中国正在积极寻求和俄罗斯在油气领域的更深层次的合作，而由于美国等西方国家的制裁，西方跨国油气集团退出俄罗斯国内油气市场的空白完全可以由中国来替代。中国可以在与俄罗斯的油气合作中，通过提供开采油气所需的设备，以及对俄罗斯油气开采过程中提供新技术的支持来促进俄罗斯油气产量的提高与油气领域的发展，以此换取进入俄罗斯油气市场的份额。

此外，在油气领域合作中，应当发展人民币代替美元的交易模式，充分发挥贷款的作用。在 2017 年中国启动了人民币和俄罗斯卢布交易的 PVP 支付系统，这意味着人民币可以用于直接兑换卢布，并且这也允许中俄间油气的交易直接以人民币来结算，无须再通过兑换美元或者兑换卢布来完成油气交易。之后在 2018 年上海国际能源交易中心又启动人民币期货交易，得到了黄金等价物的支持，人民币可能成为石油交易中美元的替代品。这些都使得中国同俄罗斯进行油气领域的贸易与合作更加直接和方便。

卢布并没有得到黄金等价物的支持，并且卢布的价值波动较大，尤其是 2015 年受到世界经济增长放缓等因素的影响，世界能源市场持续低迷，油价也呈现不断下跌趋势。油价的下跌直接导致俄罗斯国内石油企业收入大幅度减少，从而影响石油企业的债务偿还能力与产业基础投资能力。欧美国家和地区的经济制裁加大了俄罗斯石油企业的融资难度，影响了俄罗斯对石油产业进一步投资，进而影响了俄罗斯石油企业国际领域合作的开展，因此严重削弱了俄罗斯企业的石油生产和经营能力，这导致俄罗斯的卢布不断贬值，以卢布完成交易会给中国带来诸多风险。而人民币直接用于石油贸易的优势在于通过上海黄金交易所将人民币兑换为黄金，从而为石油市场提供黄金和货币贷款。由于其政府债券的黄金可兑换，中国可以通过降低债券风险来扩大主权债务市场，并将人民币变成可兑换货币（Anna，2018）。因此重新发挥人民币在中蒙俄油气交易过程中的作用，可以促进油气领域合作，提高油气领域贸易效率。

此外，受俄罗斯国内经济低迷影响，俄罗斯对国内油气的勘探与开发，以及对国内油气管道的建设，往往是需要通过贷款进行的。此前在中国同俄罗斯之间的合作中，贷款往往是以美元进行的，而现在随着中俄双方在油气领域的合作不断加深，以及受美国制裁俄罗斯油气生产设备大多通过中国进口，并且随着人民币期货交易启动，得到了黄金等价物的支持，意味着人民币的价值有所保障，使得中国今后同俄罗斯的合作和贷款可以更多地通过人民币来完成。

对于贷款的偿还方式，可以一定程度上使用原油来偿还，尤其是俄罗斯在同中国合作从中国获取贷款的同时，又向中国出口大量原油，以此获取外汇和贸易顺差，因此在中国同俄罗斯合作时，可以直接由中国向俄罗斯提供贷款，而俄罗斯向中国偿还等价值的原油，如此可以在双方保持合作效益更高的同时，扩大中俄间石油领域的贸易。

以人民币主导的贸易同样适用于中蒙间的油气贸易和合作，不同的是蒙古国在油气的勘探和开发中，更加依赖与别国的合作，并且蒙古国政府也在积极寻求与别国的合作，并允许别国公司直接参与到本国的油气开发中。因此中国在与蒙古国合作时,除了以人民币为主导,以石油偿还贷款外,可以更多地通过入股的形式直接参与到蒙古国本国油气的开发中。

对于蒙古国法律不够完善,尤其缺乏国外投资相关法律等问题,可以通过磋商,签订较为长期的协议,以保证中国在蒙古国的合作和投资受到蒙古国法律和相关规定的保护。

第 3 章　中蒙俄国际经济走廊关键有色金属资源格局与潜力

有色金属在现代工业中占据重要地位。中蒙俄国际经济走廊带覆盖亚欧重要成矿区带，有色金属矿产资源具有成矿背景优越、资源潜力巨大、开发条件良好的特点。蒙俄两国与中国存在有利的矿产资源供求关系，凭借良好的地缘优势，共同推进中蒙俄有色金属矿业及相关产业合作，将为推动三国经济发展发挥巨大作用。

3.1　关键有色金属资源成矿带

根据中蒙俄国际经济走廊的区域地质演化背景和成矿作用特点，本区关键有色金属矿产资源在空间上分布于 2 个全球性成矿域内，即中亚成矿域和叠加在其上的环太平洋成矿域，其中环太平洋成矿域主要作用于整个研究区的东端。在全球性成矿域的基础上进一步划分出 2 个一级成矿带，即阿尔泰–萨彦–蒙古–鄂霍次克构造成矿带和巴尔喀什–兴安构造成矿带，以及 3 个二级成矿带，即蒙古–鄂霍次克成矿带、南蒙古–大兴安岭成矿带和准噶尔–北中天山–内蒙古–锡林浩特成矿带（陈炳蔚和陈廷愚，2007）。

3.1.1　阿尔泰–萨彦–蒙古–鄂霍次克构造成矿带

阿尔泰–萨彦–蒙古–鄂霍次克构造成矿带北侧为西伯利亚克拉通，南侧以中央蒙古构造线与巴尔喀什–兴安构造成矿带为界。该一级成矿带可分为东西两个二级成矿带，分别是蒙古–鄂霍次克成矿带和阿尔泰–萨彦成矿带。中蒙俄国际经济走廊范围内的关键有色金属矿产主要分布在蒙古–鄂霍次克成矿带内。

蒙古–鄂霍次克成矿带位于阿尔泰–萨彦–蒙古–鄂霍次克构造成矿带的东段，其西侧和北侧大致以贝加尔断裂和斯塔诺夫南缘断裂为界，南侧以中央蒙古构造线为界。西部与西伯利亚克拉通及图瓦–蒙古地块边界断裂带附近的岩浆活动较为发育，东部地区发育晚侏罗世–早白垩世裂谷和同时期强烈的岩浆活动。该构造成矿带在晚古生代–早中生代（泥盆纪–早三叠世）发育强烈的造山运动和成矿作用，在侏罗纪和白垩纪时期形成大量与岩浆活动有关的矿床。该成矿带内包括 3 个主要成矿集中区：①色楞格–奥尔多伊成矿区；②外贝加尔成矿区；③克鲁伦–额尔古纳成矿区。

1）色楞格–奥尔多伊成矿区

该区北侧与斯塔诺夫地区由长期活动的斯塔诺夫南缘深断裂为界，西南侧以蒙古国境内的巴彦洪戈尔深断裂为界。区内广泛发育花岗岩，局部有岛弧火山沉积和碳酸盐沉积。该区晚古生代以来受到蒙古–鄂霍次克构造域演化的影响，铜、金成矿作用主要发生在晚古生代–早中生代。

2）外贝加尔成矿区

该区西北与西伯利亚克拉通相邻，南侧和东南侧以杭爱–肯特断裂为界。该成矿区形成于外贝加尔褶皱–逆断层系中，区内基底中蛇绿岩分布广泛。本区分布有蒙古–鄂霍次克成矿带最重要的金成矿区，主要位于乌兰巴托北部肯特山脉地区，包括蒙古国乌兰巴托西北部的博洛超大型岩金矿、杭爱山脉南侧巴彦洪戈尔地区金矿、乌兰巴托西部图拉河流域的乩马尔砂金矿、蒙俄边境伊罗河流域的金矿等。岩金矿主要受深大断裂和元古宙变质基底的岩石地球化学控制。本区铜矿资源以蒙古国北部的额尔登特斑岩铜钼矿为典型代表。

3）克鲁伦–额尔古纳成矿区

该成矿区跨越中蒙边界，总体上位于西北侧的蒙古–鄂霍次克断裂和东南侧的得尔布干断裂之间，是蒙古国的中蒙古成矿带沿克鲁伦河地区延伸至中国满洲里地区的一条北东向成矿带，主要构造单元包括中蒙古–额尔古纳造山带、克鲁伦–近额尔古纳构造–岩浆岩带。该成矿区向北东方向延伸至额尔古纳河–黑龙江上游两侧地区，在中国境内部分包括大兴安岭成矿省的上黑龙江 Au（Cu-Mo）成矿带和额尔古纳 Cu-Mo-Pb-Zn-Ag-Au-萤石成矿亚带（徐志刚等，2008）。

3.1.2 巴尔喀什–兴安构造成矿带

巴尔喀什–兴安构造成矿带北界为中央蒙古构造线（Tomurtogoo，2005），南界西段为尼古拉耶夫线及南天山北缘断裂，东段以华北克拉通北缘逆冲断裂带与华北克拉通相邻。巴尔喀什–兴安构造成矿带可划分为北、南两个二级成矿带，即南蒙古–大兴安岭成矿带和准噶尔–北中天山–内蒙古–锡林浩特成矿带。中蒙俄国际经济走廊范围内的关键有色金属矿产主要分布在巴尔喀什–兴安构造成矿带的东段。

1）南蒙古–大兴安岭成矿带

该成矿带位于巴尔喀什–兴安构造成矿带东段，由蒙古国南部向北东方向延伸至我国大兴安岭地区。该成矿带的蒙古国境内部分以中央蒙古构造线（额尔齐斯–左伦–黑河缝合带）为界，南部为南蒙古华力西造山带。北侧以呼玛–海拉尔断裂与中蒙古–额尔古纳带分界，南侧以贺根山–二连断裂与北山–锡林浩特相邻。该区经历了古大洋多旋回演化历史。南部发育泥盆纪索伦山、北塔山和贺根山等蛇绿岩带。蛇绿岩的发育伴随铜和金的大量富集成矿。本区微陆块周围和深断裂发育地区以及蛇绿岩带和具有中基性火山岩围岩的花岗岩类斑岩侵入体等地区是铜、金矿成矿远景区。该区南部产出世界级欧玉陶勒盖超大型斑岩铜金矿床（徐青鹄等，2020）。

该成矿带东段为大兴安岭地区，发育大量铜、金、铅、锌等关键有色金属矿床，构成大兴安岭成矿带。大兴安岭成矿带在我国境内主体位于内蒙古东部，东接东北三省、南邻河北省，可进一步划分为额尔古纳铜铅锌银钼铀成矿带、大兴安岭北段铜钼铅锌铁成矿带、大兴安岭南段铅锌银铜锡铁成矿带、华北克拉通北缘铅锌铜钼铀银成矿带（刘建明等，2004）。

2）准噶尔–北中天山–内蒙古–锡林浩特成矿带

该成矿带呈近东西向狭长带状展布，中蒙俄国际经济走廊内的有色金属矿床主要分布在内蒙古–锡林浩特地区（成矿带）。该带位于南蒙古–大兴安岭成矿带与华北克拉通之间。其西段的北山带广泛出露新太古代和古元古代片麻岩和片岩。从中奥陶世开始为一套由基性岩等组成的洋壳残片组合。石炭纪–二叠纪有大量二长花岗岩和正长花岗岩侵入。东段的锡林浩特带北侧为南蒙古–大兴安岭成矿带，南侧为温都尔庙带。带上主要发育晚石炭世–早二叠世火山沉积岩。锡林浩特地区主要发育铜、铅、锌、金、银等多金属矿床。典型矿床如布敦化斑岩型铜钼矿床、莲花山铜–银矿床等。

在该成矿带东南缘地区，横跨华北克拉通北缘东段和内蒙古–兴安造山带东段发育有辽东–吉南成矿带，是铜铅锌多金属矿床和热液脉型金矿的重要分布区。

3.2 铜矿资源格局与潜力

中蒙俄国际经济走廊带分布有丰富的铜矿资源，尤其在俄罗斯和蒙古国境内都产出有世界级的重要铜矿床。总体上，这些铜矿床开发程度不高，具有巨大的资源潜力。我国是全球最大的铜消费国，供需矛盾日益突出。因此，发挥地缘优势，合理、有效地利用中蒙俄国际经济走廊带的铜矿资源对缓解我国铜矿资源供需矛盾具有重要意义。

3.2.1 储量与分布

中国东北地区铜矿资源最重要的分布区是大兴安岭地区，相对比较集中地分布在内蒙古东部和黑龙江境内，储量分别占全国的 11.7% 和 3.9%（国土资源部信息中心，2015），另外在辽宁东部和吉林南部地区也有一定铜矿资源。大兴安岭地区铜（多金属）矿床的成因类型有斑岩型、热液脉型、矽卡岩型等，以斑岩型最为发育。本区按成矿构造背景和成矿区带可划分成北段和南段。

大兴安岭北段铜成矿带产出著名的有黑龙江多宝山铜（钼）多金属矿集区（图3-1）、乌奴格吐山、八大关、八八一、太平川等燕山期斑岩型铜矿床，以及三矿沟等矽卡岩型铜矿床。此成矿带向北延入俄罗斯远东并为蒙古–鄂霍次克构造带所截，向西南则延入蒙古国境内。

大兴安岭南段的重要铜矿床有莲花山、闹牛山、布敦花等多金属矿床。这些矿床主要形成于燕山期侏罗纪，与燕山早期中酸性超浅成–浅成岩浆作用关系密切，矿床类型包括斑岩型和热液脉型等。另外有一些铜矿资源以伴生组分产在一些白垩纪铅锌铜锡多金属矿床中，如大井、黄岗、浩布高等矿床，矿床类型主要有矽卡岩型和热液脉型。

典型铜矿床特征如下。

1）多宝山铜（钼金）矿

多宝山铜（钼金）矿位于黑龙江嫩江市北部，大地构造位置在蒙古–鄂霍次克古生代地槽系东部的大兴安岭隆起带与松辽沉降带的衔接部位，属大兴安岭多金属成矿带

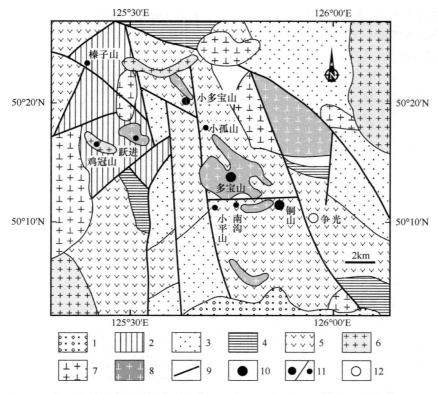

图 3-1　大兴安岭多宝山铜矿集区及邻区多金属矿床分布示意图（刘军等，2017）

1-白垩系九峰山组；2-泥盆系霍龙门组、泥鳅河组；3-志留系八十里小河组、黄花沟组；4-奥陶系爱辉组、裸河组；5-奥陶系多宝山组、铜山组；6-中生代花岗岩类；7-晚古生代花岗岩类；8-早古生代花岗岩类；9-断层；10-大型铜矿床；11-小型铜矿床/矿点；12-大型金矿

的东北部。矿床主要受控于北西向弧形构造和近东西向构造。多宝山铜矿中铜储量为 $2.425 \times 10^6 t$，平均品位为 0.47%，另外还含有大量的钼和金储量，其中钼金属量为 $1.1 \times 10^5 t$，平均品位为 0.016%，金储量为 74t，同时伴生银、硒、铼和铂族金属。多宝山铜矿南东 4km 的铜山铜矿预测总资源量达到 $3.90 \times 10^6 t$。矿区内热液活动具有多期叠加的特征，它们在时空和成因上与花岗闪长岩、花岗闪长斑岩和斜长花岗岩岩浆活动具有密切的关系。对矿床花岗闪长斑岩进行锆石 U-Pb 测年，年龄值为 475Ma（刘军等，2017），利用 Re-Os 对矿床测年，年龄值为 475Ma（向安平等，2012）。

2）乌奴格吐山铜（钼）矿

乌奴格吐山铜（钼）矿位于中国内蒙古新巴尔虎右旗，构造上位于西伯利亚板块与华北板块之间的中亚造山带的额尔古纳地块（武广等，2014），得尔布干断裂带西北侧。矿床以铜钼矿化为主，伴有铅、锌、银等矿化。探明铜储量为 $2.23 \times 10^6 t$，平均品位为 0.46%；另外探明钼储量为 $2.6 \times 10^5 t$，平均品位为 0.019%（陈志广等，2008），同时伴生铼和银，银储量也达中型规模。乌奴格吐山铜（钼）矿岩性主要是酸性–中酸性火山–次火山杂岩体，组成较为完整的火山机构（图 3-2）。矿体主要产于火山管道的内外接触带，部分二长花岗斑岩–黑云母花岗岩及二者接触带矿化蚀变强烈。矿带总体以二长花岗斑岩体为中心形成空心环状，长轴长 2600m，短轴宽 1350m，走向 50° 左右，总体倾向北西。矿体东南部被晚期侵入的英安质角砾熔岩破坏，中部又受成矿后期断层错动，矿体分为南北两个矿段（徐义刚等，2020）。

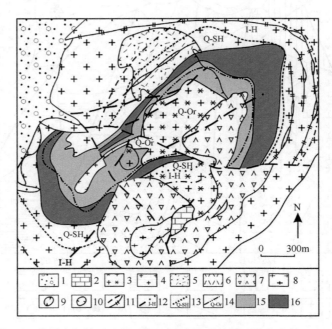

图 3-2　中国乌奴格吐山铜（钼）矿床地质简图（陈志广等，2008）

1-第四系；2-下石炭统安山岩结晶灰岩；3-斜长花岗岩斑岩；4-黑云母花岗岩；5-流纹质晶屑凝灰熔岩；6-流纹斑岩；7-英安质角砾熔岩；8-花岗斑岩；9-火山管道构造；10-爆发角砾岩筒；11-断裂；12-高岭土化带；13-云英岩化带；14-石英钾长石化带；15-钼矿化；16-铜矿化

蒙古国铜矿分布十分广泛，资源丰富，已发现铜矿床（点）600 多处，探明铜储量超过 $7×10^7t$。总体上，蒙古国铜矿可大致分为南北两条成矿带，分别为南部的与古亚洲洋构造体系有关的斑岩型和 VMS 型 Cu-Au-Mo-Zn 多金属成矿带（Ⅰ），和北部的与蒙古–鄂霍次克洋构造体系有关的斑岩型 Cu-Mo-Au 成矿带（Ⅱ）（江思宏等，2019）。其中南部铜矿带可进一步划分为泥盆纪 VMS 型 Cu-Zn 成矿亚带、晚泥盆世斑岩型 Cu-Au-Mo 成矿亚带、石炭纪斑岩型 Cu 多金属成矿亚带。北部铜矿带可进一步划分为西部三叠纪斑岩型 Cu-Mo 成矿亚带、东部三叠纪–早侏罗世斑岩型 Cu-Mo-Au 成矿亚带（图 3-3）。

蒙古国铜矿主要形成于古生代和中生代，以晚二叠世最重要。蒙古国铜矿成因类型主要有斑岩型、矽卡岩型、岩浆铜镍硫化物型、沉积型、火山块状硫化物型等，其中斑岩型是最重要的矿床类型（Dergunov，2001；聂凤军等，2010）。蒙古国重要的铜矿主要有欧玉陶勒盖、额尔登特和查干苏布尔加等矿床（侯万荣，2010；江思宏等，2019）。

典型矿床特征如下。

1）欧玉陶勒盖铜金矿

欧玉陶勒盖铜金矿位于蒙古国南戈壁省，距首都乌兰巴托约 650km，距中蒙边界约 80km，是蒙古国最大的铜金矿，也是世界上较大的高品位铜（金）矿床之一。欧玉陶勒

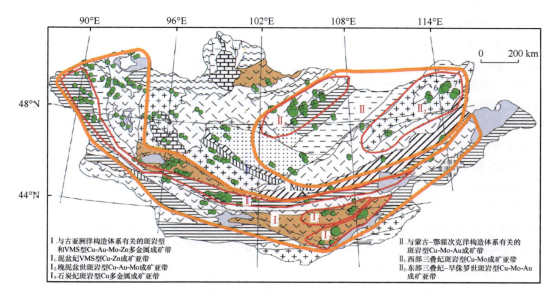

图 3-3　蒙古国铜矿成矿带划分简图（江思宏等，2019）

盖 Cu-Au-Mo 矿床产于古尔班赛汗（Gurvansayhan）地体，矿化与多期叠加侵位的晚泥盆世（372～370Ma）石英二长闪长岩有关。区域上在长达 25km 的北北东（NNE）向走廊带上产出 7 个矿床和 2 个矿点，从北到南分别是乌兰乎德矿点、北雨果杜梅特矿床、南雨果杜梅特矿床、中部欧玉矿床、南部欧玉矿床、西南欧玉矿床、荷茹嘎北部矿床、荷茹嘎矿床、扎布赫兰矿点，构成了一个矿集区。根据绿松石山资源有限公司 2016 年报，现已探明矿石量 $6.4×10^9t$，其中铜 $4.4×10^7t$，金 1687t，银 $1.07×10^4t$，钼 $4.1×10^5t$。

2）额尔登特铜（钼）矿

额尔登特超大型斑岩铜（钼）矿床位于蒙古国北部，距首都乌兰巴托西北约 240km，大地构造位置在蒙古–鄂霍次克缝合带北侧。矿床位于一个直径 20～25km 的环形构造里，在 NE、NW、NS 和 EW 向断层交会处，岩石发生强烈的破碎，具有很好的渗透性，因此矿化与热液蚀变均受构造控制。矿床的形成主要与石英闪长岩–花岗闪长斑岩体有关，矿化体集中产于斑岩体内，平面上旦长轴为 NW 向的椭圆形，其长达 2.4km，最宽处为 1.3km。额尔登特铜（钼）矿是目前蒙古国正在开采的最大单一矿床，矿床探明的矿石量达 $1.78×10^9t$，Cu 品位为 0.62%，Mo 品位为 0.025%，相当于含 $1.1×10^7t$ 铜金属量和 $4.45×10^5t$ 钼金属量。同位素年代学研究表明，额尔登特铜（钼）矿形成于早三叠世末至中三叠世初（江思宏等，2019）。

俄罗斯已发现原生铜矿床 100 余处，另外有 70 处伴生铜矿床，铜矿资源量超过 $7×10^7t$。俄罗斯铜矿资源集中于后贝加尔边疆区和克拉斯诺亚尔斯克边疆区以及乌拉尔联邦区等地区。虽然俄罗斯铜矿床中铜品位总体不高（集中在 0.4%～1%），但铜矿床规模比较大，且常含有镍、钴、铂族元素、金、锌等有用组分，综合经济价值较高。另外，俄罗斯高级别的铜矿储量规模与美国相当，仅次于智利和秘鲁。

俄罗斯的铜矿床类型主要有铜–镍硫化物型矿床、铜–黄铁矿型矿床、砂岩型铜矿床、斑岩型铜矿床。铜-镍硫化物型矿床是俄罗斯最重要的铜矿床类型,储量约占俄罗斯铜总储量的1/3,主要分布在俄罗斯的克拉斯诺亚尔斯克边疆区、卡累利阿共和国等地区。铜-黄铁矿型矿床储量约占俄罗斯铜总储量的1/5,主要分布于巴什科尔托斯坦共和国、斯维尔德洛夫斯克州、车里雅宾斯克州和奥伦堡州。砂岩型铜矿床主要是后贝加尔边疆区的乌多坎铜矿,其储量超过 $2×10^7$t,是世界上最大的砂岩型铜矿。俄罗斯的斑岩型铜矿床主要分布于车里雅宾斯克州、图瓦共和国、楚科奇民族自治区,代表性的矿床有马尔梅日和别斯强卡等矿床。

俄罗斯铜矿储量近2/3位于西伯利亚联邦区,本区主要的铜矿基地有乌多坎(Удоканское)矿床和诺里尔斯克(Норильское)矿床。乌多坎矿床的铜储量超过 $2×10^7$t(表3-1),为世界级的铜矿床(Chernova,2016),同时也是俄罗斯主要的铜矿基地(Беневольский,2011)。诺里尔斯克矿集区是俄罗斯重要的铜矿产区,俄罗斯相当数量的探明储量集中在此矿集区的3个铜镍矿床中,铜矿石类型以硫化物-铜-镍矿石最为重要,铜品位介于0.5%~4.87%。

表3-1 俄罗斯主要铜矿床储量及品位(周永恒等,2018)

矿床名称	矿床类型	储量(A+B+C$_1$)/10^{4}t	储量(C$_2$)/10^{4}t	品位/%
十月	铜-镍硫化物型	1 420.8	554.7	1.62
塔尔纳赫	铜-镍硫化物型	773.5	267.9	1.11
诺里尔斯克-1	铜-镍硫化物型	74	83.6	0.48
日丹诺夫	铜-镍硫化物型	71.9	22.7	0.31
加伊斯克	铜-黄铁矿型	436	47.9	1.3
尤比列伊	铜-黄铁矿型	128.1	4.6	1.67
巴多里	铜-黄铁矿型	170.1	1.7	2.11
乌多坎	含铜砂岩型	1 443.5	552	1.56
别斯强卡	斑岩型	260.6	112.5	0.83
马尔梅日	斑岩型	127.1	388.5	0.41
贝斯特林斯克	矽卡岩型	171.6	35.5	0.78
米赫耶夫	斑岩型	112.5	29.7	0.44
托姆宁	斑岩型	120.6	141.9	0.46
阿克-苏格	斑岩型	312.1	51.2	0.67
沃尔科夫	钒-铁-铜	159.8	15.3	0.64

注:A、B、C$_1$级为勘探储量,C$_2$级为初步评价储量。

乌拉尔联邦区探明铜储量达 $6.82×10^6$t,主要分布在斯维尔德洛夫斯克州和车里雅宾斯克州,两个州分别占本区铜储量的一半左右,铜开采量分别占乌拉尔联邦区的1/3和2/3。乌拉尔联邦区大型铜矿床主要有:斯维尔德洛夫斯克州的沃尔科夫(Волковское)钒-铁-铜矿床;车里雅宾斯克州的托姆宁(Томинское)、米赫耶夫(Михеевское)斑岩型铜矿床。中型矿床有斯维尔德洛夫斯克州的萨菲亚诺夫(Сафьяновское)铜矿等。

远东联邦区的代表性铜矿床为马尔梅日和别斯强卡斑岩型铜矿床。别斯强卡铜矿床储量为 $3.731×10^6$t,平均品位为0.83%。

典型矿床特征如下。

1）乌多坎铜矿

西伯利亚联邦区东南部的乌多坎砂岩型铜矿是俄罗斯最大的铜矿床，储量达 $2×10^7$ t 以上，占俄罗斯的 20.6%，平均品位为 1.56%。该铜矿位于阿尔丹地盾西南部边缘的科达尔–乌多坎成矿带内，这个成矿带赋存在西阿尔丹花岗岩–绿岩地体之上的科达尔–乌多坎盆地（Nokleberg，2010）（图 3-4），盆地内沉积了超过 10km 的主要由陆源碎屑岩和少量碳酸盐岩组成的古元古代杂色乌多坎群，并被带状的基性–超基性岩体和花岗岩侵入。乌多坎砂岩型铜矿主要产于乌多坎群中，含矿层 90% 以上由砂岩构成。矿床共划分出 53 个矿体，一般呈透镜状、层状或雁列状产于短轴向斜或背斜的翼部。矿体平均厚度为 57m，主要矿体沿走向延伸可达 2～3km。

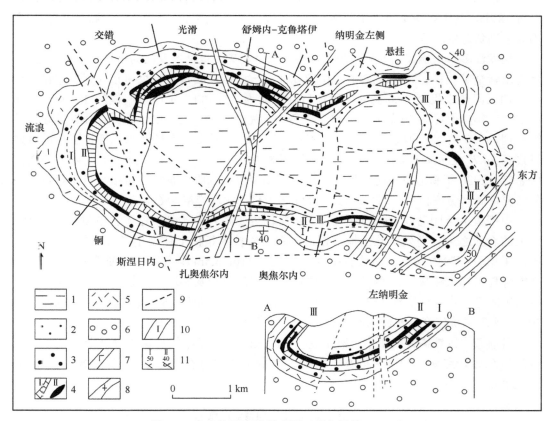

图 3-4　乌多坎矿床地质略图（周永恒等，2018）

1-纳明金组砂岩－泥岩－粉砂岩岩层；2-5-上萨库坎亚组粉砂岩－砂岩岩层；2-矿上岩层，3-含矿岩层，4-含铜砂岩层（I-贫矿、II-富矿），5-矿下岩层；6-中萨库坎亚组砂岩岩层；7-8-岩墙；7-辉长岩-辉绿岩，8-煌斑岩及石英斑岩；9-断裂破碎带；10-含矿地层层位及其编号；11-岩层产状（I-正常、II-倒转）

2）马尔梅日矿床

马尔梅日矿床位于哈巴罗夫斯克边疆区西部，是俄罗斯最大的斑岩型铜（金）矿床，储量超过 $5×10^6$ t。区域上发育白垩系陆源沉积岩，被白垩纪花岗岩、花岗闪长岩、石英闪长岩等中酸性岩体侵入。上覆第四纪松散沉积物，厚25~30m。区域广泛发育北东向和北西向的断裂构造（Бердичевский и др，1977）。矿体赋存于闪长斑岩脉中，围岩为砂岩和粉砂岩，地表见有氧化矿，矿体深达600m。马尔梅日矿床共发现15个矿段，其中4个矿段核实了储量，10个矿段评价了资源量，以平均品位0.52%计，该矿床有C级铜储量$5.60×10^6t$，金298t。

3.2.2 开发利用现状

虽然我国精炼铜产量居世界首位，但消费量也巨大，需求量约占全球的1/3。中国铜资源相对匮乏，存在较大的供需缺口，每年需从智利、秘鲁、澳大利亚等国家进口大量铜精矿。中国铜矿具有分布较为分散、品位低、采选难度大等特点，并且小型矿多，中大型矿山较少。按照2016年的统计数据，中国铜精矿含铜量年产超过$1×10^4t$的铜矿仅有18个，其中有两个位于东北地区，分别是多宝山铜矿和乌奴格吐山铜矿，目前基本均处于满负荷生产状态。

黑龙江多宝山铜（钼）矿是国内探明的大型铜矿，也是黑龙江的重点建设项目之一，目前由紫金矿业集团开发。2006年由黑龙江多宝山铜业股份有限公司正式开发建设，项目一期工程建设投资26.6亿元，设计日处理能力$2.5×10^4t$，年产金属铜约$3×10^4t$、金属钼630t，产值可达20亿元。经过多年努力，完成了项目的可研、设计、环评等建设手续办理、采矿许可、国家立项以及工程建设等工作。矿山一期技改和二期扩建（项目概算投资24.77亿元）完成后，年产能将达到$8×10^4t$，从而进入年产量$5×10^4t$以上的铜矿山名单。2020年新冠疫情防控期间，黑龙江多宝山铜业股份有限公司结合自身特点和实际情况，做到防疫和生产同步进行，2020年1月仍实现产铜8660t。

中国黄金集团乌奴格吐山铜（钼）矿是国内少数几个达到铜精矿含铜量年产$5×10^4t$以上的企业之一。乌奴格吐山铜（钼）矿在采矿技术指标上体现出了较高的技术工艺。矿山采用目前国内同类矿山装备中规格最大的11m×5.4m半自磨机，使选矿作业效率、节能降耗指标大幅提高，实现了低品位铜资源的高效开发利用。乌奴格吐山铜（钼）矿对精矿的进一步分选实现了低成本的有效回收，将副产品钼精矿的回收率由30%提高至70%，实现了价值产品资源的回收利用，提高了企业效益。

目前蒙古国铜矿开发集中于额尔登特、欧玉陶勒盖等几个大型-超大型铜矿床，铜精粉产量总体较稳定，2014~2018年铜精矿产量基本保持在$1.35×10^6$~$1.57×10^6$范围内（表3-2）。

表3-2 蒙古国铜精矿产量

项目	2014年	2015年	2016年	2017年	2018年
产量/10^4t	137.9	147.8	156.2	144.7	143.7
销售额/万美元	257 470.6	228 013.5	160 775.4	161 311.7	201 219.4

注：根据《蒙古国矿产资源报告（2018）》整理。

额尔登特铜（钼）矿是20世纪60年代蒙古国发现的一处特大型斑岩型矿床，由苏联援助建造完成，1978年10月1日起开始投入使用。2015年7月额尔登特铜（钼）矿完成扩建工程，目前属额尔登特矿业公司管辖，蒙古国国家资产管理委员会拥有额尔登特矿业公司 51% 的股权，俄罗斯政府拥有 49% 的股权。额尔登特矿山每年矿石加工能力约为 $2.7×10^7$t，每年可生产 $5×10^5$t 以上的铜精矿以及 4000t 以上的钼精矿，其中钼精矿主要出口中国。随着露天采矿场深度的增加和矿石品位的降低，矿石产量逐年下降，生产成本不断增加。但是由于矿石中钼的含量及其回收率较高，钼的产量呈现出明显增长趋势。由于额尔登特矿山是国家控股矿山企业，因此暴利税的实施并未对其产生明显影响。

欧玉陶勒盖斑岩型铜金矿床是由蒙古国高级地质学家 Garamjav 首先发现的。澳大利亚必和必拓（BHP）公司于 1997～2000 年开展了钻探工程并见到矿化。现由澳大利亚力拓（Rio Tinto）公司控股的加拿大绿松石公司（Turquoise Hill Resources Ltd）和蒙古国国有额尔登特奥尤陶勒盖公司（Erdenes Oyu Tolgoi LLC）联合开发经营，其中绿松石公司占股 66%，蒙古国政府占股 34%。该矿山是蒙古国最重要的矿产项目，矿山一期工程（地上开采部分）于 2013 年 7 月投产并对外出口产品，正式投产后年产铜精粉可达 $6×10^5$t。2015 年 5 月，澳大利亚力拓公司与蒙古国政府就项目二期（地下开采部分）开发和融资达成协议，二期总投资 54 亿美元。2021 年全面投产后预计项目产值约占蒙古国 GDP 的 1/3。但由于蒙古国政府的原因，澳大利亚力拓公司暂停了二期工作计划。

俄罗斯的铜矿资源十分丰富，并且维持着很高的再生产规模，这使得俄罗斯铜矿开采工业的保障年限超过 50 年。俄罗斯铜矿资源总体工作程度较低，使得其铜矿资源量中高级别资源量较小。俄罗斯的铜矿储量约 37% 已开发，42% 准备开发，14% 正在勘探，还有 7% 未配置。

俄罗斯在过去几十年中发现的矿床以铜–镍硫化物型、层控型和铜–黄铁矿型为主。但近几年俄罗斯发现了几处重要的斑岩型铜矿，如哈巴罗夫斯克边疆区的马尔梅日斑岩型铜金矿床、楚科奇民族自治区的别斯强卡斑岩型铜金矿床等，使俄罗斯斑岩型铜矿床的储量大大增加，斑岩型铜矿床也在俄罗斯矿业界备受关注。

俄罗斯近十年的铜矿山产量一直位居全球前十位，国内的铜消费有限，同时俄罗斯也是世界出口精炼铜较多的国家。近年来，俄罗斯铜矿的勘查与开发活动渐趋活跃，目前正在勘探的比较重要的铜矿床有马尔梅日矿床、别斯强卡矿床、托姆宁矿床、乌拉尔地区的新乌恰林矿床和西伯利亚地区的金佳什矿床等。俄罗斯目前有 20 余处铜矿床正在准备开发，其中最重要的是乌多坎矿床、阿克–苏格矿床、托姆宁矿床、贝斯特林斯克矿床和巴多里矿床。随着一系列大型铜矿床的开发，俄罗斯的铜产量将持续增加。

乌多坎铜矿属于贝加尔矿业有限责任公司，2016 年 7 月获得勘探许可证。预计最终年产能达 $3.6×10^7$t，年产 $4.74×10^5$t 阴极铜和 $6.27×10^4$t 铜线材，并计划在矿石中提取银。阿克–苏格斑岩型铜矿 2017 年建设一座采选加工厂，预计年加工能力可达到 $2.8×10^7$t，年产 $5×10^5$t 铜精矿。金佳什矿床属于诺里尔斯克镍公司，是以铜、镍、钴为主的多金属矿床，矿石中还含有铂、银和金。该矿床铜、镍、钴储量分别为 $3.624×10^5$t、$8.495×10^5$t 和 $3.71×10^4$t。贝斯特林斯克矽卡岩型铜矿床由贝斯特林斯克采选联合企业开发。该矿床铜储量为 $2.04×10^6$t，金储量为 $7.46×10^6$oz[①]，银储量为 $3.356×10^7$oz。计划最终建成 4 个露

---

① :oz=28.349 523g。

天矿场，年生产 $6.7×10^4$ t 铜精矿和 $2.90×10^6$ t 磁铁矿精矿。巴多里矿床和北巴多里矿床由巴什基尔有限责任公司开发，采用地下开采的方式。

南乌拉尔地区是俄罗斯最主要的铜矿开采基地之一，位于巴什科尔托斯坦共和国、车里雅宾斯克州和奥伦堡州，目前有 11 处铜矿床正在开采，这些铜矿床以铜–黄铁矿型、斑岩型为主，其中最重要的是希拜、乌恰林和加伊斯克矿床。近年来，南乌拉尔地区铜产量占俄罗斯铜总量的 30% 以上。上述 3 个矿床的保有储量保障年限达 47 年，但是其他正在开采的矿山保障年限仅为 1～5 年。

虽然俄罗斯铜矿资源丰富，但随着连年的资源开发，目前富矿石日趋枯竭，采选难度越来越大，亟须对新矿床进行开发利用。俄罗斯约 3/4 的铜矿已经进入地下开采阶段，主要的铜开采基地如南乌拉尔地区等正在开采的铜矿山保有储量不足。另外，有很多非常具有开发前景的矿床位于偏远地区，如乌多坎、阿克–苏格、别斯强卡、马尔梅日等铜矿，基础设施不发达，给矿床的开发和利用带来了很大困难。而位于经济发达地区的矿床，如托姆宁铜矿，则面临着对环境造成破坏的风险。除此之外，俄罗斯后备铜矿床的矿体一般赋存较深，或者品位较低，如巴多里、尤比列伊、新乌恰林等铜矿床，也导致开发困难。虽然俄罗斯铜矿开发存在以上问题，但也具有一些有利因素。首先，俄罗斯待开发的大型铜矿床较多，而且整体的勘查程度低，具有长期资源潜力。其次，虽然俄罗斯主要铜矿区基础设施较差，但电力供应充足，水资源丰富，这些都为铜矿的开采、冶炼、加工提供了很好的保障。

3.2.3 勘探潜力与利用前景

中国东北地区的铜矿勘查潜力区集中在大兴安岭地区。本区主攻的铜矿床类型主要有斑岩型、矽卡岩型、热液脉型等。大兴安岭地区寻找斑岩型铜矿床时除了考虑燕山期构造–岩浆带以外，早、晚古生代构造–岩浆带也具有良好的找矿前景。而热液脉型、矽卡岩型铜矿床的找矿目标应集中在燕山期构造–岩浆带中。

大兴安岭北段地区在地质构造上，除中国境内部分之外，还包括俄罗斯部分和蒙古国部分。近些年，该区相继发现了数百个矿点和蚀变带，一些矿点已经进入勘查阶段，具有较大的成矿远景和找矿潜力。在大兴安岭北段铜成矿带，古生代中酸性岩浆活动强烈，花岗闪长岩、花岗岩及花岗斑岩极为发育，具有形成古生代大型斑岩型矿床的条件，已发现多宝山、铜山早古生代大型斑岩型铜矿床。还应注意寻找与乌奴格吐山、太平川矿床类似的中生代斑岩型铜矿床，以及与三矿沟类似的矽卡岩型铜矿床。另外，多宝山–铜山、乌奴格吐山等大中型老矿山的深部及外围地区仍然具有较大的找矿潜力。此外，在该区的北段还发现与上古生界细碧角斑岩有关的海相火山成因的块状硫化物矿床，指示本区具有寻找海相火山成因的块状硫化物矿床的潜力。

在大兴安岭南段地区，热液脉型铜矿比较发育，应注意寻找燕山期海相火山岩热液型铜多金属矿床。此外，应注意寻找二叠纪海底喷流型铜多金属矿床。

另外，辽东吉南成矿带横跨华北板块北缘东段和兴蒙造山带东段，岩浆活动强烈，成矿作用广泛，是我国重要的黑色、有色、贵金属和非金属矿产的成矿集中区，也具有较大的铜多金属找矿潜力。

蒙古国境内已发现的斑岩型铜矿床主要形成于与大洋板块俯冲有关的岩浆弧的构造环境，因此寻找岩浆弧（包括活动大陆边缘和岛弧），是开展斑岩型铜矿找矿的首要工作。蒙古国境内已经发现了多条蛇绿岩带（Rippington et al.，2008），这些蛇绿岩带表明当时存在大洋板块的俯冲，形成岩浆弧（陆缘弧、岛弧、洋内弧等），从而为斑岩型铜矿床的形成提供有利条件。蒙古国的岩浆弧出露面积大，主要位于中央蒙古构造线（MML）两侧，长达 2000km，最宽处近 300km，少量位于蒙古国北部，在这些岩浆弧分布区具有巨大的斑岩型铜矿的勘查潜力。另外，蒙古国境内也有不少基性–超基性岩分布，因此也具有与一定的基性–超基性岩有关的 Cu-Ni 硫化物矿床的勘查潜力。

除此之外，在注重成矿构造背景的同时，也要注意对矿床保存条件的研究。只有成矿条件好、剥蚀程度低的地区才是最有希望的找矿潜力区，如欧玉陶勒盖和查干苏布尔加等这些形成于泥盆纪的斑岩型矿床，它们在形成后很快被后期的晚泥盆世或石炭纪火山–沉积岩覆盖，使其免遭后期的剥蚀。因此世界级的欧玉陶勒盖铜矿区周围乃至南戈壁地区具有良好的找矿潜力。另外，根据成矿条件，额尔登特地区也是蒙古国最有利的铜矿勘查远景区之一，而且距离首都乌兰巴托较近，周边配套设施较完善，具有较大的勘查和开发潜力。

俄罗斯铜矿资源总体勘查开发程度低，尤其是西伯利亚和远东地区，具有极大的铜矿资源潜力（于江薇等，2017；陈喜峰等，2017）。虽然俄罗斯铜矿的预测资源量超过 7×10^7t，但是其中 P_1 级预测资源量为 1.24×10^7t，仅占俄罗斯铜全部储量的 13.5%，难以满足铜矿基地扩大生产的需求。

俄罗斯不仅铜矿的储量较大，同时预测资源量也很丰富。从俄罗斯的铜预测资源量来看，俄罗斯铜矿的预测资源量达 7.17×10^7t（表 3-3），集中在南乌拉尔地区、楚科奇民族自治区、图瓦共和国和哈巴罗夫斯克边疆区等地区（周永恒等，2018）。

表 3-3　俄罗斯铜矿储量与预测资源量表（周永恒等，2018）

矿产类别	储量/10^4t		预测资源量/10^4t		
	A+B+C$_1$ 级	C$_2$ 级	P$_1$	P$_2$	P$_3$
铜矿	6 850	2 340	1 240	2 280	3 650

注：A、B、C$_1$ 级为勘探储量，C$_2$ 级为初步评价储量。P$_1$、P$_2$、P$_3$ 为资源量级别。

南乌拉尔地区的 P_1+P_2 级铜预测资源量十分可观，达 5.163×10^6t，具有相当大的铜矿勘查与开发潜力。近年来，在南乌拉尔地区的西–马格尼托哥尔斯克构造带，发现了多处铜–锌矿化区，铜和锌的预测资源量分别达到 3.40×10^6t 和 6.20×10^6t。其中新彼得罗夫（Новопетровское）矿化区发育细脉浸染状和致密块状的工业品位铜–锌矿石，并伴生有金、银等贵金属。该矿化区的 P_1+P_2 级铜预测资源量为 8×10^5t，P_1+P_2 级锌预测资源量为 1.50×10^6t。南乌拉尔地区的斑岩型铜矿床是重要的铜矿后备基地。该区已发现米赫耶夫铜矿床，探明铜储量为 1.4884×10^6t（平均品位为 0.44%）；托姆宁矿床，探明铜储量为 1.5365×10^6t（平均品位为 0.47%）。此外，南乌拉尔地区有 4 个研究程度较高的矿化点，分别是泽连诺多里（Зеленодэльское）、萨拉瓦特（Сараватское）、沃兹涅辛（Вознесенское）和铜山（Медногорское）。其中，泽连诺多里铜矿点的 P_1 级资源量为 4.11×10^5t（平均品位为 0.58%），且有 17.4t 伴生金；萨拉瓦特铜矿点适合露天开采，其

P_1 级资源量为 $9.93 \times 10^5 t$（平均品位为 0.48%）。

远东地区的哈巴罗夫斯克边疆区分布有黑龙江下游斑岩型金–铜远景区，该区铜矿床在成因上与晚白垩世闪长岩–花岗闪长岩紧密相关。该区域内的马尔梅日斑岩型金–铜矿床的 C 级铜储量为 $5.598 \times 10^5 t$，C 级金储量为 292t，P_1 级铜预测资源量为 $4.264 \times 10^5 t$，P_1 级金预测资源量为 191t，铜和金的储量均达到大型。该区还有大量类似的斑岩型金铜矿点，如玛拉赫特（Малахитовое）、帕尼–姆林（Пони-Мулинское）、阿博尔（Оборское）等，都具有巨大的资源潜力。另外，滨海边疆区分布有拉苏尔（Лазурное）铜矿点，$P_1 + P_2$ 级铜预测资源量达 $1 \times 10^6 t$。另外，西伯利亚联邦区图瓦共和国的阿克–苏格铜矿床的铜储量达 $3.6331 \times 10^6 t$（平均品位为 0.67%）。上述铜矿床（点）都是俄罗斯重要的铜矿资源后备基地。

虽然俄罗斯整体铜资源保障程度较好，如超大型乌多坎砂岩型铜矿床的储量可采年限达 75 年，但是也存在一些问题。第一，俄罗斯主要的铜矿开采基地，如南乌拉尔地区的一部分铜矿，其储量已明显不足，一些矿山甚至只能维持 5～10 年的开采期；第二，俄罗斯已勘探的储量较大的后备铜矿床主要分布于基础设施不发达地区（如莱卡棉、乌多坎、别斯强卡等铜矿床）（李华和杨恺，2012）；第三，一部分俄罗斯后备铜矿床中铜矿体赋存较深，或者与国外同类矿床相比品位较低（如巴多里、尤比列伊、新乌恰林等铜矿床），导致开发存在一定困难。这些都是在矿产开发过程中需要考虑的问题。

虽然存在上述问题，但俄罗斯的南贝加尔–阿穆尔地区、哈巴罗夫斯克边疆区、滨海边疆区等地区具有极大的铜成矿潜力，同时地理位置优越，位于中蒙俄国际经济走廊带沿线或周边地区，交通运输便利，加上冶炼加工产业发达，开采的矿石可以就地加工生产，具有巨大的资源开发利用潜力。

3.2.4　国际合作

蒙古国矿产资源开发活动比较活跃，铜矿是蒙古国最主要的开发矿种之一，年产矿石量 $1 \times 10^6 t$ 以上。额尔登特矿业公司是蒙古国最大的矿业公司之一。2016 年 5 月，由中国哈尔滨电气国际工程有限公司承建的蒙古国额尔登特铜矿电厂扩建项目正式开工。扩建合同金额为 4183 万美元，扩建项目包括由中国制造的 4 台 12MW 汽轮发电机组。额尔登特铜矿电厂的扩建为蒙古国铜矿业的发展注入了新的力量。同时该项目也是"一带一路"倡议在蒙古国实施和中国装备"走出去"的典范。

俄罗斯目前有 30 余个在采铜矿山，绝大多数由本国矿企经营，个别矿山由英国和加拿大等国家的矿业公司开发。

2019 年 3 月，俄罗斯直接投资基金（RDIF）完成与中俄投资基金和中东主权财富基金的联合协议，联合收购俄罗斯因特地质矿业公司 9.53% 股权。中俄投资基金由俄罗斯直接投资基金和中国投资有限公司共同出资设立，主要用于投资中俄两国及两国在第三国和地区的合作项目。俄罗斯因特地质矿业公司目前正在开发两大矿业项目，分别是俄罗斯第二大镍矿金爱斯矿床和俄罗斯阿克–苏格铜矿。其中，阿克–苏格铜矿位于西伯利亚南部图瓦共和国地区，铜储量超过 $4.90 \times 10^6 t$，是俄罗斯五大铜矿之一。

俄罗斯有许多未开发的大型铜矿床，整体铜矿的勘探程度相对较低，这为长期投资提供了潜力。近年来俄罗斯经济发展迟缓，铜矿资源供大于求，矿业经济低迷，是投资的好时机。俄罗斯矿业法律完善，中俄政治关系良好，上海合作组织的银联合作机制为我国在俄投资矿业提供了支持。针对俄罗斯的重点铜矿开发项目，可利用中俄的睦邻友好关系，谋求获取俄罗斯主要铜矿集中区的探矿权，开展资源评价和矿床勘查工作，为建立境外铜生产基地储备资源，并为进一步拓展境外铜矿勘查开发奠定基础。

3.3　金矿资源格局与潜力

中蒙俄国际经济走廊带金矿资源十分丰富，同时也具有很大的找矿潜力。中国是世界第一大黄金生产国，本国资源难以满足生产需求，未来极有可能面临供需缺口加大的情况。深入分析走廊带各国金矿资源禀赋、开发潜力及发展前景将会为金矿资源的勘查及合作开发提供重要依据。

3.3.1　储量与分布

中国金矿床分布比较广泛，黄金储量比较丰富。东北三省（黑龙江、吉林、辽宁）黄金总储量达 244t（国土资源部信息中心，2015），其中，黑龙江、吉林和辽宁黄金储量分别为 93.1t、99.8t 和 51.1t，并且黑龙江和辽宁两省的金矿产地数量位于全国前列。

东北地区不仅有大量岩金矿储量，同时也有不少砂金矿分布。东北地区金矿资源主要分布在大兴安岭（包括内蒙古和黑龙江境内部分）、小兴安岭–张广才岭、佳木斯–兴凯、辽东、吉中–延边等地区和成矿带。重要的金矿床有砂宝斯、团结沟、争光、老柞山、夹皮沟、海沟、闹枝、兰家等大中型金矿床。黑龙江大兴安岭地区盛产黄金，有"金镶边"之称。这一地区金矿分布广泛，品位较高，是中国重要砂金产地之一，黄金开采已有百余年历史。20 世纪 80 年代之后，本区黄金开采进入兴盛期，并成为区内经济的主要来源。本区砂金集中分布于以下 3 个地区：①黑龙江塔河县–漠河市及内蒙古额尔古纳市北部地区；②黑龙江黑河市–呼玛县以西地区；③黑龙江嘉荫县–佳木斯市–牡丹江市一带。黑龙江岩金矿主要分布于大兴安岭北段、小兴安岭–张广才岭金矿带和佳木斯–兴凯金矿带，典型金矿如砂宝斯金矿是本区最大的岩金矿床。另外，多宝山铜矿中的伴生金储量达到 74t。辽宁岩金矿集中于辽东金矿带，伴生金主要产于抚顺红透山铜矿床（王成辉等，2014），吉林金矿主要分布于吉中–延边金矿带，典型金矿床如夹皮沟、海沟金矿等。

小兴安岭北麓东安–乌拉嘎地区位于黑龙江中北部，是我国浅成低温热液型金矿床的重要产区之一（毛景文等，2003），已发现多个大–中型矿床，东安金矿探明金储量达 11.2t，总资源量达 24.3t；高松山金矿探明金储量达 1.29t，总资源量达 4.33t；平顶山金矿探明金储量达 2.5t；连珠山金矿探明金储量达 0.307t；团结沟金矿探明金储量达 49.75t，总资源量达 81.59t。成矿作用均与岩浆作用关系密切。

典型矿床特征如下。

1）争光金矿

黑龙江争光金（锌）矿床位于黑龙江黑河市西部，大兴安岭北段多宝山–铜山斑岩型铜、金、钼矿集区的东南端。金矿体赋存于奥陶系多宝山组安山岩、安山质凝灰岩中，主要呈脉状产出。2010～2014 年以来，黑龙矿业集团股份有限公司对争光金矿Ⅰ、Ⅲ、Ⅳ号矿带及外围开展了一系列地质勘查工作，探明金金属量达 35t 以上，锌金属量近 8×10⁴t。争光金锌矿主要分为 4 个矿带，2009 年由黑龙江齐齐哈尔矿产勘查开发总院对Ⅱ号主矿带完成勘探，共提交 23t 金金属量，平均品位为 3.25×10⁻⁶。矿床成因属于浅成低温热液型，成矿时代为早古生代（Wang et al.，2020）。同时，对矿区地球物理和地质特征的研究显示，总体上矿区东部、北东部及Ⅱ号带倾向深部，均具有进一步找矿潜力。

2）砂宝斯金矿

砂宝斯金矿位于黑龙江漠河县砂宝斯千年古森林地带，是武警黄金部队三支队在 1990～1991 年进行 1：5 万水系沉积物测量时发现的，后经勘探查明金资源量为 30 余吨，达大型规模。砂宝斯金矿是大兴安岭北段最大的岩金矿床。矿区共圈定 3 条金矿化带，其中 1 号矿化带圈出 2 条较大的金矿体，矿体品位高、埋藏浅，有利于矿山开发利用。含矿石英脉的 Ar-Ar 同位素测年结果表明，砂宝斯金矿形成于早白垩世（Liu et al.，2014）。

蒙古国金矿资源分布广泛，资源量大，已发现金矿床（点）1044 多处（李俊建等，2020），其中包括大型矿床 8 处、中型矿床 53 处、小型矿床 428 处，总储量约 3100t。蒙古国金矿集中在蒙古–外贝加尔成矿区的肯特矿带、中北部的额尔登特–巴彦格尔矿带、西南部的巴彦洪戈尔矿带，其中蒙古国北部的肯特矿带是最重要的金矿分布区及远景区（图 3-5）。

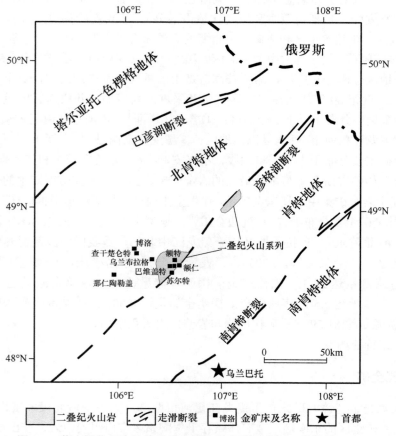

图 3-5　蒙古国北部大地构造及主要金矿分布示意图（张帅等，2019）

蒙古国金矿分为岩金矿和砂金矿两类。蒙古国岩金矿床主要产在太古宇、古元古界和古生代地层中，最重要的成矿期为晚古生代–中生代，金矿的形成主要与二叠纪、三叠纪以及侏罗纪的岩浆活动有关。矿床类型主要有热液脉型和斑岩型（伴生金）等。热液脉型金矿床主要产于太古宙–早古生代地层中，与辉长岩、花岗闪长岩和花岗岩等侵入体有关，大多属于金–硫化物–石英脉型矿化。金矿床的重要成矿带主要涵盖以下几个地区：阿尔泰成矿带、巴彦洪戈尔成矿带、北肯特成矿带以及东蒙古成矿带。这 4 个成矿带内金资源量占全国岩金资源量的 73%。斑岩型金矿床中的金大多为共生或伴生金产于斑岩型铜金矿床中，如欧玉陶勒盖铜–金–钼矿床等，按矿石构造可分为金–硫化物、金–石英–硫化物、金–石英、金–多金属建造及含金的铜–钼建造等类型。

蒙古国砂金矿床集中分布在阿尔泰山区和杭爱山南坡的河谷、河床和阶地中，按形成条件分冲积型和冲积–洪积型，成矿时代为二叠纪、侏罗纪、白垩纪、新近纪、第四纪等时期，主要分布于北部和中部高原斜坡上。大多数砂金矿为近地表的单层砂矿，少数为两层，个别砂矿埋藏较深。规模以中、小型为主，个别可达大型。砂矿的矿质来源通常是含金的石英脉、硅化带、破碎带以及黄铁矿化带，因此岩金矿分布区往往有砂金矿分布。

典型矿床特征如下。

博洛金矿位于蒙古国首都乌兰巴托北 150km 处北肯特金矿带上，属大型金矿床，是蒙古国第一个利用现代采矿和加工技术露天开采的金矿床。金矿化产于晚二叠世–早三叠世黑云母花岗岩与早古生代砂质浊积岩的接触带中。矿床中平行发育两条矿化带，上部厚 7~8m，下部厚 3.5m，中间为弱矿化的花岗岩，共同构成主矿化带。该矿床金储量约 60t，金品位为 3~4g/t，伴生少量银。矿床最高品位的金矿化产在沿裂隙带发育的含金硫化物石英脉型矿体中。博洛金脉中钾长石 K-Ar 年龄为 208~178Ma，为早–中侏罗世成矿（Chuer et al.，2005）。

俄罗斯的黄金资源非常丰富，黄金储量达 5000t，占世界黄金总储量的 9.1%（国土资源部信息中心，2015），居世界第三位。俄罗斯金矿床类型分为原生岩金矿和砂金矿两种，多数金矿床的金品位在 5~15g/t，一些金矿床金品位可达到更高。目前，俄罗斯已探明金矿储量的 1/4 赋存在砂金矿床中，1/2 是金银共生矿，其余 1/4 是与有色金属共生的复合型金矿，金作为副产品综合利用。俄罗斯西伯利亚、远东地区以及乌拉尔地区是金矿资源的主要产地，集中了大多数金或伴生金矿床。

西伯利亚联邦区金的储量和开采量集中在克拉斯诺亚尔斯克边疆区、后贝加尔边疆区、伊尔库茨克州和布里亚特共和国。伊尔库茨克州苏霍伊洛格（Сухой Лог）超大型金矿床的黄金储量占西伯利亚联邦区的 40%，占俄罗斯黄金总储量的 16%。苏霍伊洛格金矿是俄罗斯最大金矿，该矿床位于伊尔库茨克州北部，距州府伊尔库茨克 850km。矿山于 1961 年被发现，并在 20 世纪 70 年代进行了大规模勘探，从 1986 年开始进行一些电力、公路及铁路基础设施建设。2012 年确定该矿山的 A+B+C$_1$ 资源量为 1378.9t，C$_2$ 为 473t，平均品位为 2.1g/t。后贝加尔边疆区赤塔市的达拉松金矿也是本区重要的金矿床，已探明黄金储量约为 250t，平均品位为 12g/t（Zorin et al.，2001）。另外，西伯利亚联邦区砂金矿床分布广泛，砂金储量主要分布在伊尔库茨克州和后贝加尔边疆区。

远东地区分布有 182 个原生金矿床和 3513 个砂金矿床。截至 2016 年，远东地区列入俄罗斯国家储量平衡表的金矿床共有 3636 处，金 A+B+C$_1$+C$_2$ 级平衡储量为 5792t。远东地区的金矿床主要分布在阿尔丹地盾区、蒙古–鄂霍次克造山带（图 3-6）、维柳伊–上扬斯克造山带和鄂霍次克–楚科奇火山岩带，以浅成低温热液型金矿为主（Vologin and Lazarev，2016）。远东地区原生金矿储量占据俄罗斯总储量的 46%，其分布主要包括马加丹州（占全远东地区的 46.5%）、萨哈（雅库特）共和国（占 30%）、楚科奇民族自治区（占 10.8%）、阿穆尔州（占 6.6%）以及哈巴罗夫斯克边疆区（占 6.1%）。此外，砂金储量也在俄罗斯全境范围内占比超过 60%，其中主要分布在萨哈（雅库特）共和国（占全远东地区的 40%）、马加丹州（占 25.8%）、楚科奇民族自治区（占 14.8%）和阿穆尔州（占 13.5%）。位于马加丹州的纳塔尔京伟晶岩型金矿床，是俄罗斯第二大金矿床，储量占全俄的 11.6%，大型矿床还包括阿穆尔州的涅日达宁、丘楚克，以及楚科奇民族自治区的库波尔等。

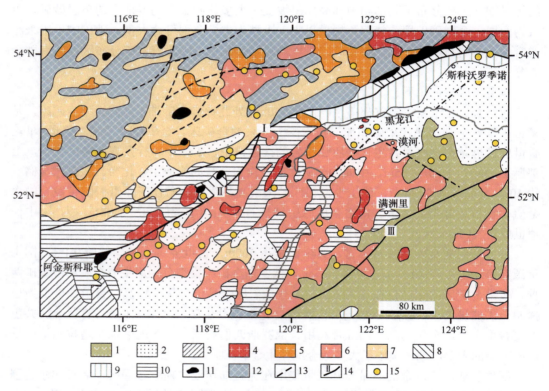

图 3-6　中俄边境蒙古–鄂霍次克成矿带金矿分布示意图（Liu et al.，2014）

1-晚中生代中酸性火山岩；2-中生代沉积岩；3-晚古生代沉积岩；4-晚中生代中酸性侵入岩；5-早中生代中酸性侵入岩；6-晚古生代中酸性侵入岩；7-早古生代中酸性侵入岩；8-中生代混杂岩堆积；9-晚中生代褶皱带；10-早古生代褶皱带；11-蛇绿岩；12-前寒武纪基底；13-断裂带；14-主要断裂及编号；15-金矿床；主要断裂带：I-II-蒙古–鄂霍次克断裂带分支，III-得尔布干断裂带

截至 2015 年，乌拉尔联邦区共有金（含金）矿床 309 处，其中 26 处为原生金矿床，252 处为砂金矿床，31 处为伴生金矿床。乌拉尔联邦区 A+B+C$_1$ 级金平衡储量为 350.6t。本区超过一半的金储量位于车里雅宾斯克州（51%），其次为斯维尔德洛夫斯克州（44%），亚马尔–涅涅茨自治区（4%）和汉特–曼西斯克（1%）。乌拉尔联邦

区的大型原生金矿床有斯维尔德洛夫斯克州的别列佐夫（Березовское）矿床、马明斯克（Маминское）矿床、加加尔斯克（Гагарское）矿床，车里雅宾斯克州的卡气卡尔（Кочкарское）矿床、斯威特林（Светлинское）矿床等。

典型矿床特征如下。

达拉松金矿位于俄罗斯后贝加尔边疆区赤塔市，已探明黄金储量约为 250t，平均品位为 12g/t（沈存利，1998）。矿区内出露岩浆岩主要有早古生代变质辉长岩、中古生代–早中生代花岗闪长岩、闪长岩及花岗斑岩（图 3-7）。矿区内断裂构造主要分为北东向和北西向两组。矿区内金矿脉形态比较简单，具有长度大、厚度小、品位富、数量多的特点，已发现工业矿体 140 多条，大部分金矿脉分布在剪切裂隙中。矿床中规模较大的金矿脉主要受北东向断裂控制，矿脉长达 2~3km，间距为 200~300m；北西向矿脉规模相对较小，脉间距一般为数十米。矿脉与接触带附近的浸染状矿石厚度为 0.6~1.5m。矿区内金矿石类型主要为石英硫化物型和绢云母化黄铁矿化糜棱岩型。达拉松金矿床类型为与侵入岩有关的热液脉型金矿，金矿化形成于晚侏罗世，其形成与蒙古–鄂霍次克洋的闭合及其引发的构造体制密切相关（Zorin et al.，2001）。

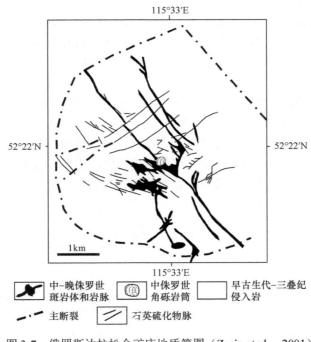

图 3-7　俄罗斯达拉松金矿床地质简图（Zorin et al.，2001）

3.3.2　开发利用现状

中国东北地区大多数具有一定规模的岩金矿床均在合理开发之中，如黑龙江省大兴安岭、小兴安岭–张广才岭等地区的漠河砂宝斯大型金矿、黑河争光大型金矿、三道湾子中型金矿、逊克东安大型金矿、嘉荫团结沟大型金矿等。

黑龙江东安金矿床由黑龙江省有色金属地质勘查七零七队发现于 1998 年，矿床位于逊克县南东 45km。2004 年发布的《黑龙江省矿产资源总体规划》将其列为重点规划区域，具有可采经济价值的矿石总储量为 $2.766×10^6t$，是黑龙江省已探明储量最为丰富的金矿之一。2016 年 5 月 16 日，埃尔拉多黄金公司宣布其与中国银泰投资公司旗下子公司银泰资源达成协议，逊克县东安金矿于 2016 年 11 月 22 日完成了股权转让工作，银泰资源正式入驻矿山。矿山项目于 2017 年 5 月 25 日具备了规定的开工要件。东安金矿总投资 8.29 亿元，年处理原矿 $1.485×10^5t$。东安金矿于 2017 年 9 月正式投产，投产后运行平稳，产量大幅增长，已跻身全国矿产金产量前五位。2018 年实现净利润约 2.25 亿元，现金成本仅为 47 元/g，赢利能力极强。矿山建成后年平均产黄金 1421kg、银 6938kg，年产值约 4.5 亿元。

吉林夹皮沟金矿，从 1820 年土法采金，再到工业化的开采，已有两百年开采历史，曾是中国黄金储量最丰富的金矿。夹皮沟金矿创造了开采历史时间最长、中国政权解放最早、竖井最深的 3 个中国黄金开采历史之最。夹皮沟金矿先后开采了东山青、立山线、下戏台、二道沟、红旗坑等坑口，累计开采黄金 70 多吨。夹皮沟黄金矿业有限公司隶属中国黄金集团，是中国黄金集团产量最大的金矿，最高年产量达 3t 以上。目前，夹皮沟金矿的浅部资源和富矿区已开采殆尽，开采深度已达一千多米，产量也大幅下降。2020 年，夹皮沟金矿被列入第四批国家工业遗产名单。

海沟金矿是辽东–吉南成矿带另外一处重要金矿床，是集采矿、选矿、冶炼为一体的综合型黄金矿山。近年来，由于金矿资源逐渐枯竭，吉林海沟黄金矿业有限责任公司积极转型，重点向工业旅游方向发展，通过展示黄金开采工艺，揭开黄金开采神秘面纱，具有很强的吸引力。

蒙古国黄金储量为 3400t，产量为 10～20t（表 3-4）（USGS，2019），已开采和准备开采的约有 50 处。随着欧玉陶勒盖、奥龙（Olon Ovoot）、博洛等一批金矿床或伴生金矿床的发现，蒙古国探明的金资源量有较大增长。蒙古国境内共划分了 23 条金成矿带，但总体开发程度较低，集中于蒙古国北部色楞格地区，主要开采的金矿床有博洛岩金矿和扎马尔砂金矿等，金产量总体维持较稳定水平。例如，欧玉陶勒盖超大型铜金矿床中金资源量达 1314t，平均品位为 0.35g/t（方俊钦等，2013）。

表 3-4　蒙古国黄金产量

项目	2014 年	2015 年	2016 年	2017 年	2018 年
产量/t	10	11.3	19.2	14.6	3.4
销售额/万美元	40 524.4	42 056.8	75 840.9	59 535.4	14 449.9

博洛金矿床位于色楞格省南部的巴彦高勒地区，东南方向距首都乌兰巴托市 110km，是蒙古国黄金开采规模最大和产量最高的矿山，加拿大世纪黄金矿业公司（Centerra Gold Inc，CGI）拥有该矿床 100% 的股权，是近年来蒙古国最成功的外资矿山企业之一。截至 2014 年，博洛金矿的露天开采及堆浸采矿已停止，最深已到第 12 阶开采平台（陈龙和赵元艺，2017）。根据加拿大世纪黄金矿业公司提供的信息，该矿床自有开采记录以来，共计产金 66t。在博洛金矿床开发利用的同时，加拿大世纪黄金矿业公司在博洛金矿床外围进行了找矿勘查和潜力评价工作，并且在其北东向 35km 处发现了一处新的金矿床——盖特苏尔特（Gatsuurt）金矿，矿床的黄金储量为 51t，平均品位为 3.1g/t。目前

该矿床的资源量/储量核实、环境影响评估和采选厂设计报告均获得蒙古国政府有关部门批准，即将进入矿山开采阶段。加拿大世纪黄金矿业公司拟在两矿床之间投资修建公路，将盖特苏尔特矿的矿石运往博洛矿区的堆浸厂进行选矿。

扎马尔金矿床是蒙古国规模最大的砂金矿床，沿扎马尔河流域分布，由于砂金矿开采成本低、利润获得快，加之该地区砂金品位较高，该流域成为蒙古国砂金开采程度最高的区域，在每年的黄金产量中占有相当比例。蒙古国砂金矿床中部分矿体埋深较大（10～20m），且埋深变化大，如在同一区域同一水系甚至同一条河谷的不同部位矿体埋深都可能有很大变化，给砂金探采工作带来较大难度。

俄罗斯不仅是黄金资源大国，同时也是黄金生产大国，其黄金产量常年位居世界前列，俄罗斯东北部地区是黄金的主要产地。截至 2015 年，俄罗斯金矿资源的储量和产量均位居世界第二。俄罗斯超过一半的黄金产量来自 6 个黄金开采企业：极点公司、多金属国际矿业公司、金罗斯黄金公司、彼得罗巴甫洛夫斯克矿业公司、诺夫哥罗德矿业公司、尤茹拉尔矿业公司。俄罗斯金矿基地的扩大与再生产的地质前提是保有足够的预测资源量，目前俄罗斯的 P_1+P_2 级预测资源量为 17 000t，而且大部分分布于远东地区和西伯利亚联邦区。

远东地区自苏联解体到 2008 年，黄金产量一直在 100t 左右徘徊。在远东地区的金矿开采历史中，已开采的黄金总量超过了 8500t。自 2008 年以来，远东地区的黄金产量稳步增长，2015 年产金达到 145.3t，主要来自马加丹州、萨哈（雅库特）共和国、阿穆尔州、楚科奇民族自治区和哈巴罗夫斯克边疆区，黄金产量均超过 20t。目前远东地区开采量较大的原生金矿床有库泊尔（Купол）矿床、德沃伊（Двойное）矿床、少先队（Пионер）矿床、阿尔贝斯克（Албынское）矿床、别列吉托夫（Березитовое）矿床和多峰（Многовершинное）矿床等（Эйриш Л.В.，2012）。正在进行勘探和准备开发的矿床有哈巴罗夫斯克边疆区的马尔梅日（Малмыжское）矿床、巴里亚卡（Полянка）矿床等。

2015 年西伯利亚联邦区开采了 100 余吨黄金，70% 以上的黄金采自岩金矿床。主要开采的矿床有克拉斯诺亚尔斯克边疆区的奥林匹亚金斯克（Олимпиадинское）矿床和布拉格达特（Благодатное）矿床等。

俄罗斯砂金矿床的储量和产量居世界第一位，俄罗斯砂金产量占俄罗斯全部黄金产量的 24%。但是由于多年来的大量开采，俄罗斯的砂金产地逐渐减少。虽然尚有较多未列入国家储量平衡表的砂金储量，但在这些储量中有半数经济价值较低，而最具经济价值的砂金矿床大多已经开发。俄罗斯金矿资源预测形势也不容乐观，虽然整个俄罗斯的总预测资源量达 42 880t，但其中 60% 属于 P_3 级，可信程度较差。并且金的主要资源预测量都来自岩金矿床。

黄金工业一直是俄罗斯地勘工作的重点，俄罗斯近些年来金矿储量的增长主要是源于 C_2 级储量的增长。自 2011 年以来，高级别 $A+B+C_1$ 级金储量的增长逐渐放缓，已经难以满足开采对高级别储量的要求。近年来俄罗斯在贵金属矿产开发上存在较为突出的问题：一是采富弃贫现象严重，造成矿石品位下降，资源浪费；二是选矿工艺落后，导致资源流失。按照目前的开采情况，$A+B+C_1$ 级保有储量只能满足 11 年的开采需要，届时俄罗斯储量平衡表内的金储量将开采殆尽。上述统计没有列入尚未开发的金矿床［如干沟（Сухой Лог）金矿、纳塔尔京（Наталкинское）金矿］。如果有一半的 C_2 级储量进

入 C_1 级储量，则 A+B+C_1 级保有储量的保障程度可达 17 年。

3.3.3　勘探潜力与利用前景

大兴安岭北部漠河地区上黑龙江成矿带，近年来已发现多个金矿床，找矿潜力较大。该区已发现金矿床 6 处，其中大型金矿床 2 处。本区共划分出 A 级成矿远景区 5 处，B 级成矿远景区 8 处，C 级成矿远景区 4 处（李向文等，2017）。漠河县砂宝斯地区不仅是中国最著名的砂金产地之一（吕英杰等，1992），还分布有砂宝斯、三十二站、八里房、砂宝斯林场、东马扎尔等多个原生金矿床（点），表明该区具有较大的岩金找矿潜力。另外，逊克县东安金矿资源储量巨大，其矿区金银矿石储量及外围深度远景储量十分丰富，开发潜力巨大。

东北森林沼泽区涵盖黑龙江东部、北部和内蒙古东北部的广大地区，该区是中国最重要的砂金集中产区。塔河-呼玛一带，以韩家园镇为中心的砂金密集区，也是岩金找矿中目前比较有找矿潜力且工作程度较低的地区。根据《全国地质工作程度数据库》的数据统计，东北森林沼泽区分布有不同规模的砂金矿床 296 处，砂金矿点 132 处，砂金矿化点 29 处。近十几年，随着找矿技术的进步和经验的积累，岩金找矿取得了一些新的突破，显示东北森林沼泽区有巨大的金矿找矿潜力。

黑龙江多宝山-大新屯地区不仅是我国东北地区铜金属矿区的重点勘查区域，同时金矿资源也存在较大的成矿潜力，如争光金矿床具备金储量突破 50t 以上的找矿潜力（佟匡胤等，2015）。本区在不同时期和不同空间都有不同类型的矿床分布。该地区的成矿环境优越，具备较大的发展潜力，尤其在多宝山、三道湾子等地。多宝山-大新屯地区金矿床主要为浅成低温热液型。在本区的南侧，已知存在较多的金矿（化）点，还需加大力度对该部分的矿点进行检查，实施普查等工作，实现矿产地的评价和分析。本区北侧，还未发现有一定规模的金矿，其存在较大的勘查潜力，可以进一步加强矿产调查。对于已发现的金矿床，应当加强深部及边部找矿工作，继续扩大找矿成果，尤其是一些尚未完全封闭的矿体，应继续追索控制。按照热液成矿模式，期望在更深的地段发现斑岩型矿床。

吉林东南部老岭金及多金属成矿带具有较大的成矿潜力和良好的找矿远景，区内金矿的分布主要与大型断裂带相关联的珍珠门组大理岩上部不整合有关。另外，吉林夹皮沟金矿区深部仍具有一定找矿潜力，通过先进的成矿理论的指导，有望取得一定的找矿突破。

蒙古国境内已经发现的金矿床、矿（化）点多集中分布于北肯特、南肯特、克鲁伦北、色楞格-鄂尔浑河、巴彦洪戈尔、库泊苏东南等地。总体上，蒙古国多数金矿区或金矿化带与深大断裂及次级断裂有关。近东西向或近南北向破碎带与其他断裂的交会处往往为金矿富集部位。

北肯特、南肯特一带，金矿（化）点分布最为集中，是蒙古国最重要的金成矿带（陈文，2009），其内分布有众多大型金矿床，比较有名的有博洛金矿床（陈龙和赵元艺，2017）（Au 储量约 66t，平均品位为 $3.52×10^{-6}$）、盖特苏尔特金矿床（Au 储量 51t，平均品位为 $3.1×10^{-6}$）、苏尔特金矿床（Au 储量约 75t，平均品位约为 $3.3×10^{-6}$）等。这里自早古生代开始构造运动就强烈，岩浆活动频繁，金的成矿条件最为有利，虽然目前地表发现的多为冲积砂金矿，但该地段具有形成石英脉型、蚀变岩型或矽卡岩型金矿的潜力。对北肯特金矿带扎马尔地区开展 1∶25 000 土壤地球化学测量工作的结果表明，本区土壤成矿潜力较大的元素组合有 2 组，即 Au-Ag-Hg 和 As-Sb，这些元素含量高，变异系数大，反映出具有低温金多金属热液矿床的找矿潜力。另外，北肯特地区通过近几年的勘查，区域找矿工作不断取得新突破，新发现的那仁陶勒盖金矿床即位于该成矿带内。

克鲁伦北、色楞格河–鄂尔浑河两个地带金的成矿条件也较为有利，且已发现了不少金矿线索，金矿点位于火山岩中，受区域大断裂及次级断裂控制，有一定成矿远景。

巴彦洪戈尔金矿带位于巴彦洪戈尔地区的东南部，是蒙古国最具潜力的金矿带之一。成矿带内金矿床主要与石炭纪–二叠纪中酸性岩有关，带内主要金矿床有查干查希尔（Tsagaan Tsahir Uul）石英脉型金矿床（肖伟等，2010）和库勃艮忽地（Khokh Bulgiin Hkьndii）矽卡岩型金矿床，另外发育有一系列金矿点，如罕乌拉（Han Uul）、塔特斯郭勒（Taats Gol）、萨兰乌拉（Sarrn Uul）、南部（South）等矿点，矿床和矿点分布于该区东南部的博德加尔带和拜德莱格带内。巴彦洪戈尔西北部一带虽发现了不少金矿化线索，但该区总体工作程度低，有待进一步研究。

位于温都尔希勒断裂带及曼达赫断裂带之间的乌波尔塔拉金多金属成矿区矿产资源丰富，有金、银、铜、铅、锌、钨、钼等不同规模的矿床和矿（化）点。区内构造活动强烈，中低温热液活动较强，为金多金属成矿有利地段。通过对乌波尔塔拉金多金属矿区的地质勘查，认为该区具有良好的成矿环境和成矿地质条件。

另外，蒙古国南部大块的南戈壁一带近年随着地质工作的不断深入，也相继发现了一些石英脉型、含铜钼斑岩型金矿化线索，通过进一步工作有可能发现一些金矿床（点）。

俄罗斯西伯利亚和远东许多地区的含金–多金属（铜、铅、锌）矿床和斑岩型铜–钼矿床的产区都是金矿的重要远景区，其金的储量和预测资源量都十分可观。

俄罗斯中–东西伯利亚地区已勘探的金储量和产量分别占全俄罗斯总量的 45% 和 30%，而且该地区的基础设施相对比较发达，可作为金矿基地开发的远景区。例如，苏霍伊洛格超大型金矿床所在的贝加尔–维季姆成矿带就是重要的金成矿远景区域，可作为优先开发与发展的金矿基地。本区内可重点开发的金矿还有干沟金矿、维尔宁（Вернинское）金矿、聂夫（Невское）矿床等，对这些矿床进行开发可以极大地扩大该区域的金矿产量。近年来，俄罗斯相关部门在贝加尔–帕托姆、叶尼塞、阿尔丹等含金省开展普查找矿工作，重点寻找碳质岩层中的金–硫化物型及金–硫化物–石英脉型金矿床，取得的找矿成果主要包括：斯维尔德洛夫斯克地区获得 P_1 级金资源量 46t，P_2 级金资源量 84t；列别金斯克地区获得 P_1 级金资源量 27t，P_2 级金资源量 25t；鲁德山地区获得 C_1+C_2 级金储量 45t，P_1+P_2 级金资源量 100t。俄罗斯的西伯利亚 A+B+C_1+C_2 级伴生金储量达 1325t，存在于银、铀、镍、铜、铅、锌等金属矿床中。大部分伴生金集中赋存于铜–黄铁矿型矿床和斑岩型铜矿床中，以及铜–镍矿床中（克拉斯诺亚尔斯克边疆区）。近年来，列入国家储量平衡表的斑岩型铜矿床中金储量（C_1+C_2 级）较大的有：别斯强卡矿床（金储量 233.8t）、阿克–苏格矿床（金储量 55.7t）。这些矿床的矿石中金的品位一般介于 $0.15\sim0.57$g/t。

俄罗斯远东地区金的 $P_1+P_2+P_3$ 总资源量达 17 632t，占俄罗斯 $P_1+P_2+P_3$ 总预测资源量的 42.4%。马加丹州和萨哈（雅库特）共和国的上扬斯克–科雷姆金成矿省是俄罗斯最具潜力的金矿远景地区之一，同时也是世界上最大的黄金产地之一。该成矿省目前已勘探的金–硫化物–石英细脉–浸染状矿床储量占俄罗斯总量的 30% 以上。原生金矿主要产区集中在阿穆尔州、哈巴罗夫斯克边疆区和萨哈（雅库特）共和国；砂金矿总开采量占俄罗斯的一半以上，主要产区集中在马加丹州、萨哈（雅库特）共和国和阿穆尔州。随着纳塔尔京、涅日达宁和丘楚克等大型矿床的开采，远东地区的金产量将进一步增加。远东地区大陆边缘火山岩带是本区重要的金矿远景区，如鄂霍次克–楚科奇、东–锡霍特等地，低温热液型 Au-Ag 矿床为远东地区最具远景的矿床类型。另外，近年来在马加丹州纳塔尔京探明了大规模的黑色页岩及碳酸盐岩中的金矿化，应用现代技术开采和加工该类型矿床，将进一步提高远东地区黄金产量。在哈巴罗夫斯克边疆区的马尔梅日斑岩型铜矿床开展了勘探工作，该矿床金（储量为 283.2t）和铜的储量与资源量都达到了国家级水平。哈巴罗夫斯克边疆区帕尼–穆林（Пони-Мулинское）矿发现的斑岩型铜矿中，金的 P_2 级预测资源量达 75t。

总体上，俄罗斯金矿的开发仍然存在一系列的问题。例如，有很多金矿远景区位于边远地区，缺乏足够的基础设施；一些大型的金矿床矿石质量较差、品位较低，缺乏经济效益。近年来，金的储量虽有明显增长，但主要为 C_2 级储量的增长，而高级别 $A+B+C_1$ 级金储量则呈下降趋势。而在预测资源量方面也是以 P_3 级为主，缺少具有 P_1、P_2 级预测资源量的远景区。因此，在确定进一步普查与详查远景区的过程中存在一定难度。

3.3.4　国际合作

金矿是蒙古国传统开采矿种之一。目前在蒙古国开发金矿资源的中资企业主要是烟台天鸿矿业有限公司。2006 年 11 月至 2014 年 4 月，烟台天鸿矿业有限公司与紫金矿业集团股份有限公司合股经营蒙古国北部那仁陶勒盖金矿床。2014 年 4 月起，烟台天鸿矿业有限公司全资控股。那仁陶勒盖金矿日处理矿石约 500t，但由于资源保有量不足，约半数矿石量需要从外部购入，目前该矿处于间歇性生产状态。

俄罗斯目前正在开采的金矿山约有 120 个，其中多数金矿由本国企业开发，约有 50 个金矿由来自英国、加拿大、塞浦路斯、瑞士和中国等国家的经营者开发。

2017 年 5 月 31 日，中国复星国际有限公司与俄罗斯极地黄金公司签订股份买卖协议，中国复星国际有限公司以将近 9 亿美元的价格收购俄罗斯最大金矿开采企业极地黄金公司 10% 股权，供其开发苏克霍伊罗格（Sukhoi Log）金矿。苏克霍伊罗格金矿位于西伯利亚伊尔库茨克地区，发现以来一直未开发，探明黄金储量约 1814t，且其资源具备进一步增加的潜力，是目前已知的世界最大金矿之一。此前俄罗斯曾声明禁止外国企业参与竞标该项目，但鉴于其高达 20 亿～25 亿美元的开采费用，还是选择了与中国公司合作。

2016 年，中国黄金集团经过艰苦努力，于 2017 年 10 月获得了俄罗斯政府"中俄克柳切夫金矿开采项目合作协议"的草案。2018 年 9 月 21 日，中国黄金集团以 4.5 亿美金收购俄罗斯克柳切夫公司 70% 股权，投资克柳切夫金矿项目，这是中国国有企业首次实现对俄罗斯战略级资源控股。克柳切夫金矿黄金资源储量超过 50t，矿体厚大，基础设施完善，具备良好的开发条件，被俄罗斯政府列为战略级资源。克柳切夫金矿项目作为中国黄金行业第一个进入俄罗斯战略资源的大型金矿开发项目，首次实现了中国国有企业对俄罗斯战略级资源的控股，对中国企业进入俄罗斯、开发俄罗斯战略资源具有里程碑意义。

蒙古国基础设施建设比较落后，而俄罗斯的基础设施建设的区域差异性也较大。中资企业可以关注蒙古国的阿尔泰山脉和杭爱山脉以及俄罗斯的西伯利亚和远东等地区的重要金成矿区带，从参与基础设施建设入手，以控股或参股的形式积极参与金矿的勘查合作开发。

3.4　铅锌矿资源格局与潜力

中蒙俄国际经济走廊带铅锌矿资源丰富，集中产出在重要成矿带中。合理评估矿业投资环境、资源禀赋、市场需求、地缘战略等因素将十分有助于中蒙俄国际经济走廊带铅锌矿资源的开发利用，同时对增强中蒙俄矿业合作及满足中国对铅锌矿资源的需求也具有重要意义。

3.4.1　储量与分布

中国东北地区铅锌矿相对比较集中在内蒙古东部地区。铅、锌均是内蒙古的优势矿产资源，铅矿保有资源储量超过 $1×10^7$t，锌矿保有资源储量超过 $2×10^7$t，主要分布在巴彦淖尔市、赤峰市、呼伦贝尔市、锡林郭勒盟。在黑龙江、吉林和辽宁三省也有一些铅锌矿床分布。

包括黑龙江西北部与内蒙古东部地区的大兴安岭地区分布有大量的铅锌（多金属）矿产资源。本区铅锌矿床成因类型主要有岩浆热液脉型、矽卡岩型和浅成低温热液型 3 类，均与岩浆活动密切相关。大兴安岭地区的绝大多数铅锌矿床形成于燕山晚期，集中在 130～150Ma 前，少数形成于燕山早期、印支早期和海西期。本区从北到南可划分出 3 条成矿带（吕新彪等，2020；图 3-8）。

（1）北成矿带位于新林–喜桂图断裂以北额尔古纳地块，带内主要产出与火山–次火山热液有关的银铅锌矿床，成矿年代集中在早白垩世，矿床主要沿北东向得尔布干深断裂控制的海拉尔断陷火山盆地边缘分布。包括西缘满洲里–克鲁伦浅火山盆地内的甲乌拉、查干布拉根、额仁陶勒盖，以及北缘的得耳布尔、东珺、二道河子、比利亚谷矿床。

（2）中成矿带为大兴安岭中部的铅锌银多金属成矿带，位于嫩江断裂以西，北侧与南侧分别以新林–喜桂图断裂和贺根山–黑河断裂为界。该带内的铅锌矿床主要分布在西南部，集中在东乌珠穆沁旗–阿尔山一带，主要有八岔沟、二道河、阿尔哈达、朝不楞、查干敖包、吉林宝力格等矿床。在东南部的大兴安岭腹地发现的矿床较少，可能与植被发育有关。中成矿带是南、北成矿带的过渡带，产出的矿床兼具南、北成矿带矿床的特征。

（3）南成矿带整体位于贺根山–黑河断裂南侧、西拉木伦断裂北侧、嫩江断裂以西的松辽–锡林浩特地块内，主要产出扎木钦、昌图锡力、花敖包特、布黑金、孟恩陶勒盖、浩布高、双尖子山、白音诺尔、拜仁达坝、维拉斯托、白音查干、大井、黄岗、边家大院等富锡铅锌银多金属矿床。

辽东裂谷内的青城子矿集区也是中国东北地区的重要铅锌成矿区，同时也是中国重要的铅锌–金–银矿集区之一。青城子铅锌–金–银矿集区位于辽宁东部丹东地区，地处华北陆块东北缘。该区产有大、中型铅锌矿床 10 余个（榛子沟、南山、本山、喜鹊沟、甸南等），金矿床 4 个（小佟家堡子、杨树、白云、林家），累计探明铅锌储量超 $1.6×10^6 t$，金 300 余吨。

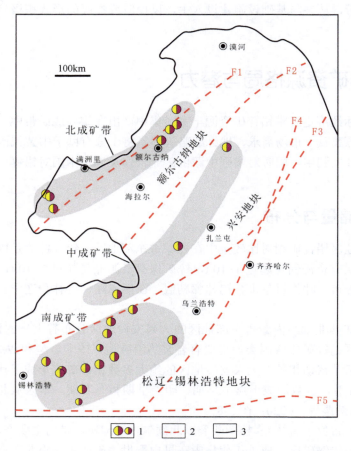

图 3-8　大兴安岭地区铅锌矿分布简图（吕新彪等，2020）

1-大–中型铅锌矿；2-断裂带；3-国界线；F1- 得尔布干断裂；F2-新林–喜桂图断裂；F3-贺根山–黑河断裂；F4- 嫩江断裂；
F5-西拉木伦断裂

小红石碰子铅锌矿是吉林的代表性铅锌矿床，位于吉林磐石市。区内发现铅锌矿、银铅矿、银铅锌硫铁矿和含锌磁铁矿 4 种类型矿体，以铅锌矿为主。铅锌矿和银铅矿矿体主要分布在Ⅰ号和Ⅱ号两条南北向的矿化带内，矿体明显受南北向展布的地层和层间断裂构造控制。探获资源量：银 73t，平均品位 24.2g/t；铅＋锌 68 499t，铅和锌平均品位分别为 0.65% 和 1.61%。

蒙古国铅、锌矿产资源较为丰富，已查明矿床（点）200 多处，多数重要的铅锌矿床位于蒙古国东部（图 3-9），并且相对比较集中地分布在乌兰–查夫地区以及西乌尔特–温都尔汗一带，属中蒙古–额尔古纳萤石–金–铅–锌成矿带中的蒙古国东部金–铅–锌成矿亚带（江思宏等，2019）。另外，在蒙古国西部的巴彦乌列盖省、戈壁阿尔泰省和南部的南戈壁省以及中部的杭爱山脉也有一定分布。蒙古国铅、锌矿床基本形成于中生代，并且集中形成于侏罗纪–白垩纪。蒙古国铅–锌矿床的成因类型主要包括：①热液脉型铅–锌矿；②隐爆角砾岩型铅–锌矿；③矽卡岩型锌–铁矿；④火山块状硫化物型铅–锌–铜矿；⑤火山–热液沉积型铅–锌矿。其中热液脉型铅–锌矿、隐爆角砾岩型铅–锌矿、矽卡岩型锌–铁矿是最重要的 3 种类型。蒙古国东部重要的铅锌矿床有图木尔廷敖包、乌兰、查夫等（表 3-5），矿石品位高、易开采。

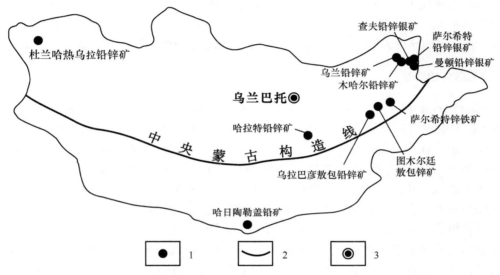

图 3-9　蒙古国主要铅锌矿分布示意图

1-铅锌矿床；2-区域断裂带；3-首都

表 3-5　蒙古国重要铅锌矿床一览表（谭钢和印建平，2016）

矿床名称	地理坐标	主要矿种	储量/规模	所属公司/开发现状
图木尔廷敖包	113°19'00"E，46°48'00"N	锌（铁）	锌 7×10^5t/大型	中国有色矿业集团有限公司/正在开发
乌兰	114°05'00"E，46°45'00"N	铅–锌（银）	铅 8.1×10^5t，锌 1.36×10^6t/大型	中铁资源集团有限公司/正在开发
查夫	115°20'33"E，48°55'40"N	铅–锌（银）	铅 2.3×10^5t，锌 1.2×10^5t/中型	中铁资源集团有限公司/停产
萨尔希特	114°19'00"E，48°57'00"N	铅–锌–银	铅 1×10^5t，锌 1.7×10^5t，银 230t/中型	山东正元地质勘查院/未开发
孟�' 温都尔	110°11'00"E，47°51'00"N	铅–锌–银	铅 2.7×10^4t，锌 3×10^4t，银 478t/中型	蒙古国阿达玛斯矿业公司/未开发
杜兰哈热乌拉	90°26'00"E，49°19'00"N	铅–锌（银）	铅 1.28×10^5t，锌 4.57×10^5t/大型	山东齐华集团股份有限公司/停产
巴彦乌拉	113°19'00"E，46°48'00"N	铅–锌（银）	铅 5×10^4t，锌 1×10^5t/中型	蒙古国阿达玛斯矿业公司/未开发
乌拉巴彦敖包	112°13'00"E，46°27'00"N	铅–锌（银）	铅 8×10^4t，锌 3.25×10^5t/中型	加拿大世纪黄金矿业公司/未开发

典型矿床特征如下。

1）图木尔廷敖包锌矿

图木尔廷敖包锌矿位于蒙古国苏赫巴托尔省，该矿床位于苏赫巴托尔省省城西乌尔特以北 16km 处。地面相对平坦，海拔 1000～1100m，大地构造位置处于戈壁–南克鲁伦铜多金属成矿区的阿雷鲁尔斯克成矿带的西南部。其是蒙古国境内一大型高品位矽卡岩型锌矿床，矿石资源量为 $7.68×10^6t$，锌金属储量为 $8.853×10^5t$。该矿床锌金属量为 $1.24×10^6t$，平均品位为 13%，目前由中国有色金属建设股份有限公司与蒙方合资开采。

2）乌兰铅锌矿

乌兰铅锌矿位于蒙古国东方省乔巴山市北 125km 处，距中蒙阿日哈沙特口岸约 180km，大地构造位置处于都尔诺特中生代火山岩构造带北翼。矿石中主要有益组分为铅、锌、银，伴生有镉、铜、金、砷等。矿床铅＋锌金属量为 $1.20×10^6t$，银金属量为 2000t。矿石铅品位为 0.18%～7.2%，平均品位 1.1%；锌品位为 0.23%～7.9%，平均品位为 1.92%；银品位为 13～1390g/t，平均品位为 51g/t（邱瑞照等，2013）。矿区内构造主要发育北西向断裂构造，为矿区内主要控矿构造（图 3-10）。断裂带由断层泥和构造角砾岩组成，其中充填石英斑岩脉和铅锌银多金属硫化物矿化。石英斑岩脉是主要的赋矿岩脉。矿体大多呈脉状，呈近 EW-NW 向展布，倾向南或北，倾角 70°～85°。矿体走向延长 200～400m，厚度为 10～15m。同位素测年结果显示乌兰铅锌矿围岩形成于晚侏罗世（张璟等，2014）。乌兰铅锌矿的成因类型为受爆破角砾岩控制的热液脉型矿床，矿床的形成可能与晚侏罗世的构造–岩浆活动具有内在的成因联系。

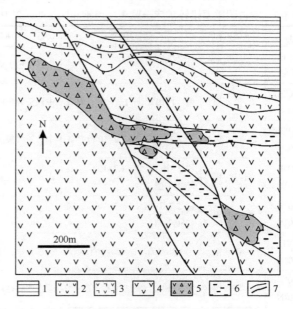

图 3-10 蒙古国乌兰铅锌矿床地质简图（邱瑞照等，2013）

1-元古宙花岗片麻岩、片麻岩、斜长角闪岩；2-熔结凝灰岩；3-安山玄武岩；

4-酸性火山岩；5-爆破角砾岩；6-平缓断裂、陡倾断裂；7-密集的裂隙带

俄罗斯的铅锌资源十分丰富，在世界上占据着重要位置。截至 2016 年，俄罗斯锌的总储量为 $6.03 \times 10^7 t$，居世界第一位；铅的总储量为 $8.38 \times 10^7 t$（表 3-6），居世界第三位（Мигачев и др，2008）。俄罗斯 66.7% 的锌储量来自 46 个大型锌矿床，而 80.8% 铅储量来自 44 个大型铅矿床。俄罗斯的铅锌储量主要分布在西伯利亚地区，另外在远东和乌拉尔等地区也有一定铅锌资源的分布。西伯利亚地区铅和锌储量分别占俄罗斯的 89% 和 70.3%，其中在布里亚特共和国分布着俄罗斯近一半的锌储量。俄罗斯主要铅锌矿床有布里亚特共和国的特大型霍罗德宁斯克矿床和奥泽尔矿床，以及克拉斯诺亚尔斯克边疆区的戈列夫矿床，这 3 个矿床集中了俄罗斯 70% 的铅和 50% 的锌储量（徐晟等，2014），同时也是俄罗斯重要的铅锌资源潜力区。其中，戈列夫矿床铅储量占全国探明铅总储量的 40% 以上，且矿石中铅品位较高，平均为 7%。另外两个矿床由于矿石质量较差，缺乏必要的基础设施和生态问题等，目前尚未开采。滨海边疆区的尼古拉耶夫层控型铅锌矿床虽然铅储量不大，而且铅平均品位小于 3%，但却是国内铅矿石的重要产区。

表 3-6　俄罗斯铅锌矿储量与预测资源量表（周永恒等，2017）

矿产类型	储量/$10^6 t$		预测资源量/$10^6 t$		
	A+B+C_1 级	C_2 级	P_1	P_2	P_3
铅矿	12.3	71.5	28.6	75.9	28.4
锌矿	41.7	18.6	10.7	19.9	64

注：A、B、C_1 级为勘探储量，C_2 级为初步评价储量。

西伯利亚联邦区重要的铅锌矿床主要包括：布里亚特共和国的霍罗德宁斯克矿床和奥泽尔矿床，阿尔泰边疆区的卡尔巴里辛斯克矿床，克拉斯诺亚尔斯克边疆区的加列夫斯克矿床和后贝加尔边疆区的新石罗京矿床等。其中，加列夫斯克矿床的铅资源储量超过俄罗斯的 34%。远东联邦区 2016 年列入国家储量平衡表的铅、锌矿床共有 37 处，总储量分别为 $2.186 \times 10^6 t$ 和 $3.861 \times 10^6 t$。铅、锌储量集中在滨海边疆区的老矿区–远山矿区（包括尼卡拉耶夫矿床和巴尔基赞矿床等）。乌拉尔联邦区 2016 年列入国家储量平衡表的锌矿床有 20 处，A+B+C_1 级锌矿平衡储量为 $2.291 \times 10^6 t$，占俄罗斯 A+B+C_1 级锌矿平衡总储量的 5.49%。

3.4.2　开发利用现状

东北地区是中国开发较早的铅锌生产基地之一。20 世纪 50 年代初期，东北地区铅产量曾占中国铅产量的 80% 以上。东北铅锌生产基地曾以七矿两厂为主，即青城子铅锌矿、八家子铅锌矿、柴河铅锌矿（现已闭坑）、桓仁铜锌矿、红透山铜锌矿、西林铅锌矿、天宝山铅锌矿和沈阳冶炼厂、葫芦岛锌厂，是东北铅锌生产基地的支柱厂矿。

经过几十年的地质找矿工作，东北地区已经发现了大量的铅锌矿床，在此开发铅锌矿的企业已经涵盖了中国一半以上的上市铅锌矿企，如紫金矿业集团股份有限公司、盛达矿业股份有限公司、云锡集团新建矿业有限公司、内蒙古兴业矿业股份有限公司、中国有色金属建设股份有限公司、山东黄金集团有限公司、银泰资源股份有限公司、云南驰宏锌锗股份有限公司等。东北地区的铅锌矿尤其以内蒙古最为丰富。内蒙古地区有超过 60 家在产的铅锌矿山，其中有 10 个是大型矿山，13 个是中型矿山，其余 40 多个铅锌矿山规模相对较小。目前看，内蒙古有一系列新增和扩建铅锌矿山项目。而在国家重视环境保护的背景下，作为生态保护重地和矿业大省的内蒙古，出台了一系列政策来减少矿业发展对环境的影响。内蒙古 43 个国家重点生态功能区中，已经有 8 个明令禁止新的铅锌矿采矿项目，有 11 个生态保护区规定不再批准新增或者扩建的铅锌冶炼项目。内蒙古现有的 200 多家铅锌矿开采企业中，一部分中小型企业受到了环保审查的明显冲击。

蒙古国大–中型铅锌矿床总体勘查程度较高，尤其是大型矿床，所提供的各级储量和品位具有较高的可信度，但目前蒙古国境内多数铅锌矿还没有得到有效开发。蒙古国的锌金属产量并不高，相比之下铅金属产量更低，产量也很不稳定，通常只有几千吨。蒙古国的铅、锌精矿几乎全部出口中国。

图木尔廷敖包锌矿是蒙古国主要的在产铅锌矿山，年生产能力为 $7 \times 10^4 t$ 锌精矿。图木尔廷敖包锌铁矿床最早是由蒙古国和东德联合地质队于 1974～1979 年发现并勘查的。目前由中国有色金属建设股份有限公司与蒙古国金属进出口公司合资成立的鑫都矿业有限公司所有，中国有色金属建设股份有限公司持有鑫都矿业有限公司 51% 的股份，蒙古国金属进出口公司持有鑫都矿业有限公司 49% 的股份。项目于 2005 年建成投产，进行露天开采，年处理矿石量 $4 \times 10^5 t$，是目前蒙古国经营规模最大、效益最好的中蒙合资企业，被誉为中蒙矿业合作的典范工程。历经 8 年的地质勘查，不断调整找矿思路，2014 年矿山深部找矿最终取得突破，新增矿石量 $4.653 \times 10^6 t$，锌金属量 $4.98 \times 10^5 t$，伴生铅金属量 $2 \times 10^4 t$、银金属量 132t，其中露采境界内保有矿石储量 $1.365 \times 10^6 t$，锌金属量 $1.88 \times 10^5 t$，平均品位为 13.77%，矿山露采服务年限延长了 3 年。另外在露采境界外，探获了（331+332+333）锌矿石量 $3.288 \times 10^6 t$，锌金属量为 $3.1 \times 10^5 t$，平均品位为 9.4%；伴生铅金属量为 $2 \times 10^4 t$，平均品位为 0.72%；伴生银金属量为 132t，平均品位为 40.34g/t；（332+333）磁铁矿矿石量为 $3.99 \times 10^6 t$，铁平均品位为 33.46%。

另外，中铁资源集团新鑫有限公司持有的乌兰铅锌矿目前基本处于生产状态，设计采选生产能力为 3000t/d，年处理矿石 $1 \times 10^6 t$。

俄罗斯的铅锌资源虽然丰富，但由于选矿技术和基础设施落后、生态保护、自然地理条件不佳等，俄罗斯探明的铅储量中有相当一部分很难开发，产量较低，难以自给，仍需从其他国家进口。俄罗斯锌矿资源丰富，且开采加工能力较强，可以满足国内需要，还可以出口到一系列发达国家。但是锌矿石的选矿技术落后，效率不高，有相当比例的锌与矿渣一起被扔掉，造成了极大的浪费。目前，俄罗斯已开发的铅锌矿床仅占铅锌矿床总数的小部分，大部分铅锌矿床有待开发。从整体上看，俄罗斯的铅锌矿总储量按当前的开发水平可保证开采 50～75 年。俄罗斯 2004～2014 年锌、铅储量及产量的变化动态表明，俄罗斯的铅锌储量有下降的趋势，特别是高级别 $A+B+C_1$ 级储量与 C_2 级储量相比更明显（国土资源部信息中心，2015）。

西伯利亚联邦区正在开采的铅锌多金属矿床有克拉斯诺亚尔斯克边疆区的加列夫斯克矿床，克麦罗沃州的科瓦尔茨托夫–索普卡（Кварцитовая Сопка）矿床，阿尔泰边疆区的查烈琴斯克（Зареченское）矿床、斯杰普（Степное）矿床、卢波措夫（Рубцовское）矿床、卡尔巴里辛斯克（Корбалихинское）矿床，后贝加尔边疆区的新石罗京矿床、诺伊奥–塔拉戈（Нойон-Тологой）矿床（Спорыхина и др，2013）。本区最主要的铅锌生产企业为加列夫斯克采选联合工厂开放式股份公司。

乌拉尔联邦区 A+B+C_1 级锌储量的 91.8% 属于已配置的地下资源。已开发的原生矿床 11 处，其中 5 处分布在斯维尔德洛夫斯克州，6 处分布在车里雅宾斯克州，已开发的 A+B+C_1 级锌储量占乌拉尔联邦区总储量的 88.4%。2015 年 8 处已开采矿床的锌开采量为 $1.125×10^5$t，其中车里雅宾斯克州的乌杰李金矿床开采量为 $6.81×10^4$t，占总开采量的 60.5%。此外，在铜冶炼生产的工艺型石拉克特瓦尔（Шлакоотвал）矿床的矿渣中获得锌 $3.95×10^4$t。本区正在准备开发的矿床主要有斯维尔德洛夫斯克州的北卡卢金矿床和车里雅宾斯克州的马乌克（Маукское）矿床。正在勘探的矿床主要有斯维尔德洛夫斯克州的卡班-1 号（Кабан-1）矿床、加尔金（Галкинское）矿床、北奥里霍夫（Северо-Ольховское）矿床，车里雅宾斯克州的阿穆尔（Амурское）矿床等。未配置的矿床有 3 处，其中 2 处在斯维尔德洛夫斯克州，1 处在车里雅宾斯克州。

远东地区 2015 年铅产量为 $2.37×10^4$t，锌产量为 $2.3×10^4$t。远东地区几乎所有铅锌矿由远方多金属采冶联合企业生产。

3.4.3　勘探潜力与利用前景

20 世纪 70～80 年代在大兴安岭地区尤其是内蒙古东部地区，发现了一批重要的大、中型铅锌多金属矿床，使本区成为我国重要的有色金属成矿带。进入 21 世纪以来，新发现的大、中型铅锌银多金属矿床达 60 多处。2010 年之后，内蒙古大兴安岭地区铅锌多金属矿勘查取得了一系列新进展，相继发现和探明了二道河、上坑锅、八岔沟西、花脑特、白音查干东山等大型矿床。一些正在勘查的矿床，如科尔沁右翼前旗复兴屯地区的巴尔陶勒盖银铅锌矿、东乌珠穆沁旗 1017 高地和乌兰陶勒盖东等铅锌矿随着勘查工作的深入有望增加储量规模。中、小型矿床经进一步勘查达到大、中型规模。部分老矿山的深部和外围也取得重大找矿突破，如甲乌拉–查干布拉根（勘查深度达 1720m）等（高德荣等，2016）。以上进展说明本区多数铅锌矿床都具有较大的铅锌成矿潜力。

如前所述，大兴安岭地区铅锌多金属矿勘查取得了一系列突破，特别是近几年在晚侏罗世–早白垩世的火山岩中发现了多处大–中型矿床，中生代火山岩区已成为铅锌多金属矿的有利成矿地段。该区大面积出露的中生代火山岩为寻找大型和特大型火山–次火山热液型铅锌多金属矿提供了广阔的空间，充分说明该区铅锌多金属成矿条件优越，找矿潜力巨大。因此，要重视中生代火山岩地区的找矿勘查工作，重视中生代火山岩区低缓化探异常、地表低品位铅锌矿点的深部找矿勘查，在其深部或外围极有可能存在大型火山–次火山热液型铅锌多金属矿床。

另外，在辽东–吉南成矿带中，大规模构造岩浆活动为本区的成矿作用提供了丰富的成矿物质及良好的地球物理和地球化学环境，使本区成为一个很好的矿化集中区。本成矿带内的吉林集安市团结一带铅、锌多金属矿床所处大地构造环境对矿床的形成非常有利，找矿潜力巨大。

蒙古国目前经营开采的铅锌矿山大多是 20 世纪七八十年代由苏联和前东欧集团国家地质队伍发现的。近些年来，国内外许多地勘单位和矿业公司一直在蒙古国探索寻找新的铅锌矿床，但到目前为止还基本没有取得重大突破。据了解，新发现的一些铅锌矿床多为中低温热液脉型矿床，矿石铅锌品位（Pb+Zn）多在 2%～5%，银品位为 20～60g/t。山东正元地质勘查院在蒙成立的蒙古正元有限公司在蒙古国铅锌矿床的找矿勘查中取得了一些成果。蒙古正元有限公司自 2003 年成立以来，一直活跃在蒙古国地勘一线，新发现了东方省曼顿、萨尔希特等多个中-低品位铅锌矿。

根据成矿条件，蒙古国东北部的克鲁伦地区为铅锌矿成矿有利远景区，该区为横跨中蒙的克鲁伦–满洲里成矿带的一部分（李俊建和刘新秒，2013）。另外，蒙古国东南部也具有一定的寻找热液型铅锌矿的前景。

根据俄罗斯全俄地质研究所 2015 年的资料，俄罗斯铅的预测资源量达 1.329×10^8 t，锌的预测资源量达 9.46×10^7 t（表 3-6）。西伯利亚地区是俄罗斯铅、锌资源主要分布区，同时也是主要的预测资源远景区。俄罗斯的铅锌矿预测资源中，预测资源量较大、基础设施较完善、矿山开发企业较集中的地区主要有阿尔泰、滨额尔古纳、安加拉–大皮特及萨拉伊尔山脊区等成矿带（Ivanov et al.，2016）。

滨额尔古纳成矿带是俄罗斯最有潜力的金-银–多金属成矿带。该成矿带已获准开采的 $A+B+C_1$ 级矿石总储量为 6.671×10^7 t（金属量中铅为 4.136×10^5 t，锌为 3.727×10^5 t）。尚未开发的矿床主要有阿尔加琴（Алгачинское）、布拉格达特（Благодатское）、瓦兹德维任（Воздвиженское）、十月（Октябрьское）、北-阿卡图耶夫（СевероАкатуевское）、萨温-5（Савинское）、波克罗夫斯克（Покровское）、斯帕斯（Спасское）等，矿石总储量为 2.3726×10^7 t（金属量中铅为 4.571×10^5 t、锌为 3.675×10^5 t）。2014 年，仅诺伊奥塔拉戈和新石罗京 2 个多金属矿床进行了开采，其中诺伊奥塔拉戈矿山其保有储量可保证开采年限不超过 12 年。而新石罗京矿床的保有储量也与之相类似。滨额尔古纳成矿带铅、锌矿床的保有储量的开采年限总体不高。滨额尔古纳成矿带的地质勘探研究结果表明，沙赫塔明（Шахтоминское）矿区的亚历山大罗夫-扎沃德西南边缘的火山–构造带（曼科夫地段）和克林盆地为区域上重要的多金属成矿远景区；多宁（Донинское）矿区的盆地边缘（达诺村之东）、卡尔古坎（Калгуканское）矿区火山构造带的西南部和东北部、雅夫列（Явленское）矿区的火山–构造带均为重要的铅、锌成矿远景区。

安加拉–大皮特成矿带在苏联时期就已经成为著名的有色金属矿产基地，典型矿床如加列夫锌–铅矿床，铅 $A+B+C_1$ 级储量为 4.9064×10^6 t（锌为 9.35×10^5 t、银为 3861.2t）。2014 年开采铅 1.77×10^5 t、锌 3.31×10^4 t、银 139t。虽然该矿床拥有巨大的保有储量，但由于矿床的大部分位于安加拉河之下，对矿床后续的开发造成一定的困难。研究表明，在安加拉地区具有发现巨型铅–锌矿床的潜力。目前，安加拉地区完成的资源评价结果表明，该地区铅的 P_3 级资源量为 3.7×10^6 t，锌的 P_3 级资源量为 7.5×10^6 t。经预测在该地区有可能会发现 2～3 个高品位的铅、锌、银矿床。

萨拉伊尔多金属成矿带获得开采许可的 $A+B+C_1$ 矿石总储量为 1.6007×10^7 t，其中金属含量包括铅 6.6×10^4 t、锌 4.062×10^5 t、铜 6.77×10^4 t 和金 20t。未开发的矿床有新–乌尔（Ново-Урское）、别露克雷切夫（Белоключевское）及萨姆伊罗夫（Самойловское）等，矿石总储量达 2.9532×10^7 t（其中铅 2.98×10^4 t、锌 7.933×10^5 t、金 22t）。根据全俄地质研究所的预测资源量评价，该成矿带锌的预测资源量为 4.497×10^6 t，铅的预测资源量为 6.077×10^5 t，铜的预测资源量为 1.138×10^6 t。萨拉伊尔成矿带的萨拉伊尔（Салаирское）矿区及南–萨拉伊尔（Южно-Салаирское）矿区是最有远景的区域。

俄罗斯的铅锌矿产基地开发的主要问题表现在，其大部分铅锌矿床分布在交通欠发达的边远地区，缺少开发矿床的基础设施。此外，一些大型铅锌矿床的矿石质量低、产出深度大、选矿工艺复杂，这些都是当前开发俄罗斯铅锌矿床需要考虑的问题。

3.4.4　国际合作

2000 年以来，中资企业实施"走出去"战略，在蒙古国投资开发了一批铅锌矿项目（表 3-7），其中以图木尔廷敖包锌矿项目为中蒙矿业合作的典范。该厂投产以来，对蒙古国 GDP 的贡献率在 2%～2.5%。但除了图木尔廷敖包锌矿等少数矿山保持着良好的运营状态之外，其他多数矿山项目由于资金链、产品质量或金属价格等未能持续生产，或者尚未得到开发。近年来，国内外许多地质勘探机构和矿业企业一直在蒙古国积极探索，希望找到新的铅锌矿床，但迄今为止尚未取得重大突破性的发现。

表 3-7　主要中资企业投资蒙古国铅锌矿项目信息列表

序号	矿山名称	矿种	投资的中资企业	投产时间	矿山产量
1	图木尔廷敖包	锌	中国有色矿业集团有限公司	2005 年 8 月建成投产	日处理矿石 1000t，年产精粉约 7×10^4t。目前正常生产
2	乌兰	铅锌多金属	中铁资源集团有限公司	2010 年 5 月完成收购并试生产	日处理矿石 3000t。目前正常生产
3	查夫	铅锌多金属	中铁资源集团有限公司	2010 年 5 月完成收购	保有资源量无法满足生产需要，目前停产
4	哈拉特乌拉	锌铁	山东黄金集团有限公司	2012 年投资建厂	设计开采规模 1.3×10^6t /a，因矿产品价格下滑及山东黄金战略投资调整，目前停产
5	哈日陶勒盖	铅	东苑矿业开发有限公司	2011 年试生产	日处理矿石 800t，由于矿产品质量较差，目前停产
6	杜兰哈热乌拉	铅锌	山东齐华集团股份有限公司	2014 年 3 月建成投产	日处理矿石 1000t，由于资金链断裂，目前停产

资料来源：蒙古正元有限公司《在蒙中资矿业企业投资现状与发展前景》（2019）。

图木尔廷敖包锌矿是目前蒙古国经营规模最大、效益最好的中蒙合资企业。目前，该矿崖有 200 多名蒙古国工人和 60 多名外国专家，对增加当地的就业、带动当地经济的发展起到了积极的作用。1998 年，中国有色金属建设股份有限公司与蒙古国金属进出口公司成立了合资公司——鑫都矿业有限公司，共同开发图木尔廷敖包锌矿，中方占有鑫都矿业有限公司 51% 的股份，蒙古国占有鑫都矿业有限公司 49% 的股份。目前该矿山由鑫都矿业有限公司负责生产经营，日加工矿石约 1000t，年生产锌精粉 7×10^4t 以上，产品全部销往中国市场。

中铁资源集团有限公司在蒙控股子公司祥隆有限公司和新鑫有限公司分别持有东方省查夫铅锌矿和乌兰铅锌矿。两个矿山分别于 2005 年左右完成矿山井巷、动力、供水、选矿以及办公生活设施建设。2015 年铜陵有色铜冠矿山建设公司中标乌兰铅锌矿掘进（含探矿）、采供矿工程。矿山服务年限超过 40 年。

哈日陶勒盖铅矿位于蒙古国南戈壁省脑木冈县以南约 90km，中方独资的东苑矿业开发有限公司在 2010 年在该矿区建成了井巷、动力、供水、选矿、办公、生活等设施，以及两条日处理矿石 400t（合计 800t/d）的选矿流水线。2011～2014 年陆续进行试生产，采用地下开采方式，竖井和平硐联合开拓，但由于矿石品位不稳定，铅精矿产品质量等级较差，以及砷含量超标等，精矿产品无法出口至中国市场，目前处于停产状态。

杜兰哈热乌拉铅锌矿位于蒙古国巴彦乌勒盖省，属于山东齐华集团股份有限公司在蒙古国投资的矿山项目。2014 年 3 月建成日处理矿石 1000t 的选矿厂及附属设施。2014 年 8 月，第一批 400t 的锌精粉经新疆清河县塔克什肯口岸进口至中国。但是矿山在经过了几个月的试生产后，由于资金链断裂，目前处于停产状态。

2005 年，紫金矿业集团股份有限公司和黑龙江龙兴集团共同投资，成立龙兴有限责任公司，开发建设俄罗斯图瓦共和国克兹尔–塔什特克多金属矿，其中紫金矿业集团股份有限公司持股 70%，黑龙江龙兴集团持股 30%。该项目也是中国在俄矿山开采领域最早项目之一。2015 年 6 月 25 日，由紫金矿业集团股份有限公司控股的俄罗斯龙兴克兹尔–塔什特克铅锌多金属矿项目投产。克兹尔–塔什特克多金属矿床位于俄罗斯图瓦共和国境内，为高品质特大型矿山，矿床金属储量约 $1.6×10^6$t，其中锌 $1.3×10^6$t、铅 $2×10^5$t、铜 $8×10^4$t，伴生金、银，项目设计年处理矿石量 $1×10^6$t。

铅锌虽然不是蒙古国最具优势的矿种，但仍具有很大的开发潜力。中资企业应关注市场形势，抓住金属市场价格回升、基础设施改善、矿业政策向好的有利时机，针对乌兰铅锌矿、查夫铅锌矿、白山（White Hill）铜锌矿等重点项目开展合作开发利用。对于俄罗斯大部分铅锌矿床分布在交通欠发达的边远地区的现状，建议我国充分利用企业人才及技术力量的优势，积极参与重点矿山项目的开发及利用。

第4章 中蒙俄国际经济走廊耕地资源格局与潜力

中蒙俄国际经济走廊横跨两大黑土区，耕地资源丰富。其中俄罗斯部分地域辽阔，耕地面积占中蒙俄国际经济走廊耕地面积的一半以上，蒙古国耕地面积小，但处于稳定增加的趋势，中国东北耕地质量最高。目前，中蒙俄国际经济走廊俄罗斯部分可开发的土地面积较大，但耕地高产田比例不高，且粮食单产水平较低，耕地利用水平有待提高。基于中蒙俄国际经济走廊丰富且开发潜力巨大的耕地资源，加强耕地合作开发有望成为中蒙俄跨境合作新的增长点，也是中俄双方紧要的合作共赢之举，对于"一带一路"共建、加强中俄新时代全面战略协作伙伴关系意义重大。

4.1 横跨两大黑土区

中蒙俄国际经济走廊地跨中国东北黑土区和俄罗斯–乌克兰大平原黑土区，区内中国东北辽河平原、松嫩平原、三江平原，俄罗斯西伯利亚平原、东欧平原，是两国面积最大的平原，土地肥沃，以黑土为主，耕地资源丰富。

中国东北黑土区位于 $115°31'E \sim 135°05'E$、$38°43'N \sim 53°33'N$，面积约 129 万 km^2，约占全球黑土区总面积的 12%，覆盖黑龙江和吉林全境、辽宁东北部和南部，以及内蒙古东四盟市。东北黑土地主要有黑土、黑钙土、暗棕壤、棕壤、白浆土、草甸土 6 种土壤类型。其中，暗棕壤的分布面积最大，其次为草甸土，再次为黑钙土、黑土、白浆土，棕壤分布面积最小。

俄罗斯–乌克兰大平原黑土区位于 $24°E \sim 85°E$ 和 $45°N \sim 56°N$，面积约 188 万 km^2，覆盖俄罗斯西南部、乌克兰中南部和罗马尼亚东南部。主要发育在高地平原、低地平原和近海平原上，从北到南分为淋溶黑钙土、灰化黑钙土、典型黑钙土、普通黑钙土和南方黑钙土五个亚类。俄罗斯境内的黑土地分布向东延伸至叶尼塞河流域东部。

4.2 耕地数量与分布格局

中蒙俄国际经济走廊耕地面积为 $8.066\,45×10^7hm^2$。俄罗斯部分耕地面积为 $4.359\,45×10^7hm^2$，占中蒙俄国际经济走廊耕地面积的一半以上；中国东北和内蒙古地区耕地面积为 $3.706\,87×10^4hm^2$，占中蒙俄国际经济走廊耕地面积的 2/5 左右（石玉林等，2019；李飞等，2021）。

4.2.1 数量

中蒙俄三国耕地资源较为丰富，俄罗斯国土面积为 $1.7125×10^9hm^2$，分配农业土地 $3.8361×10^8hm^2$，占国土面积的 22.40%；农业用地 $1.983\,107×10^8hm^2$，占国土面积的

11.58%；耕地面积为 $1.1621 \times 10^8 \text{hm}^2$，占农业用地面积的 58.60%，占国土面积的 6.8%。人均耕地面积 0.85hm^2，是中国的 10.89 倍、日本的 25.76 倍，位于世界人均耕地面积前五位，超出世界平均水平 4 倍。伏尔加河沿岸联邦区、西伯利亚联邦区、中央联邦区、北高加索联邦区、乌拉尔联邦区是俄罗斯主要的商品粮基地，也是俄罗斯主要的畜牧基地。2010～2018 年蒙古国耕地处于相对稳定增加的趋势，从 2010 年的 $9.324 \times 10^5 \text{hm}^2$ 增加到 2018 年的 $1.3278 \times 10^6 \text{hm}^2$，平均每年增加了 $4.9 \times 10^4 \text{hm}^2$ 以上（李飞等，2021）。

考察区耕地资源分布集中在黑龙江（阿穆尔河）流域、贝加尔湖流域、鄂毕河流域、叶尼塞河流域地区。耕地总面积为 $8.066 \ 45 \times 10^7 \text{hm}^2$。从中蒙俄国际经济走廊各行政区来看，耕地面积居前的有黑龙江省、内蒙古自治区、辽宁省和俄罗斯的阿尔泰边疆区、新西伯利亚州和鄂木斯克州，面积分别为 $1.585 \ 41 \times 10^7 \text{hm}^2$、$9.238 \times 10^6 \text{hm}^2$、$6.9992 \times 10^6 \text{hm}^2$、$6.552 \times 10^6 \text{hm}^2$、$4.0531 \times 10^6 \text{hm}^2$ 和 $3.6135 \times 10^6 \text{hm}^2$（李飞等，2021；卜晓燕，2019）。

4.2.2　分布格局

耕地资源丰富的地区分布在走廊东部地区，主要分布在中国的东北三省和内蒙古自治区，俄罗斯的阿尔泰边疆区、鄂木斯克州、新西伯利亚州，大约 55°N 以北地区耕地资源变得贫乏（图 4-1）。耕地资源位于前十的地区有黑龙江省、内蒙古自治区、吉林省、阿尔泰边疆区、辽宁省、鄂木斯克州、新西伯利亚州、鞑靼斯坦共和国、克拉斯诺亚尔斯克边疆区、基洛夫州；耕地资源较少的地区有图瓦共和国、犹太自治州、哈巴罗夫斯克边疆区，均不超过 $1.5 \times 10^5 \text{hm}^2$。蒙古国部分可耕地面积很小，2/3 分布在鄂尔浑–色楞格流域，其余部分分布在克鲁伦河流域、鄂嫩河流域、哈拉哈河流域。最高的色楞格省和中央省耕地资源只有 $2 \times 10^5 \text{hm}^2$ 和 $1 \times 10^5 \text{hm}^2$ 左右，东方省、肯特省、达尔汗乌勒省仅

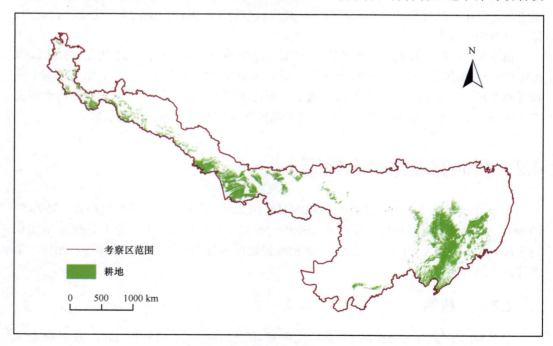

图 4-1　耕地空间分布图（2018 年）

有 $2\times10^4\sim3\times10^4\,\mathrm{hm}^2$，其他均不超过 $7\times10^3\,\mathrm{hm}^2$（李飞等，2021；卜晓燕，2019）。

4.3 耕地质量与潜力

中蒙俄国际经济走廊耕地资源丰富，可开发的土地面积较大，但耕地高产田比例不高，土地利用率较低，作物生产潜力区在空间分布上呈明显的带状分布规律。

4.3.1 质量评价

根据俄罗斯农业用地情况评估报告所规定的中高产田标准，俄罗斯耕地中高产田面积为 $5\times10^6\,\mathrm{hm}^2$，占俄罗斯耕地总面积不足 5%。高产田主要分布在南部联邦区，面积为 $4\times10^6\,\mathrm{hm}^2$，占俄罗斯高产田总面积的 70% 以上。其次为中央联邦区、伏尔加河沿岸联邦区和西伯利亚联邦区。俄罗斯耕地质量有一定提升空间，通过土地改良，不断加大物质投入和科技投入，耕地质量可进一步提高。走廊中高产田面积位于前十的有中国的吉林省、黑龙江省、辽宁省，俄罗斯的弗拉基米尔州、列宁格勒州、伊尔库茨克州、萨哈林州、鄂木斯克州、诺夫哥罗德州、秋明州（图 4-2）。俄罗斯部分高产田耕地面积为 $8\times10^5\,\mathrm{hm}^2$，占中蒙俄国际经济走廊高产田面积的近 75%；中国部分高产田耕地面积为 $3\times10^5\,\mathrm{hm}^2$，占中蒙俄国际经济走廊高产田面积的近 25%（李飞等，2021；卜晓燕，2019）。

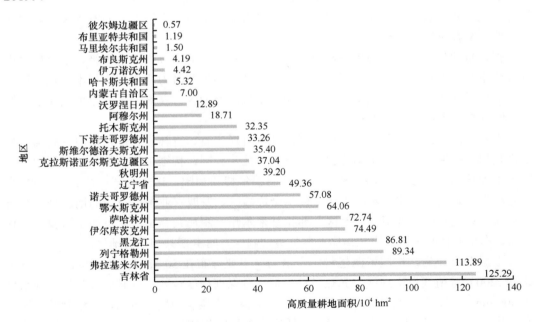

图 4-2　高质量耕地面积（2018 年）

4.3.2 作物生产潜力

中蒙俄国际经济走廊农作物的气候资源生产潜力格局与光热生产潜力格局基本一

致。空间分异规律基本上呈现出由北向南逐渐增加的带状分布趋势、东部和南部明显优于西部和北部的空间差异，这与热量和降水变化的地带性分布相似。从纬度带来看，气候资源重点开发区和一般开发区大概分布在55°N以南地区。从热量带和气候带分布来看，重点区分布在积温2200℃等值线以南地区；一般开发区分布在积温1800～2200℃等值线之间的暖温带地区；优化开发区分布在55°N～60°N区域，即积温1600～1800℃等值线之间的温带地区；不适宜开发区分布在积温1600℃等值线以北的寒冷地区。

不同生产潜力区在空间分布上呈明显的带状分布规律，由南向北呈递减趋势。重点开发区主要分布在50°N以南的西伯利亚和远东地区，以及中国的东北地区和内蒙古地区。这里太阳辐射光能资源丰富；作物生长所需的光能资源在100kcal[①]/cm²以上，内蒙古地区达到120kcal/cm²。优化开发区则集中在西伯利亚、远东南部和中国的东北地区以及内蒙古地区。该区热量保证程度较好，光热潜力较高，但是作物生长季降水较少，水分不足，蒸发量明显超过降水量，气候干旱，水分保证程度较差，甚至处于严重不足状态，水热条件呈现严重矛盾，导致气候生产潜力下降较多。因此，水分是限制该区作物生产潜力发挥的重要因素。限制开发区分布在西伯利亚及远东部分地区。该区年降水量丰富，蒸发较小，一般年降水量大于蒸发量，气候过湿或湿润，水分保证程度较好，但是光热条件较差，热量保证程度较低。因此，该区水分充裕，热量不足，两者不协调。不适宜开发区分布在60°N附近地区，这里作物生长所需的光能资源在100kcal/cm²以下，光热条件较差，水分充裕，水热条件呈现严重矛盾（李飞等，2021；卜晓燕，2019）。在影响中蒙俄国际经济走廊农业生产的诸多自然要素中，光热与水分条件二者处于尖锐的矛盾状态，在主要的农业区中表现得更为突出，严重影响了自然资源潜力的发挥和农业生产稳定性以及农业生产效率的提高。

根据耕地资源生产潜力模型测算，耕地农作物生产潜力分为四个等级。主要粮食作物耕地生产潜力呈现出明显空间分异，这与该区气候生产潜力变化规律基本一致。耕地生产潜力受光热水土综合因素的影响，相对于气候潜力区，高潜力区分布范围缩小，低潜力区分布范围扩大（图4-3）。

中蒙俄国际经济走廊发展农业较好的地区有辽宁省、吉林省、鞑靼斯坦共和国、列宁格勒州、莫斯科州、阿尔泰边疆区、莫尔多瓦共和国、特维尔州、楚瓦什共和国、下诺夫哥罗德州、斯维尔德洛夫斯克州、乌德穆尔特共和国、诺夫哥罗德州、阿穆尔州、黑龙江省、犹太自治州、基洛夫州、彼尔姆边疆区。发展农业条件较差的地区分布在哈巴罗夫斯克边疆区、内蒙古自治区、弗拉基米尔州、图瓦共和国、后贝加尔边疆区、秋明州、布里亚特共和国、克拉斯诺亚尔斯克边疆区、哈卡斯共和国等地区。

根据综合评估，耕地资源优势生产潜力区主要分布在50°N以南的地区。该区位于积温2200℃等值线以南地区，光热条件好但水分保证程度较差，气候比较干旱，降水量在500mm左右，年际变化大；土壤以黑土占优势，土壤腐殖质含量高，土地肥沃。该区光、热量、水分和土地条件组合较好，适宜于多种农作物生长，为作物稳产高产创造了条件，是高产田面积分布最大的区域（约3.4×10⁶hm²），为耕地生产潜力和气候生产潜力最高的地区。本区农业开发较早，农业较发达，农业集约化水平较高，是玉米和水稻的

---

① 1kcal=4186J。

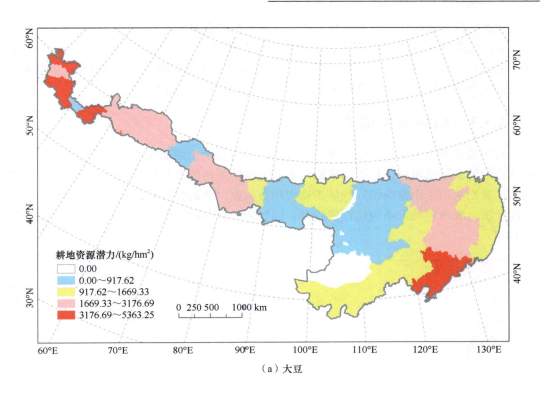

（a）大豆

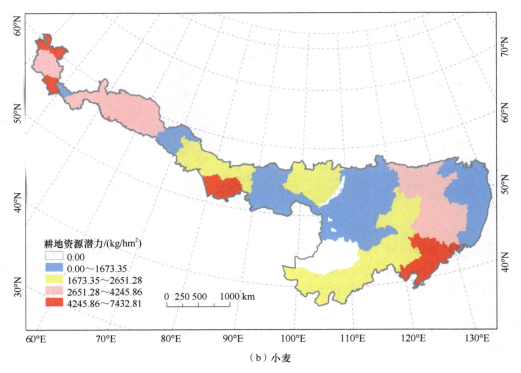

（b）小麦

图 4-3　耕地资源大豆和小麦生产潜力空间分异

主要产区，并有 $2.4×10^6hm^2$ 的宜耕荒地，农业开发潜力大。

该区域是未来中蒙俄国际经济走廊耕地开发和农业的重点区，应通过营造防护林、保持水土、防止土壤侵蚀（水蚀、风蚀）、发展灌溉、改良土壤、防止盐渍化，以及实行科学的耕作制度等，充分利用本区自然资源潜力，实现稳产高产。

4.3.3 耕地开发潜力

基于俄罗斯农业用地土壤质量评价方法，其中包括土壤适应性评价和生态分区，同时结合欧盟土壤质量评价模型，我们对不同土壤的生产能力和质量进行了排名。在此基础上，我们选用了中蒙俄国际经济走廊内相关数据，并结合耕地监测成果，得出中蒙俄国际经济走廊内耕地土壤退化程度较高，同时适于农业耕种的土壤比例相对较小的结论（图4-4）。

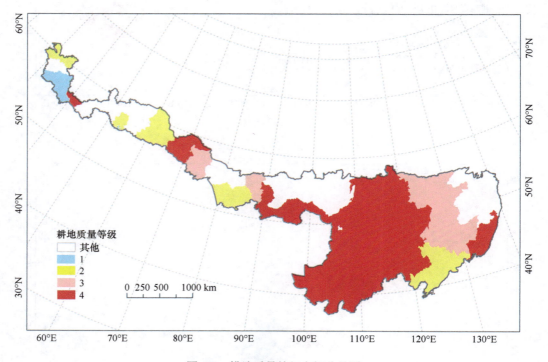

图 4-4　耕地质量等级空间分异图

根据耕地评价结果（表4-1），在中蒙俄国际经济走廊范围内，约60%土壤不利于农业开发。50°N以北几乎所有土壤对农业开发都不利。最有利的土壤分布在俄罗斯欧洲西部的南部针叶林地带、西伯利亚平原及中国的东北平原。同时，由于黑钙土耕地的人为退化，这些地区未被列为优质耕地。土壤质量差的地区主要包括西西伯利亚和远东地区。土壤质量好的地区大部分位于黑土带以外的俄罗斯欧洲部分，用于农业开发的最佳土壤主要位于黑土区（李飞等，2021；卜晓燕，2019）。

表 4-1　中蒙俄国际经济走廊农业耕地开发指数综合评价

地区	等级	耕地质量评价指数
特维尔州	1	0.89
莫斯科州	1	0.81
鞑靼斯坦共和国	1	0.76
诺夫哥罗德州	2	0.75
莫尔多瓦共和国	2	0.70
斯维尔德洛夫斯克州	2	0.68
楚瓦什共和国	2	0.66
下诺夫哥罗德州	2	0.64
阿尔泰边疆区	2	0.59
乌德穆尔特共和国	2	0.58
列宁格勒州	2	0.56
彼尔姆边疆区	2	0.55
基洛夫州	2	0.54
阿穆尔州	3	0.49
犹太自治州	3	0.46
新西伯利亚州	3	0.42
伊尔库茨克州	3	0.39
鄂木斯克州	3	0.38
马里埃尔共和国	3	0.35
克麦罗沃州	3	0.28
秋明州	4	0.26
哈巴罗夫斯克边疆区	4	0.24
滨海边疆区	4	0.23
弗拉基米尔州	4	0.21
克拉斯诺亚尔斯克边疆区	4	0.18
图瓦共和国	4	0.16
后贝加尔边疆区	4	0.16
萨哈林州	4	0.15
布里亚特共和国	4	0.10
哈卡斯共和国	4	0.09
戈壁苏木贝尔省	4	0.01
东戈壁省	4	0.01
东方省	4	0.1
中戈壁省	4	0.01
南戈壁省	4	0.01
苏赫巴托尔省	4	0.03
色楞格省	4	0.13
中央省	4	0.11

地区	等级	耕地质量评价指数
肯特省	4	0.07
达尔汗乌勒省	4	0.07
鄂尔浑省	4	0.02
内蒙古自治区	4	0.25
辽宁省	2	0.75
吉林省	2	0.69
黑龙江省	3	0.58

4.4　耕地开发利用现状

中蒙俄国际经济走廊农业发展态势总体较好，农业产值快速增长，农业总体结构和内部结构较稳定。但农业发展总体仍滞后于自然资源禀赋水平，以粮食作物生产为主，畜牧业为辅，粮食单产较低。

4.4.1　耕种开发现状

中蒙俄国际经济走廊耕地开发以粮食作物生产为主，粮食作物以麦类为主，但粮食单产总体不高。种植业以麦类、玉米、大豆和马铃薯为主，主要的粮食作物有小麦、大麦、玉米、水稻；主要的经济作物是亚麻、向日葵和甜菜（白雪梅和西涅果夫斯基·米哈伊尔·奥列戈维奇，2017）。大豆种植区分布在阿尔泰边疆区、克拉斯诺亚尔斯克边疆区南部、哈卡斯共和国的米努辛斯克盆地、布里亚特共和国的达乌尔草原、阿穆尔州的南部地区、犹太自治州和滨海边疆区的兴凯湖低地、黑龙江、吉林等地区。麦类、玉米、马铃薯等种植广泛。水稻主要种植在中国东北地区、俄罗斯南部联邦区和滨海边疆区，随着全球变暖，俄罗斯远东南部地区水稻种植适宜性有所提升。

自西向东，中蒙俄国际经济走廊可分为：西北部平原，位于欧洲部分森林草原带的伏尔加河流域和顿河流域，包括诺夫哥罗德州、莫斯科州、列宁格勒州、弗拉基米尔州、特维尔州、鞑靼斯坦共和国等，是主要的农业区。该区土壤以肥力较高的黑钙土为主，是俄罗斯的主要黑土区，农业自然条件有利于作物生长，主要生产甜菜、谷物等。南西伯利亚地区，包括伏尔加河流域区的东北部、乌拉尔联邦区的南部、西西伯利亚的南部，以及阿尔泰边疆区、秋明州、鄂木斯克州、新西伯利亚州、托木斯克州、克麦罗沃州和克拉斯诺亚尔斯克边疆区西部边缘。因不利的气候因素，农牧业生产很不稳定，小麦为主要粮食作物。土壤为肥力较高的黑钙土和栗钙土，是俄罗斯主要的商品粮基地之一。东西伯利亚和远东南部，包括克拉斯诺亚尔斯克边疆区、伊尔库茨克州、布里亚特共和国、阿穆尔州、滨海边疆区。这里不能种植越冬作物，只能种植一些生长期短的作物，包括春小麦、大麦、燕麦、甜菜和亚麻。播种区集中在南部的米努辛斯克盆地、伊尔库茨克州南部和布里亚特共和国南部地区。该区是俄罗斯甜菜与亚麻的主要产区，粮食种植以春小麦、黑麦和燕麦为主。东部平原地区，包括黑龙江、吉林、辽宁及内蒙古。主要粮食作物是玉米、大豆、稻谷、春小麦、高粱（李飞等，2021；卜晓燕，2019）。蒙古高原地区是畜牧业主要区域。

中蒙俄国际经济走廊主要作物播种面积基本呈现增加趋势。1990～2018 年，谷类和豆科作物的播种面积呈现先减少后增加的趋势，2010 年出现拐点；土豆和蔬菜播种面积呈减少趋势，土豆播种面积减少幅度较大。2010 年、2015 年、2018 年谷类和豆科作物的播种面积分别为 $4.3203×10^7hm^2$、$4.6609×10^7hm^2$、$4.7705×10^7hm^2$，2010～2018 年谷类和豆科作物的播种面积呈现增加的趋势。

中蒙俄国际经济走廊作物播种面积呈现明显的空间分异规律。经济走廊农作物总播种面积为 $5.370\ 05×10^7hm^2$，俄罗斯部分为 $1.966×10^7hm^2$，占俄罗斯总播种面积的 26.53%。2018 年俄罗斯总播种面积为 $7.409\ 45×10^4hm^2$，其中西伯利亚联邦区位居第三，占比为 20.12%；远东联邦区占比最小，为 2.56%。在西伯利亚地区，农作物播种面积位居前列的有阿尔泰边疆区、鄂木斯克州、新西伯利亚州、克拉斯诺亚尔斯克边疆区，阿尔泰边疆区播种面积最大。远东地区播种面积位居前列的为阿穆尔州和滨海边疆区（图 4-5）。

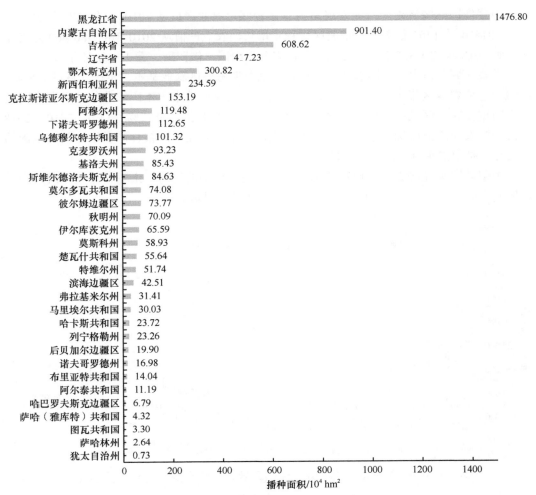

图 4-5　农作物总播种面积（2018 年）

分行政区小麦播种面积最大的是阿尔泰边疆区、鄂木斯克州、新西伯利亚州、克拉斯诺亚尔斯克边疆区、内蒙古自治区、秋明州、克麦罗沃州、下诺夫哥罗德州、伊尔库茨克州、斯维尔德洛夫斯克州、阿穆尔州。

大豆播种面积最大的是黑龙江省、内蒙古自治区、阿穆尔州、滨海边疆区、吉林省、犹太自治州、辽宁省、阿尔泰边疆区、哈巴罗夫斯克边疆区。

玉米播种面积最大的地区是黑龙江省、吉林省、辽宁省、内蒙古自治区、鞑靼斯坦共和国、萨拉托夫州、奥伦堡州、滨海边疆区。

土豆总播种面积主要分布在克拉斯诺达尔边疆区，其次为滨海边疆区、犹太自治州等地区。

水稻播种面积较小，分布较集中在中国东北地区和俄罗斯南部联邦区的克拉斯诺达尔边疆区和远东联邦区滨海边疆区等地区。

4.4.2　作物耕种经营现状

中蒙俄国际经济走廊农业发展态势总体较好，农业产值从 2010 年的 1375 亿美元增加到 2015 年的 1407 亿美元；俄蒙区域稳步增长，农业产值从 2010 年的 986 969 万美元增长到 2018 年的 1 858 527 万美元（数据来源为中国、俄罗斯、蒙古国统计年鉴）。

考察区域总体上在本国农业比例稳定。俄罗斯考察区农业基本占本国农业的 2.5%～2.7%，主要农业区集中在欧洲部分；蒙古国考察区农业基本占本国农业的一半左右，是蒙古国重要农业区域；中国考察区农业产值基本占本国农业的 12%～14%，2010～2018 年占全国农业产值比例减小了近一个百分点，但中国东北地区粮食产量增加值占全国的比例高，是中国粮食增产的重要区域。

中蒙俄国际经济走廊农作物的单产量呈现逐年递增的趋势。土豆、甜菜和蔬菜产量递增尤为明显，谷物和豆科的单产量递增速度缓慢（图 4-6）。

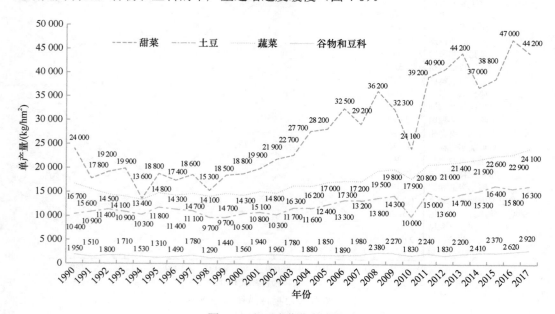

图 4-6　主要农作物单产量

从粮食单产量看，中蒙俄国际经济走廊粮食单产量较低，尤其是西伯利亚联邦区和远东联邦区粮食单产量低于俄罗斯平均水平（图 4-7）。俄罗斯西伯利亚和远东的大部分地区农业经营条件较差，农作物单产水平很低（图 4-8），2016 年，粮食及食用豆类单产

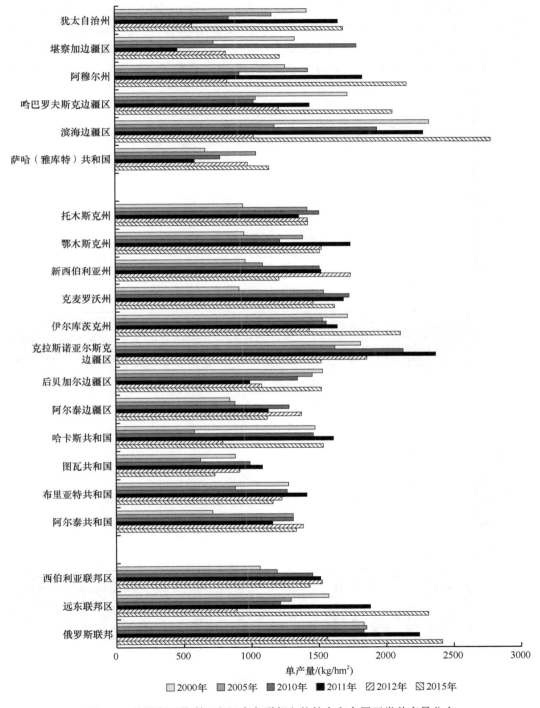

图 4-7　俄罗斯西伯利亚和远东各联邦主体粮食和食用豆类单产量分布

量分别为 1432kg/hm² 和 2312kg/hm²，低于俄罗斯的平均单产量（2414kg/hm²）。远东联邦区的粮食单产高于西伯利亚联邦区。在西伯利亚联邦区，克拉斯诺亚尔斯克边疆区和伊尔库茨克州的粮食单产较高，分别是 2130kg/hm² 和 2110kg/hm²。图瓦共和国粮食单产最低，为 720kg/hm²。在远东联邦区，滨海边疆区、阿穆尔州和哈巴罗夫斯克边疆区是粮食单产较高的地区。俄罗斯西伯利亚联邦区和远东联邦区农业单产低的原因是多方面的，主要是化肥使用量低及农业劳动力缺少。据统计，2015 年，俄罗斯农业耕地化肥使用量为 15.22kg/hm²。远东地区从 2011 年开始，粮食单产有了大幅提高，除农业气候资

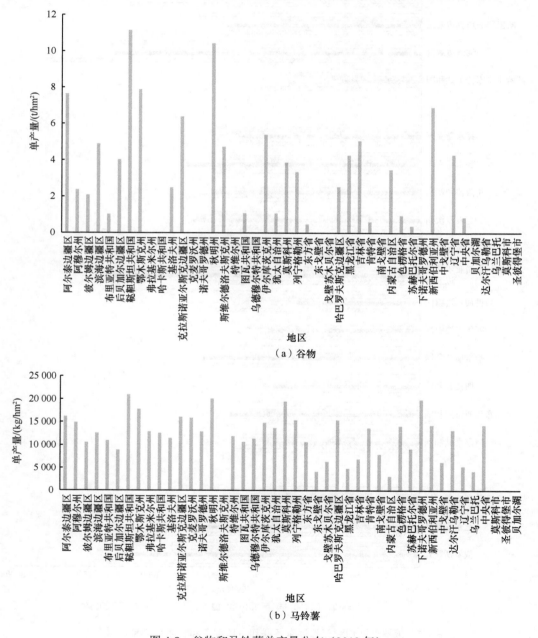

（a）谷物

（b）马铃薯

图 4-8　谷物和马铃薯单产量分布（2018 年）

源改善的影响外，俄罗斯远东开发战略中，对远东地区的农业扶持政策，特别是国际耕地合作对提高远东地区粮食单产具有重要作用。

4.4.3　耕地健康状态

耕地健康评价多从质量角度进行指标体系的构建，从耕地质量、产能、环境等多个角度选取相关指标，也有学者将健康状况作为耕地质量评价指标体系的一个维度，但是由于耕地利用环节复杂，少有耕地健康评价指标体系构建侧重要素输入、要素耦合作用及其输出。

根据俄罗斯各联邦区耕地监测结果，耕地土壤退化严重，适宜农业耕作的土壤所占比例较小。根据俄罗斯农业用地土壤质量评估方法，其中包括土壤适应性评价方法、生态分区，以及欧盟的土壤质量评价模型，从中俄蒙国际经济走廊内的俄罗斯部分选择相关数据，对耕地质量进行了评估。

土壤中有机物（腐殖质）的含量，是确定土壤肥力、农作物产量的主要指标。在俄罗斯联邦所勘查的 $1×10^8 hm^2$ 土壤中，腐殖质含量低的土壤面积（近 $4×10^7 hm^2$）比例很大，占所勘查土壤面积的 40% 左右。另外，腐殖质含量中等的土壤面积比例也相当大，为 1/4。而腐殖质含量高的土壤面积比例不超过 1/10（李飞等，2021；卜晓燕，2019）。

对考察区贝加尔湖流域、阿穆尔河流域、西伯利亚平原等典型耕地样本的有机质、总氮、重金属等 18 项指标进行了初步分析。研究表明俄罗斯对化学性农资用品使用、耕种方式等管理较为严格，总体上贝加尔湖流域、阿穆尔河流域、西西伯利亚平原地区耕地资源质量较高。对比我国第二次全国土壤普查养分分级标准，有机质、全氮等指标基本达到二级或三级标准，部分达到一级标准。最有利的土壤分布在俄罗斯欧洲西部的南部针叶林地带、乌拉尔地区、西伯利亚地区和中、东西伯利亚平原。同时，由于黑钙土耕地的人为退化，这些地区未被列为优质耕地。俄罗斯联邦中土壤质量差的地区主要包括西西伯利亚和远东地区。

在俄罗斯联邦中，大面积的农业用地遭到侵蚀（水蚀、风蚀）作用、过度潮湿、浸淹、盐渍化、灌木侵入等影响。为此，俄罗斯实施了一系列土壤改良措施，来稳定和恢复农业用地的土壤肥力，中蒙俄国际经济走廊范围内俄罗斯地区改良的土地面积为 $2×10^3 hm^2$ 左右（Ivanov et al.，2014）。

4.4.4　气候变化潜在影响

1）光温影响

中蒙俄国际经济走廊大部分地区地处中高纬度地区，除远东南部和中国内蒙古等少数地区外，绝大部分地区处于 40°N～60°N，绝大部分地区属于北温带地区。同其他国家和地区相比，中蒙俄国际经济走廊光能资源不丰富。一般来说，太阳年辐射总量的等值线大致同纬度平行，从北向南随着纬度的减小，太阳年辐射总量逐渐增加，即从俄罗斯部分北部的 $100 kcal/cm^2$ 增加到南部边境的 $150 kcal/cm^2$ 以上。从行政区来看，光能资源丰富的地区在中蒙俄国际经济走廊南部 50°N 以南的区域，主要分布在乌拉尔南部、西伯利亚南部和远东南部地区，涵盖了图瓦共和国、阿尔泰共和国、后贝加尔边疆区、克麦罗沃州、哈卡斯共和国、布里亚特共和国、阿尔泰边疆区、犹太自治州、伊尔库茨克州、新西伯利亚州、萨哈林州、克拉斯诺亚尔斯克边疆区、哈巴罗夫斯克边疆区、鄂木斯克州、滨海边疆区、阿穆尔州,以及中国的黑龙江和吉林地区。将日平均气温≥10℃持续期的积温(活动积温)作为衡量大多数农作物热量条件的基本指标,积温集中反映了各地区热量资源总体状况,也是衡量对农作物所能提供的热量保证程度的重要指标。日平均气温≥10℃时,多数喜温作物如玉米、大豆、水稻等开始发芽生长,喜凉作物如小麦、马铃薯、甜菜等进入活跃生长期。因而,日平均气温≥10℃的持续期是多数作物的活跃生长期(李飞等,2021;卜晓燕,2019)。

中蒙俄国际经济走廊≥10℃积温分布的趋势是:由北向南随着太阳辐射总量的增加而增长,各条等值线大致呈西北—东南走向。按日平均气温≥10℃持续期的长短,可分为五个区域:持续期为90～120天的地区,包括俄罗斯西西伯利亚的中北部及中西伯利亚与远东的南部等;持续期为121～150天的地区,包括俄罗斯东欧平原的中部、西西伯利平原南部及远东沿海部分地区(Lu et al.,2020)。

北冰洋沿岸活动积温不足400℃,热量状况没有保证,只能种植一些大棚蔬菜;活动积温为400～1000℃的地区,露天种植早熟蔬菜和饲料作物,局部地区种植早熟的麦类作物;活动积温为1000～2200℃的地区,适宜种植早熟和中早熟谷类作物、早熟糖用甜菜、向日葵及亚麻等;活动积温为2200～3200℃的地区,适宜种植中熟或晚熟作物;在南部联邦区和北高加索联邦区的部分地区活动积温为3200～3600℃,热量保证程度较高,适合种植水稻(李飞等,2021;卜晓燕,2019)。

中蒙俄国际经济走廊热量资源分布很不均衡,南北差异很大。其中活动积温不足1000℃的严寒地带和寒冷地带约占34%;活动积温在1000～1800℃的冷凉地带约占46%;活动积温在1800～2200℃的温暖地带约占16%;活动积温在2200℃以上的适宜多种农作物栽培的地带约占4%,其中北高加索地区还是山地。因此,热量保证程度中等以上的适宜种植业发展的地区,仅占俄罗斯总面积的4%(程金龙,2017)。

上述两种农业指标温度持续的分布状况对多数主要农作物的生长起着很大的限制作用。生长期较短的马铃薯、荞麦等在60°N左右、持续期为90～120天的地区种植;中等生长期的小麦、甜菜、豌豆等分布在持续期为120～150天的地区;生长期要求长的玉米、大豆、向日葵等分布在持续期为150～180天的地区;水稻等喜温作物分布在北高加索地区种植(李飞等,2021;卜晓燕,2019)。

2)水资源影响

从中蒙俄国际经济走廊省级行政单元来看,降水量丰富的地区分布在吉林省、哈卡斯共和国、下诺夫哥罗德州、鄂木斯克州、滨海边疆区、乌里扬诺夫斯克州、彼尔姆边疆区;较丰富的地区分布在克麦罗沃州、特维尔州、基洛夫州、阿穆尔州、莫尔多瓦共和国、图拉州、弗拉基米尔州、乌德穆尔特共和国、哈巴罗夫斯克边疆区、犹太自治州、斯维尔德洛夫斯克州、列宁格勒州、莫斯科州、斯摩棱斯克州、阿尔泰边疆区、新西伯利亚州(高晓慧,2014)。

俄罗斯水资源极为丰富,分布不平衡。俄罗斯是世界淡水资源储量非常丰富的国家。境内河流总长度为$9.6×10^6$km,流量达到每年$4043km^3$,仅次于巴西,居世界第二;水资源总量也仅次于巴西，人均水资源拥有量为 $3.06 \times 10^4 m^3$。根据俄罗斯科学院地理研究所的估算结果，俄罗斯 31.8% 的地区水资源潜力很高。水资源主要分布在东部地区，占俄罗斯淡水资源总量的绝大部分，远东联邦区、乌拉尔联邦区和西伯利亚联邦区水资源保障能力最强，占俄罗斯淡水资源的 70% 以上。俄罗斯各地区中，水资源保障能力最高的联邦主体是阿尔汉格尔斯克州、托木斯克州、秋明州、伊尔库茨克州、克拉斯诺亚尔斯克边疆区、堪察加边疆区、哈巴罗夫斯克边疆区、萨哈（雅库特）共和国、滨海边疆区等。在北高加索联邦区、中央联邦区、伏尔加河沿岸联邦区等主要农业区，水资源总量占全国淡水资源总量的比例不足 5%。

　　大气降水是中蒙俄国际经济走廊土壤水分的主要来源，降水状况对作物的生长、产量和质量都有很大的影响（毛汉英，1984）。受西部进入的大西洋气团影响及温带大陆性和亚寒带大陆性气候的制约，中蒙俄国际经济走廊境内大气降水地理分布总的趋势是：除东部高原、山地外，广大地区的年降水量自北向南逐渐减少。具体来说，亚洲部分，即乌拉尔山以东地区，绝大部分地区年降水量在 500mm 以下，其中东西伯利亚北部年降水量在 250mm 以下，西伯利亚的鄂毕河和叶尼塞河两侧的高原和山地，以及远东沿海地区年降水量为 500～1000mm；乌拉尔山以西的东欧平原中部地区，年降水量为 500～1000mm。在年降水量的季节分配上，受大陆性的影响，年内最大降水量出现在 4～10 月的温暖季节（图 4-9）。

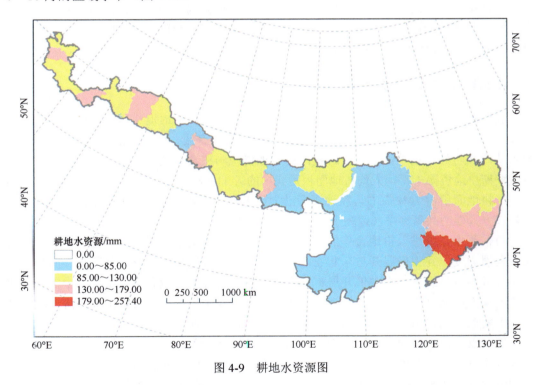

图 4-9　耕地水资源图

　　由于年内最大降水量的时期正是农作物生长发育的旺季，也是主要的蓄水期，因此，暖季降水量的多少，直接关系到多数农作物的发育状况、产量高低和质量优劣等。暖季降水量的分布特点为：东欧平原的西、中部，暖季降水量一般在 400mm 以上；东欧平原中部及西西伯利亚南部暖季降水量为 200~400mm；远东地区因受海洋季风影响，暖季降水量多在 400mm 以上。

根据 2018 年俄罗斯气候变化评估报告，整体上，2000 年以来降水量呈现减少趋势。俄罗斯欧洲部分和东北地区的降水量有所增加，贝加尔湖沿岸地区和后贝加尔边疆区的降水量变化不大；西伯利亚地区和阿穆尔州及滨海边疆区的降水量有所减少（姜振军，2015）。以保证农作物生长发育良好所需的年降水量 500mm 以上为标准，中蒙俄国际经济走廊年降水量在 400mm 以上的地区多分布在西伯利亚的中部、北部，以及远东部分地区，对发展种植业价值不大。与此相反，热量保证程度中等以上（光合有效辐射量 30kcal/cm² 以上，≥ 10℃积温 2200℃以上）的地区（大约在 55°N 线以南），有半数以上年降水量不足 400mm（暖季降水量不足 300mm）。总体来说，大气降水的分布和变化特点对中蒙俄国际经济走廊农业生产不利（冀翌格，2017）。

4.5　耕地资源合作

中蒙俄国际经济走廊开展耕地合作具有重大战略意义。基于丰富且开发潜力巨大的耕地资源，加强耕地合作开发有望成为中蒙俄合作新的增长点，也是中俄双方紧要的合作共赢之举。一方面可发挥俄罗斯耕地资源优势，扩大俄农产品出口；另一方面可扩大中国农产品进口来源，减少对欧美国家和地区关键农产品的进口依赖度，对加强中俄新时代全面战略协作伙伴关系意义重大。

4.5.1　合作现状与问题

我国耕地资源紧张，耕地高强度种植压力日益增大，耕地退化风险加剧，在中蒙俄国际经济走廊所涉及的东北广大黑土区，黑土变薄、变瘦、变硬问题已引起高度重视，亟须从内涵与外延系统性创新考虑我国的耕地资源与粮食安全问题（王立新等，2019）；而俄罗斯耕地资源丰富，人均耕地面积是我国的近 11 倍，中蒙俄国际经济走廊俄罗斯部分高产耕地面积占 74% 左右，耕地资源潜力巨大。中蒙俄国际经济走廊中俄耕地资源合作是双方紧要的共赢之举（谭晓宇等，2021）。

目前是中蒙俄进入耕地合作的重要战略机遇期。特别是俄罗斯政府近年来逐步加大农业发展力度，并积极展开与东北亚地区国家之间的耕地合作与农产品贸易，同时俄罗斯加入世界贸易组织也为中俄开展耕地合作准备了良好的环境和前提条件。中国逐步放开俄罗斯农产品进口为中俄耕地资源合作提供了重要契机。在中蒙俄国际经济走廊推动下，中蒙俄跨境自由经济区和超前发展区的建设带动耕地合作将成为三国深化合作与交流的新亮点。而中国的农业发展规划更加注重其科技投入，中国与俄罗斯、蒙古国农业技术合作可为中蒙俄国际经济走廊耕地资源合作提供新的方向。贯穿中蒙俄国际经济走廊的中欧班列开通，串联起"万里茶道"上的中蒙俄耕地合作产业链和合作链。

黑龙江近些年充分发挥地缘优势，开展对俄境外耕地合作开发，已出现"公司＋农垦＋园区＋物流"自上而下的良好合作模式和成功案例。东宁华信工贸（集团）有限公司在俄罗斯滨海边疆区合资建立了阿尔马达公司，开发了华信中俄现代农业产业合作区。耕地面积近 $7×10^4hm^2$，初步形成仓储、加工处理、物流等合作区产业链（余燕等，2021）。哈尔滨东金集团在俄罗斯哈巴罗夫斯克边疆区谢尔盖耶夫卡农场跨境合作，总面积近 $7×10^4hm^2$，重点在俄开发建设大型大豆农场。牡丹江海林与俄罗斯犹太自治州共建的春天农业经贸合作区项目，计划承租 $1.4×10^5hm^2$ 耕地，已创新开发了旱作水稻模式。目前在俄境外耕地合作园区已发展到 8 家，很多园区已被俄罗斯远东地区发展部同意纳入俄远东超前发展区范畴。另外，黑龙江边境地区也逐渐出现"种植大户 + 农户联合 + 劳务合作"等重要的自下而上合作开发模式。部分国内种植大户在俄罗斯远东滨海边疆区、哈巴罗夫斯克边疆区、犹太自治州、阿穆尔州等地租种俄罗斯耕地进行合作开发，最大的个体租种面积已达百万亩[①]级。

当然，中蒙俄耕地资源合作还存在一系列制约因素和体制机制问题。

1）贸易壁垒限制的存在

蒙俄的劳工政策、海关和检验检疫措施、审批过程慢、流程复杂，抑制了耕地合作的快速发展（White et al.，2012）。一是俄罗斯在劳工进入时，采取劳动节制政策，抑制外来劳动力投入。目前，在俄罗斯申请劳动服务贸易，需要提前一年申请，俄罗斯政府审批，最终报告到莫斯科再审，整个远程约需要 6 个月，费用约 10 000 元/人，有效期仅为 9 个月。俄罗斯对劳动指标的限制、配额管理、俄罗斯的劳动力数量以及认证费、周期性使用限制，导致企业人工成本显著增加。俄罗斯幅员辽阔，人烟稀少，当地劳动力短缺和民族风俗不同，工作节奏不同，劳动力就业量的不稳定和不确定性对中俄耕地合作发展产生了非常不利的影响。此外，俄罗斯对境外注册的公司管理严格，只要有 2 次违反规定的行为，不允许在 5 年内再次进入俄罗斯，这也会使俄罗斯一些企业存在创业顾忌。二是对境外农机设备进口率高的限制。加入世界贸易组织后，俄罗斯农业机械的进口关税大幅下降，但为了保护自己国家的农业机械行业，临时关税进口的 27.5% 的农业设备在 2013 年被没收，这大大增加了运营成本和中国企业在俄罗斯的投资成本。中国公司在俄罗斯使用中国的农业机械过境需要缴纳保证金，并且有时间限制，这些因素增加了企业成本。三是农产品过境较为困难。俄罗斯农作物种子产量没有国内种子产量高，以及农药和化肥等供应使用计划供应模式需要提前一个季度计划，导致材料价格高、周期长。目前，俄罗斯政府仍对黑龙江省的种子、化肥和农药进行限制。为实现农业高产稳产，许多外国农业开发企业通过非正式渠道将生产方式带入俄罗斯境内。

2）农业生产基础设施落后

俄罗斯、蒙古国内的农业基础设施建设非常落后且不完善，加工物流和其他服务业也落后。大量撂荒地缺乏必要的灌溉基础设施，土地复垦成本高，所需要的基础设施建设投入大（Kronvang et al.，2007）。同时，俄罗斯农业生产产品运输到国外的成本非常高，运输效率非常低。

寒冷、作物生长季短等因素增加了在俄罗斯的农业基础设施投资成本。尽管该地区土地租赁价格较低，但恶劣的自然条件仍然是制约农业投资规模提升的一个重要障碍

---

① 1 亩≈$666.67m^2$。

（吴殿廷等，2014）。中俄推动耕地合作发展首先要做的是建立与完善该地区的农业基础设施，但这将增加农业投资的成本，减少企业利润。因此需要对农业投资进行完善的风险评估和制定投资安全措施，以保证中俄农业投资合作与耕地合作的拓展与深入。

3）农业投资体制不完善

俄罗斯经济发展正处于转型期，投资政策不稳定、市场机制不完善、制度不规范、农业投资指导原则规定不明确，影响农业合作。中国企业对俄罗斯投资的高成本与高风险主要表现在以下几方面：第一，俄罗斯土地使用和租赁成本的上升。仅 2005～2012年，俄罗斯国内土地的租赁成本上涨了接近 5 倍。租赁合同的稳定性和持续性差，中国企业租赁土地的合同一般是 3 年，而企业在对当地的土地进行投资和基础设施完善时，往往希望租赁土地的时间越长越好，短期的土地租赁合同加大了投资成本收回的不确定性。此外，外资企业无法在俄罗斯直接购买或租赁土地，被迫与俄罗斯企业或个人合作，以俄罗斯法人的名义购买土地有偿使用权，导致外资企业经营土地得不到法律保护。第二，税收复杂。俄罗斯各地税收规则不同，在某些地区，税收高达数十种，甚至约占营业收入的 40%。第三，信贷体系并不完善（Chen et al.，2017），严重的债务违约、卖空、信用缺失等现象阻碍了中俄农产品贸易和投资的发展。在农业发展方面，俄罗斯没有统一的企业收费标准和相关法律法规，地方政府有很大的自由度，以及政策的不连续问题，增加了农业投资与合作的成本与风险。此外，俄罗斯远东地区存在发展心理矛盾，一方面希望外国投资助推当地农业发展，另一方面又担心外国移民进入风险，对国外劳工数量限制严格。不稳定的投资环境直接制约了俄罗斯农业发展的规模和速度。

4）贸易合作体系不健全

一是俄罗斯政府工作效率低，在对俄罗斯农业进行投资时，由于缺乏经验，中国投资企业只能摸着石头过河。俄罗斯政府部门缺乏服务平台、地方政府效率低下、腐败等问题制约了中国与俄罗斯耕地合作的发展。

二是国家层面没有指导，当地政府也没有相应的实施计划，没有宏观指导，政府的职能管理、指导任务的方向不清楚，随意性大，对外资企业发展的支持不够，企业只能主要依靠自身的发展。

三是缺乏统一的管理协调机制。海外农业发展涉及的农业委员会、商务、检验检疫、海关等部门的工作重点不明确，在机制上多头管理中的信息不对称影响效率。

四是缺乏信息平台建设。耕地合作企业不能准确了解俄罗斯市场信息、工业、金融、税收、农业补贴等政策。个体企业抗风险能力弱，只能从事单一的种植，难以形成产业链，利润有限（金书秦等，2017）。

耕地合作的同时，俄罗斯政策的不稳定性和不确定性也在一定程度上阻碍了企业的投资发展。俄罗斯商业环境调查显示，绝大多数俄罗斯商人认为建立私人关系有利于与政府做生意，这表明俄罗斯的政策和实际操作受到人为因素的高度影响。中国企业普遍认为俄罗斯的政策风险较高，因此政策的不稳定性将增加中国企业在俄罗斯农业投资的风险（邵立民和邵晨阳，2013）。

4.5.2　优先合作区

综合因子分析、聚类分析等多元统计分析法，结合德尔菲法、专家评价法等主观分析法，基于考察区地缘政治经济、农业农村经济、总体经济、交通通达度、创新开放度等近三十项指标，耦合耕地分布与弃耕地格局分析，系统评价中蒙俄国际经济走廊耕地资源潜力，研究考察区耕地资源潜力发展区域序列（图 4-10）。研究表明，阿尔泰边疆区、克拉斯诺亚尔斯克边疆区、新西伯利亚州、鄂木斯克州、阿穆尔州、车里雅宾斯克州等已开放粮食重点产区为第一等级序列重点区域；第二等级序列为伊尔库茨克州、克麦罗沃州、滨海边疆区、哈巴罗夫斯克边疆区、犹太自治州、斯维尔德洛夫斯克州、汉特–曼西斯克；第三等级序列为萨哈林州、萨哈（雅库特）共和国、布里亚特共和国、鞑靼斯坦共和国、巴什科尔托斯坦共和国、萨拉托夫州、奥伦堡州（Nefedova，2016）。

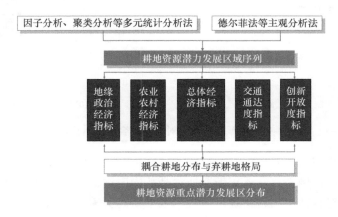

图 4-10　耕地合作潜力评价技术路线

基于遥感调查、实地验证与梳理统计分析等方法，分析考察区重点耕地资源潜力区空间分布格局，研判中蒙俄国际经济走廊耕地资源合作重点区域（图 4-11）。研究表明，国家进一步战略性对俄开放粮食重点产区至少应集中于伊尔库茨克州、克麦罗沃州、滨海边疆区、哈巴罗夫斯克边疆区、犹太自治州、斯维尔德洛夫斯克州、汉特–曼西斯克等地。国家对蒙开放畜牧品重点产区集中在乌兰巴托，拓展至中央省、色楞格省（李飞等，2021）。

4.5.3　重点合作领域

21 世纪以来，随着中蒙俄关系的不断改善，中蒙俄耕地合作发生了质的变化。近年来，中蒙俄共同签署了一系列关于农业发展和合作的战略协议，明确表示并承诺加强耕地合作（韩璟等，2020）。中蒙俄领导人明确表示要全面深化中蒙俄之间的伙伴关系，不断深化中蒙俄农业贸易合作，同时也提出包括耕地合作在内的长期合作战略。中蒙俄在农业产业合作、农产品加工贸易合作、农业发展投资合作等战略重点合作领域达成共识，为中蒙俄耕地合作奠定了良好基础。中国日益增长的粮食需求和俄蒙尚未开发的农业潜力为中蒙俄的耕地合作创造了条件（王宗明等，2007）。俄蒙现在从中国进口的食品比出

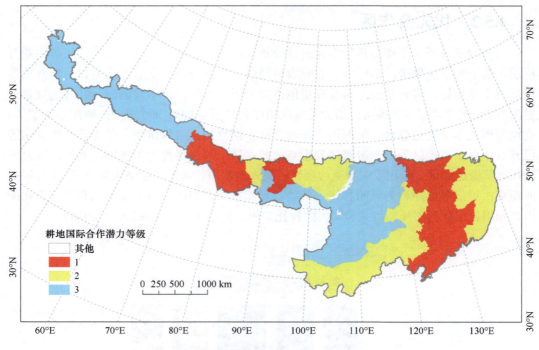

图4-11　考察区域耕地对外投资合作的重点区域

口到中国的食品更多（表4-2和表4-3）。俄罗斯从中国进口的食品种类繁多，但在俄罗斯进口食品总量中比例不高。近年俄罗斯食品从中国进口比例急剧下降，与俄罗斯和中国的整体贸易趋势包括中国自身经济放缓、俄罗斯购买需求下降和卢布贬值等有关。作为俄蒙重要伙伴关系的中国提出的"一带一路"倡议，以及促进中蒙俄农产品贸易、科技全面发展、投资合作等一系列合作协议，有利于推进中蒙俄农业与农产品贸易合作进一步深化与拓展（余振等，2014）。特别是近年来"区域经济一体化"趋势加强，中蒙俄耕地合作的推进取得了实质性进展。中蒙俄不断加强科技交流，对深化农业科技合作具有重要影响，俄蒙农业投资增长潜力明显，中蒙俄农业经贸合作显著增强。中蒙俄三国在农业投资领域已开展了一系列合作，目前已拓展为农业产品进出口、农业技术、农业科技交流等多层次、多个领域。农业投资集中在农业资源开发领域，主要投资方式为租种土地、建立耕地合作园区和农业科技园区等（章力建等，2013）。

表4-2　俄罗斯关键对华出口农产品类别

商品类别	出口额（按价值计算）/10^6 美元	出口额（按质量计算）/10^6 美元
鱼、贝壳类和甲壳类	1 100	822.27
奶、奶制品、鸡蛋、蜂蜜、动物源食品	1.6	0.55
食用水果和坚果	195.1	45.1
粮食	33.1	89.4
面粉	19.9	40.6
油籽、粮食和药源农作物	153.7	413.3
油料产品	84.3	92.3

表 4-3　俄罗斯从中国进口的农产品

商品	农产品进口额/10⁶ 美元	在农产品总进口中的比例/%
蔬菜、豌豆、蚕豆等	347.42	1
水果	342.52	1
蔬菜、水果和干果制成品	315.66	0.91
肉制品	227.25	0.66
油籽	27.96	0.08
肉	20.22	0.07
粮食	2.2	0

近年来，中俄两国从国家层面上提出了投资合作战略，俄罗斯已经成为中国对外直接投资增长最快的国家，是中国投资存量最大的国家。中国对俄罗斯农业投资迅速发展。2016 年中国对外直接投资净额为 1078.4 亿美元，其中农林牧渔业对外直接投资净额为 18.1 亿美元；商务部统计，2016 年中国企业在俄罗斯农林牧渔业直接投资流量为 3.5 亿美元，占中国对俄罗斯直接投资量的 11.7%，占中国对外农林牧渔业投资流量的 13.6%；中国对俄罗斯农林牧渔业直接投资存量为 24.6 亿美元，占对俄罗斯直接投资存量的 17.6%。中国对俄罗斯的直接投资存量在当前中国对外投资存量中位列第九（郭连城和边中悦，2014）。根据俄罗斯联邦统计局的数据，2016 年末，中国对俄罗斯投资存量为 321.3 亿美元。按对俄罗斯投资的国别排名，中国成为继塞浦路斯、荷兰、卢森堡之后第四大投资国。近年来，中国企业在俄罗斯租种土地面积已超过 4×10⁵hm²，主要用于农作物种植。俄罗斯农业合作大省黑龙江在俄罗斯已有农业经营主体 160 家，包括农业开发企业 110 家、农村种植大户 30 家、农户联合经营 20 家。对俄罗斯农业投资开发面积达 750 万亩，共生产粮食 1.7×10⁶t（公丕萍等，2015）。

中国是蒙古国第一大投资来源国。自 20 世纪 90 年代开始中国向蒙古国直接投资，并连续 10 多年保持蒙古国最大投资来源国的地位。截至 2015 年底，中国对蒙古国实际投资累计达 22.3 亿美元，对农业领域投资占 30% 左右，占比较小，集中在畜产品、农产品加工等领域。中国对蒙古国农业投资企业以民营企业为主，集中在牧业、食品加工业和农业灌溉等领域，在食品加工方面的投资领域有饮料生产、食用酒精、奶制品等。从蒙古国中资企业的投资领域看，以羊绒加工业的企业居多，包括羊绒加工、绒毛加工、羊绒衫等，而其他行业的投资企业数比较少。从中国对蒙古国农业投资层次看，投资的层次比较低，投资企业集中于农牧业、食品加工、纺织品和烟草及木制品等劳动密集型产业，而大的农机设备等资本、技术密集型的合作企业不多（吴丹，2008）。

中国与俄蒙两国通过建立境外农业合作区的方式开展耕地合作。商务部统计，目前通过确认考核的国家级境外经贸合作区共有 20 个，其中与俄蒙两国建立的合作区有 4 个。这 4 个合作区中，涉及农、林、牧、渔业的合作区有 3 个，有 2 个为综合类经贸合作区。俄罗斯在促进与中国开展耕地合作方面，设立了农业投资基金，中国与俄罗斯成立了 20 亿美元的农业投资基金。当前，中国对俄罗斯的农业投资方向主要是：①农业土地开发、农产品深加工及仓储物流；②有机肥料生产、环境保护等农业技术领域；③农田水利、农村道路等农业基础设施建设。2016 年在远东设立了俄中农业开发基金，创始资本为 100 亿美元。中国投资者出资 90%，其余 10% 由俄罗斯方面出资。俄方（俄罗斯远东开发基金）在基金管理公司中持股比例为 51%。俄中农业开发基金对使用现代农业技术并保证合理使用农业土地的项目进行联合融资。同时，要求项目 80% 的工作岗位留给俄罗斯人（许青云等，2017）。

中国对俄蒙农业投资合作区域逐渐由边境口岸较近地区向俄罗斯远东腹地及周边、蒙古国内地发展。目前，中国境外农业已遍布俄罗斯远东滨海边疆区、阿穆尔州、犹太自治州、哈巴罗夫斯克边疆区、克拉斯诺亚尔斯克边疆区、萨哈林州等 10 个州（边疆区、共和国），其中 5% 以上由中国民营企业、合作社等参与经营。产业链条逐渐拉长，由种植养殖向加工、仓储、物流延伸。农业投资采取了集约化、农场化、机械化的生产方式，资金需求大、效益良好，实现了由单一农业种植向农业综合开发的转变，由松散型、粗放型投资向园区型、集约型投资合作转变（李飞等，2021；卜晓燕，2019）。

中蒙俄农业科技合作领域拓宽，成效显著（李新，2015）。目前，中国与俄蒙在农业科技领域展开了多方面的合作。中国一些科研机构先后与俄罗斯科学院、西伯利亚科学院、远东科学院以及农业科学院等科研单位建立了科研联系以及国际耕地合作关系，在农业技术培训、专家交流、种质资源交换、畜牧业生产、动物疫病防控、农业机械、农产品质量安全和生态农业等方面开展交流与合作（于敏等，2015）。例如，中国从俄罗斯引进抗寒小麦、大豆、玉米、马铃薯、沙棘、黄瓜、亚麻等种质资源，多次聘请俄罗斯农业科学家来中国讲学和技术指导；俄罗斯从中国引进先进的农业机械设备，农业生产管理经验，生物技术、转基因育种、栽培技术、防减产技术、农田灌溉等技术（郭宾奇，2003）。

中蒙农业技术合作主要在种植业、畜牧业、农业机械产品等领域。中蒙两国在农业科技、农业机械装备技术、高效节水灌溉技术、农业高效种植技术、畜牧兽医、小麦等农作物育种、试验示范和种植等领域开展联合研究与合作。中国在联合国粮食及农业组织"粮食安全特别计划"框架下开展的"南南合作"促进了双边农牧业投资合作。为期两年的中蒙"南南合作"项目第一期已于 2013 年 9 月结束（李富佳等，2016）。作为联合国粮食及农业组织–中国"南南合作"计划的第一个国别项目，中国、蒙古国、联合国粮食及农业组织三方签署协议，开展饲料、畜牧、果蔬等领域技术示范与培训活动（Laikam et al.，2018）。中蒙在项目进展过程中，积极利用多边平台推动双边投资合作，促成了内蒙古及北京、山东等地的 10 余家企业和单位与蒙古国达成蔬菜、草饲料种植、肉羊饲养等多项合作协议和意向。

中蒙俄三国资源要素禀赋优势不同，农产品贸易互补性较强，结合度较高，贸易合作潜力较大。俄罗斯和蒙古国自然资源丰富，在生产资源类初级产品上拥有比较优势，中国劳动力资源丰富，在生产劳动密集型产品上拥有比较优势，几方优势互补，三国具有良好的合作基础，随着"丝绸之路经济带"的全面推进，中俄两国贸易合作的领域将持续扩大，未来三国贸易合作的空间和潜力依然巨大（胡冰川，2016；李飞等，2021；卜晓燕，2019）。

2006～2019 年，中国从俄罗斯和蒙古国进口贸易互补性指数均较高（图 4-12），且与两国的互补性各异（张金萍和高子清，2014）。中国与俄罗斯的出口贸易互补性指数高于进口互补性指数，说明长期以来对中国而言，俄罗斯是重要的出口市场而不是进口来源国，这与中国一直以来的投资导向具有重要关系。中国从俄罗斯和蒙古国进口贸易互补性指数波动较大，中国与俄罗斯出口贸易互补性指数呈持续增强态势，而与蒙古国的贸易互补性指数在 2008 年前后出现较大波动。

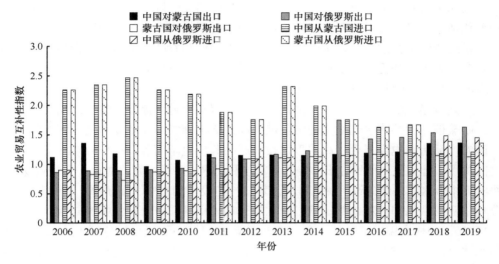

图 4-12　农业贸易互补性

俄罗斯对劳动密集型农产品需求较大，尤其是水果、蔬菜等大量农产品对外依存度高，俄罗斯是世界第五大水果消费市场，中国是俄罗斯最大水果进口国之一。2017 年，俄罗斯进口的农产品中，水果及蔬菜占比 35.2%；肉类和肉制品占比 9.0%；奶类和奶制品占比 5.4%；鱼类占 3.3%；饮料类占比 6.5%。蒙古国的主要农作物有小麦、大麦、土豆、白菜、萝卜、葱头、大蒜、油菜等，2017 年底，小麦、土豆生产基本可满足国内需求，蔬菜生产可满足国内需求的 60.2%。中蒙农产品贸易属于垂直型贸易结构，互补性较强（李飞等，2021；卜晓燕，2019）。

4.5.4　合作模式与对策

（1）以政治互信为基础，推动中蒙俄耕地合作。优化中蒙俄耕地合作环境，积极开展多边合作，促进中蒙俄耕地合作的展开，首先要努力增强战略互信，中蒙俄结成真诚、可靠的战略伙伴关系，为中蒙俄农业的可持续发展构建一个和谐、健康、稳定的环境。中蒙俄在农业经贸合作过程中大多缺乏系统的、全球性的战略指导，导致合作时间短、规模小、质量低，阻碍了中蒙俄耕地合作发展。事实上，中蒙俄在农业贸易和经济合作方面只涉及农产品进出口和劳动力投入的两方面，深度和广度还不够。中蒙俄开展耕地合作受到很多制度性与贸易壁垒制约，应尽快消除，推动中蒙俄耕地合作的自由化发展。首先，应该不断加强中俄、中蒙自由贸易区建设，在自由贸易区的整体框架下，开展中蒙俄农产品自由贸易。其次，三方要不断对耕地合作给予政策性支持，包括给予资金与技术性指导。中蒙俄应该遵守世界贸易组织贸易规则，不断消除国内关于农产品贸易以及其他领域合作中的一些贸易壁垒，不断拓展中蒙俄合作的领域与规模（曾庆芬，2019）。

（2）共建境外耕地合作园区，形成产业集群和平台带动效应，带动境内农产品贸易转型升级。结合中国供给侧结构性改革，利用国内农业产业技术等优势，结合境外资源优势，积极在经济走廊沿线建设农业产业园，以投资促农产品贸易，优化农产品贸易结构，扩展农产品出口种类。调整中国对俄蒙农产品贸易进出口种类，进一步优化贸易结构，扩大和丰富农产品进出口种类。深入调查和密切关注俄罗斯和蒙古国农产品市场需求的变化情况，提高市场匹配度，充分挖掘中国对蒙俄农产品出口的贸易潜力。持续推进农业供给侧结构性改革，鼓励国内农产品加工企业和农产品贸易商积极参与农产品进出口业务，为国内外提供更多种类丰富、质量优良的农产品服务，在满足国内多样化市场需求的同时扩大俄罗斯和蒙古国市场。

（3）建设稳定的中蒙俄国际经济走廊农产品贸易通道，提高三国农产品贸易便利化水平。中蒙俄三国共建多元稳定的中蒙俄国际经济走廊农产品贸易通道，积极构建、完善三国农产品跨境电商平台，高水平建设农产品跨境电子商务，合作开展运输、仓储等农产品贸易基础设施一体化建设，提升贸易便利化水平，扩大贸易规模，拓展贸易范围。加快实现中俄水陆联运建设，深入推动边境口岸建设，如东宁、嘉荫等，增强河运能力；充分利用欧亚铁路和跨境铁路运输，建立统一运输标准，提升三国物流对接水平（马树庆，1995）。加快实现中俄哈牡绥东、哈大齐满、哈佳双同、哈绥北黑和哈长沈大五大联运体系建设，深入推动绥芬河、同江、黑河、珲春四大边境口岸建设，加强集疏运储等农产品贸易基础设施一体化建设，提升贸易便利化水平，实现一体化物流和供应链集成（初冬梅，2017）。

（4）加强三国自贸区建设，推动耕地合作。进一步明确"机制共建、成果共享"的发展思路，积极推进中蒙俄国际经济走廊农产品自贸区、口岸建设，充分利用国内国外两个市场带来的资源优势，积极发展对俄蒙农产品贸易，拓展俄蒙市场（张建武等，2015）。把握"一带一路"倡议契机，建立并延伸中国对俄蒙农产品贸易稳定的产业链和价值链，充分挖掘中国对俄罗斯农产品潜在的贸易机会，促进贸易长远发展。以中国与俄蒙现有耕地合作机制以及已经签订的系列重要指导文件为依托，发挥中国产业园区发展经验，积极探索中蒙俄耕地合作新模式，推动三国产业结构共同升级（Yao and Yang，2010）。建立中蒙俄农业联合研发中心、农业联合实验室等政府科技创新合作平台，进一步加强中国与俄蒙在贸易和投资自由化便利化以及区域经济技术等领域的合作，推动中蒙俄农业产业集群式发展（石玉林和陈百明，1991）。

第 5 章　中蒙俄国际经济走廊森林木材资源格局与潜力

森林资源是重要的战略资源，木材在建筑、造纸等领域仍是不可替代的原料。森林资源是俄罗斯的优势资源，是蒙古国和我国的资源短板，中蒙俄三国森林资源互补性强，木材贸易和林业合作潜力巨大。查明森林资源格局与潜力，对三国林业合作、木材贸易和我国森工企业跨国经营具有重要指导意义。

5.1　森林植被的地带性分布

俄罗斯的森林分布跨 3 个植被地带，分别为北泰加林带、中泰加林带、南泰加林带，属于世界植被类型中的北方森林类型。在远东的哈巴罗夫斯克边疆区和滨海边疆区分布有典型的温带森林类型，如红松针阔叶混交林及部分温带阔叶林。俄罗斯的大部分地区以各种中泰加林类型为主。3 种泰加林类型中，南泰加林类型为森林生产力最高和林地质量最好的森林类型。

5.2　森林资源储量与分布格局

中蒙俄国际经济走廊森林资源集中在俄罗斯境内，尤其是俄罗斯西伯利亚地区和远东地区森林资源丰富，与中蒙两国紧邻，是中蒙木材资源的重要进口地。中国境内东北地区是重要的森林木材资源储备地，曾为中国式现代化建设贡献了大量木材资源，但因长期采伐，20 世纪末，东北林区木材资源濒临枯竭，之后国家推进林区改革，实施禁伐，休养生息，森林植被开始恢复。

5.2.1　森林优势树木种类

根据俄罗斯 1∶400 万植被图，俄罗斯森林共划分为 42 个类型，其中针叶林 28 个类型，阔叶林 14 个类型。在针叶林中，落叶松林 8 个类型，云冷杉林 12 个类型，欧洲赤松林 7 个类型，西伯利亚红松林 1 个类型。有意思的是，分布在俄罗斯远东地区的朝鲜红松针阔叶混交林因有较多的阔叶树种混交在其中，且红松在森林组成中超过五成的仅有 54% 左右（俄罗斯森林样地调查数据不完全统计）而被划分在阔叶林大类中。

俄罗斯森林中的主要优势树种有欧洲赤松（*Pinus sylvestris*）、欧洲云杉（*Picea abies*）、欧洲冷杉（*Abies alba*）、西伯利亚云杉（*Picea obovata*）、西伯利亚冷杉（*Abies sibirica*）、西伯利亚红松（*Pinus sibirica*）、朝鲜红松（*Pinus koraiensis*）、兴安落叶松（*Larix gmelinii*）、凯杨德落叶松（*Larix cajanderi*）、西伯利亚落叶松（*Larix sibirica*）、欧洲山杨（*Populus tremula*）和欧洲白桦（*Betula pendula*）等。偃松（*Pinus pumila*）作为俄罗斯森林中其他林地（灌木林）的优势树种而存在。

蒙古国森林的主要组成树种有西伯利亚落叶松、西伯利亚红松、欧洲赤松和白桦（*Betula Platyphylla*）等，其他主要组成树种有西伯利亚云杉、西伯利亚冷杉、欧洲山杨、胡杨（*Populus diversifolia*）、刺叶柳（*Salix berberifolia*）等。蒙古国森林的林下生存有丰富的苔藓和地衣。组成蒙古国森林的树种、灌木及木本植物总计有 140 多种。

5.2.2 面积数量

图 5-1 是俄罗斯环贝加尔湖地区的伊尔库茨克州和布里亚特共和国及后贝加尔边疆区主要森林类型面积。结果表明对俄罗斯环贝加尔湖地区森林资源贡献最大的主要是各种落叶松林、欧洲赤松林及西伯利亚红松林，其他森林类型对该地区森林资源的贡献相对较小。

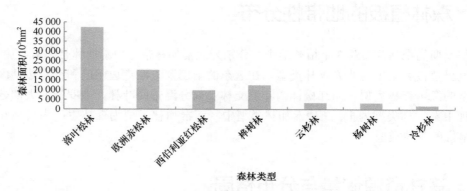

图 5-1　俄罗斯环贝加尔湖地区（伊尔库茨克州、布里亚特共和国和后贝加尔边疆区）
主要森林类型面积

俄罗斯克拉斯诺亚尔斯克边疆区各主要森林类型中，森林分布面积最大的仍然是落叶松林，其他森林类型次之（图 5-2），考虑到该区落叶松林主要分布在其北部地区，对保护环境作用更大，不适宜作为主要开发对象，而欧洲赤松林、云杉林、冷杉林、西伯

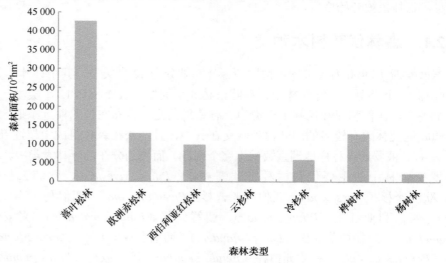

图 5-2　俄罗斯克拉斯诺亚尔斯克边疆区主要森林类型面积

利亚红松林及阔叶树种的桦树林的成过熟林应是合作开发应重点考虑的。这些林种林龄结构中的成过熟林比例都较大，这为合作开发这些森林资源提供了保证。

图 5-3 展示了俄罗斯远东地区（哈巴罗夫斯克边疆区、犹太自治州和阿穆尔州）主要森林类型面积，仍然以落叶松林面积为最大，云杉林次之。在阔叶林中，桦树林分布面积最大。

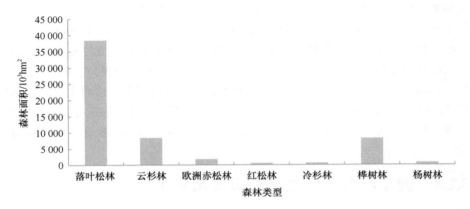

图 5-3　俄罗斯远东地区（哈巴罗夫斯克边疆区、犹太自治州和阿穆尔州）主要森林类型面积

5.2.3　分布格局

俄罗斯远东地区主要包括阿穆尔州、哈巴罗夫斯克边疆区、犹太自治州及滨海边疆区。该地区因位于俄罗斯亚洲部分的最南端，濒临太平洋，水热条件好，发育有典型温带地区朝鲜红松针阔叶混交林（2 种）、卵果鱼鳞云杉（*Picea jezoensis var.ajanensis*）和鱼鳞云杉（*Picea jezoensis*）及冷杉林（5 种），由阔叶树种组成的 2 种栎林和杨桦林（哈巴罗夫斯克边疆区南部、阿穆尔州南部及犹太自治州和滨海边疆区全境），在阿穆尔州和哈巴罗夫斯克边疆区北部，主要是各种落叶松林，也分布有少量欧洲赤松林。落叶松的优势树种为兴安落叶松和凯杨德落叶松。云杉的优势树种是卵果鱼鳞云杉 和鱼鳞云杉及红皮云杉（*Picea koraiensis*）。

俄罗斯克拉斯诺亚尔斯克边疆区在行政区划上由三部分组成，其最北部为泰梅尔自治区，主要分布有各种苔原植被，只在其南部分布有落叶松疏林等；其中东部为埃文基自治区，主要的森林类型为落叶松林；该边疆区的主体在其西南部地区，即狭义的克拉斯诺亚尔斯克边疆区，该地区森林类型非常丰富，有 5 种欧洲赤松林、7 种云冷杉林、3 种以西伯利亚红松为优势种的五针松林及少部分落叶松林和 1 种杨桦林。

环贝加尔湖地区主要分布有 16 个森林类型，分属于 5 种大的森林类型，分别为针叶林中的落叶松林、欧洲赤松林、五针松林、云冷杉林和阔叶松林中的杨桦林。在伊尔库茨克州分布有其中的 13 个森林类型。组成各种森林类型的主要针叶类建群种有西伯利亚落叶松、兴安落叶松、欧洲赤松、西伯利亚云杉、西伯利亚冷杉、西伯利亚红松以及偃松等，主要阔叶类建群种有欧洲白桦和欧洲山杨等。

欧洲赤松是阳性树种，考察中发现，环贝加尔湖地区的欧洲赤松林主要依靠森林火来维持更新，一般在森林火发生 3 年以上的火烧迹地出现欧洲赤松幼苗，形成该树种的绝对同龄林；也偶见通过林窗（gap）更新形成的欧洲赤松相对同龄林。在周边有西伯利亚红松种源的地段，没有发生森林火的欧洲赤松林下会有大量的西伯利亚红松幼苗更新，并形成西伯利亚红松和欧洲赤松的混交林。该地西伯利亚落叶松林的更新、演替与欧洲赤松林类似，也通过森林火来完成。

在 2008～2019 年俄罗斯环贝加尔湖地区综合科学考察过程中也深刻体会到该地区森林资源的富饶，当地居民主要以纯木材或原木搭建住房也充分证明了这一点。考察区内，几乎到处都为森林所覆盖，且以欧洲赤松林（主要分布在海拔 1200m 以下）和西伯利亚落叶松林（主要分布在海拔 1200m 以上地区）为主，西伯利亚红松林、西伯利亚云杉林、西伯利亚冷杉林少见；阔叶林以欧洲白桦林为主，欧洲山杨林少见。

蒙古国森林主要分布在国家的中北部山地。在俄罗斯的大西伯利亚北方森林和中亚的草原荒漠地区之间形成了一个过渡带，是东西伯利亚泰加林的最南界。按优势树种分，主要的森林类型有西伯利亚红松林、西伯利亚落叶松林、欧洲赤松林、以白桦为主的阔叶林等。

5.2.4   健康状态（病虫害和火灾风险）

根据 2008～2019 年的多次野外考察，俄罗斯森林整体健康状况良好，局部地段因森林火等灾害有不良表现。俄罗斯森林健康影响因素有森林火、森林虫害、森林病害、严重气象灾害和外来入侵物种等。虫害和病害导致俄罗斯森林健康受损面积要高于或等同于森林火，虫害尤其明显。俄罗斯森林火过火面积年度波动有明显上升趋势，最明显的是 1996～2006 年，间接证明俄罗斯科学院西伯利亚分院苏卡乔夫森林研究所专家的研究结论是正确的。

俄罗斯以森林火为主的各种野火发生频次也有稍许上升趋势，特别是 1999 年和 2002 年。发生频次以欧洲地区最高，亚洲地区以伊尔库茨克州、布里亚特共和国及克拉斯诺亚尔斯克边疆区南部较高。俄罗斯以森林火为主的野火发生面积较大地域集中在俄罗斯西伯利亚地区和远东地区。其中远东地区以哈巴罗夫斯克边疆区东部为主，阿穆尔州次之；环贝加尔湖地区南部及克拉斯诺亚尔斯克边疆区是野火发生面积相对较大的另一严重地区；萨哈（雅库特）共和国的雅库茨克周边地区是野火发生的另一相对集中地区。

5.3   森林木材资源开发潜力

根据森林生长率、森林蓄积量、林龄结构等指标可很好地反映和测算未来一段时期区域木材可采伐潜力，对指导森工产业发展意义重大。

5.3.1   森林生长率

调查发现，俄罗斯森林活立木年平均净生长量一直在增加，从 1990 年的 9.0 亿 m^3 增加到 2015 年的 10.2 亿 m^3。俄罗斯森林样地实际观测数据表明，俄罗斯森林活立木单位面积年净生长量也在增加，其针叶林的单位面积年净生长量从 $1.11m^3/hm^2$ 增加到 $1.13m^3/hm^2$，阔叶林的单位面积年净生长量从 $1.52m^3/hm^2$ 增加到 $1.74m^3/hm^2$。利用俄罗斯森林活立木年净生长量数据，结合俄罗斯森林活立木蓄积量可以推算出俄罗斯森林活立木年净生长率。结果显示，俄罗斯森林活立木年净生长率也有逐年增加趋势。

5.3.2　森林蓄积量

1990～2015 年俄罗斯森林面积基本都在增加，森林活立木蓄积量也在增加，其中增加较多的是阔叶林蓄积量，针叶林蓄积量反而在下降。俄罗斯森林覆盖率（指郁闭林）一直在 47.5% 左右波动，表明俄罗斯森林分布相对较稳定。俄罗斯森林单位面积蓄积量基本在 99m³/hm² 左右波动，相比较而言，同期我国东北地区森林单位面积蓄积量只有 88m³/hm²，可能与俄罗斯森林林龄结构与成过熟林比例相对较大有关。俄罗斯各地区主要森林类型活立木蓄积量见图 5-4～图 5-6。

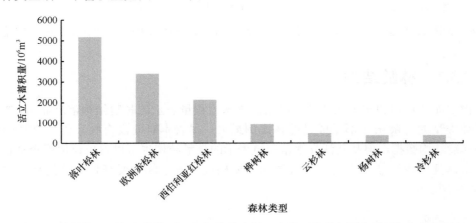

图 5-4　俄罗斯环贝加尔湖地区（伊尔库茨克州、布里亚特共和国和后贝加尔边疆区）
主要森林类型活立木蓄积量

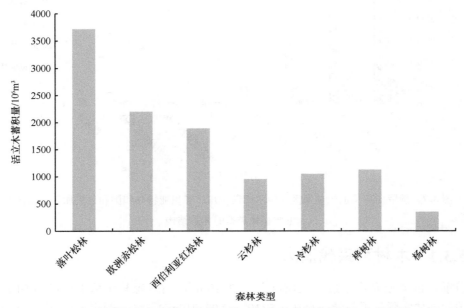

图 5-5　俄罗斯克拉斯诺亚尔斯克边疆区主要森林类型活立木蓄积量

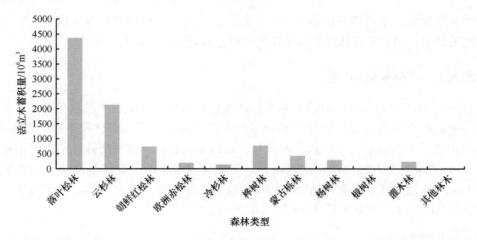

图 5-6　俄罗斯远东地区（阿穆尔州、哈巴罗夫斯克边疆区、滨海边疆区）主要森林类型活立木蓄积量

5.3.3　林龄结构

伊尔库茨克州和布里亚特共和国用活立木蓄积量表示的林龄结构信息显示，3 种主要森林类型的林龄结构都是成过熟林比例最大。尽管本研究没有收集到用森林面积表示的林龄结构数据，但从其活立木蓄积量表示的林龄结构也可以得出该地区森林资源非常丰富，且以成过熟林为其森林资源的主要构成。各地区主要森林类型的林龄结构见图 5-7～图 5-9。

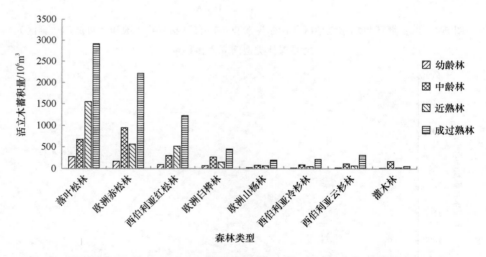

图 5-7　俄罗斯环贝加尔湖地区（伊尔库茨克州、布里亚特共和国和后贝加尔边疆区）
主要森林类型的林龄结构

5.3.4　木材可采伐潜力

目前，俄罗斯允许年最大采伐量为 $5.52×10^8m^3$，占其森林年总生长量的 54.1%，但现实中的森林实际年采伐量一直在 $1.5×10^8～2.07×10^8m^3$ 波动，早期较高，达 $3.55×10^8m^3$，

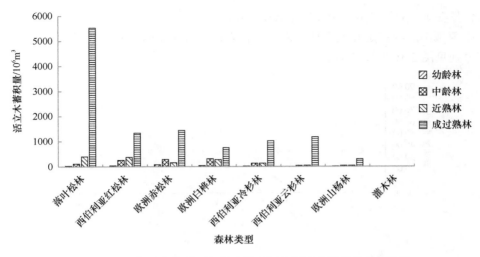

图 5-8　俄罗斯克拉斯诺亚尔斯克边疆区主要森林类型的林龄结构

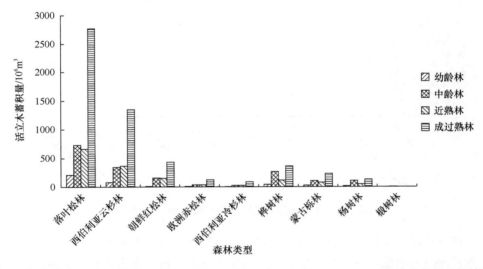

图 5-9　俄罗斯远东地区（阿穆尔州、哈巴罗夫斯克边疆区、滨海边疆区）主要森林类型的林龄结构

之后连续下降，并最终稳定在 $1.8 \times 10^8 m^3$ 左右，表明俄罗斯森林资源的富有以及中俄之间合作开发其森林资源为中国经济建设所用是有可能的。

各州、边疆区、共和国的森林类型开发潜力具体数据处理需要各地区森林类型活立木蓄积年平均净生（增）长量（率）数据，目前没有找到以州、边疆区、共和国为统计单元的数据，仅有俄罗斯亚洲部分森林活立木蓄积年平均净生（增）长量数据，据此可以计算出该地区的森林活立木年净生（增）长率为 1.03%，同理得俄罗斯联邦的森林活立木蓄积年平均净生（增）长率为 1.19%。作为参照数据，同期中国内蒙古森林活立木蓄积年净生长率为 1.54%，黑龙江为 2.30%，吉林为 2.97%，新疆为 2.52%。

联合国粮食及农业组织报告显示，俄罗斯联邦森林年允许采伐量为 $5.51 \times 10^8 m^3$，占森林年平均生长量（$9.704 \times 10^8 m^3$）的 56.78%，其亚洲部分的森林年允许采伐量为 $3.38 \times 10^8 m^3$，占森林年平均生长量（$6.11 \times 10^8 m^3$）的 55.32%。俄罗斯联邦 2000～2011 年原木

年采伐量在 $1.5×10^8 \sim 2.07×10^8 m^3$（FAO，2015）。

中蒙俄国际经济走廊俄罗斯境内两个代表性大区即东西伯利亚和远东地区的森林覆盖率分别见图 5-10 和图 5-11。

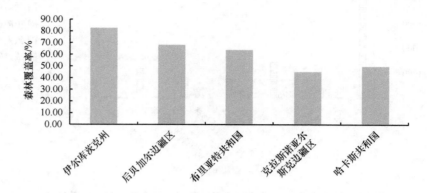

图 5-10 俄罗斯东西伯利亚地区的森林覆盖率（2016 年）

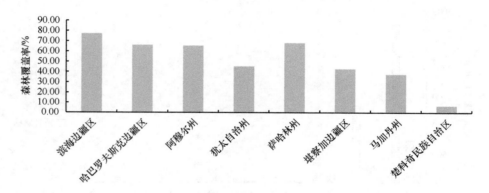

图 5-11 俄罗斯远东地区的森林覆盖率（2016 年）

根据森林覆盖率＞50% 的标准，可以确定俄罗斯东西伯利亚地区和远东地区具有森林资源开发潜力的地区有环贝加尔湖地区的伊尔库茨克州、布里亚特共和国、后贝加尔边疆区，远东地区的阿穆尔州、哈巴罗夫斯克边疆区、滨海边疆区。

联合国粮食及农业组织报告显示，俄罗斯联邦森林年允许采伐量的利用率为 23.6%，东西伯利亚地区为 19%，远东地区为 13%。据此可以推算出东西伯利亚地区和远东地区的森林资源开发潜力分别为该地区森林年允许采伐量的 51% 和 57%（按允许最大采伐量的 70% 考虑），表明这两个地区有大量的森林可采伐资源为人类经济活动所用，完全可以在考虑可持续发展和减缓气候变化的前提下，通过国家间合作的方式，共同开发利用该地区过多的成过熟林资源。

俄罗斯克拉斯诺亚尔斯克边疆区林业开发潜力巨大，中资木材加工贸易企业快速进入。伊尔库茨克州和克拉斯诺亚尔斯克边疆区是俄罗斯森林资源最为丰富的两个地区，根据森林样地实测数据和相关模型测算，这两个地区主要树种的森林蓄积量确实具有优势，且森林生产力很高。根据森林监测数据和经典模型测算及相关辨别标准，西伯利亚地区 10% 区域森林适合高强度开发，30% 区域适合中强度开发，剩余 60% 区域适合保护性开发。考察的四个地区中坎斯克地区适宜采伐（开发）的森林中，已开发面积仅占 18%，剩余资源开发潜力依然巨大。目前中资企业已在坎斯克、泰舍特两个地区木材加工贸易中占据主导地位，尤其是坎斯克中资木材加工贸易企业数量在 2018～2020 年剧增。

利用考察数据，构建了俄罗斯西伯利亚地区和远东地区典型树种生物量评估模型，测算了各森林类型的总生长率（量）和活立木蓄积量，结合林龄结构测算了俄罗斯考察区森林类型可采伐量潜力，结合开发便利性和投资环境等因素，得出了中俄森林木材合作的优先区域和重点区域主要在西伯利亚铁路、贝阿铁路沿线 60°N 以南地区。在此基础上提出了中俄森林木材资源合作重点区域、重点领域和典型模式（图 5-12）。

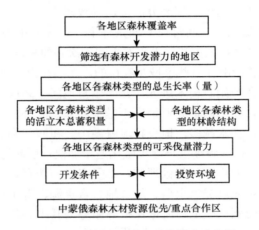

图 5-12　森林资源潜力评价技术路线图

目前能确定的中蒙俄国际经济走廊森林资源开发具备潜力的地区有环贝加尔湖地区（包括伊尔库茨克州、布里亚特共和国、后贝加尔边疆区）、远东地区（包括阿穆尔州、哈巴罗夫斯克边疆区、滨海边疆区），以及西伯利亚地区的克拉斯诺亚尔斯克边疆区、托木斯克州。伊尔库茨克州、克拉斯诺亚尔斯克边疆区因为木材资源极丰富、投资环境良好和交通便利性，可作为优先合作区。

俄罗斯远东部分地区的森林资源也是以成过熟林为主，优势树种上以落叶松为主，主要分布在哈巴罗夫斯克边疆区的东北部和阿穆尔州的北部，是该区今后两国森林资源合作开发的重点，其次是分布在俄罗斯哈巴罗夫斯克边疆区及滨海边疆区的朝鲜红松和云杉林资源，阔叶林资源应重点考虑栎林和各种桦树林，欧洲赤松林资源不是该地区合作开发的重点。

5.3.5　气候变化潜在影响

需要注意的是，克拉斯诺亚尔斯克边疆区的森林覆盖率虽然仅为 40%，但考虑到该边疆区大部分地理范围位于 70°N 以上的苔原地带，因此，其实际的有效森林覆盖率远高于 50%。此外，克拉斯诺亚尔斯克边疆区还拥有优越的铁路运输条件。鉴于这些因素，我们应当将其视为国际合作开发森林资源的有利地区之一。与此相似的地区是萨哈（雅库特）共和国，因属于北极圈范围，尽管该区森林资源很丰富，且大部分是成过熟林资源，考虑到它们对全球气候变化作用可能更大，不适宜作为今后国家间森林资源合作开发的选项。

全球气候变化对西伯利亚地区水循环和植被的确存在影响，但地区差异较大。俄罗斯科学家观测数据显示，近几十年来西伯利亚地区降雨变化不大，但蒸发增加所引起的水分缺失和干旱，导致森林火灾加剧，进而影响森林生态系统和水循环，森林蒸发把水分运送到沿海地区。现在全球尺度比较关注冰川的减少，但是在阿尔泰地区发现冰川面积有所增加，所以全球气候模型对一些区域上的水分刻画不好，需要加强区域尺度的研究。蒙古国和中国北部的水分来源很多是通过西伯利亚森林的蒸腾作用传输过来的，因此研究西伯利亚水文循环及森林蒸散耗水对研究蒙古国和中国北部气候变化非常重要。气候变化对森林的影响主要通过土壤水分散失，导致树木无法适应而死亡，特别是红松和冷杉水分散失后很容易死亡，同时在干燥条件下，森林病虫害增多，加剧树木死亡。近些年来，西伯利亚地区森林火灾和病虫害发生的频次和面积均在增加。

气候变暖对树线上移影响在有些区域是存在的，尤其在山区垂直带林线处更为明显，高山上原来是苔原，现在开始有树木进入，在阿尔泰地区、萨彦岭地区特别明显，在西西伯利亚地区非常明显，在东西伯利亚地区不是很明显。此外，在西伯利亚南部温带相对干燥区域，植被越好，耗水越多，地表径流就越少。在西伯利亚北部寒区，温度上升在引起植被变好的同时，也导致冰雪与冻土融化速率加快，引起地表径流增加。

考虑到蒙古国地处中亚内陆，气候严酷，干旱多风，伴有短暂的生长季，其森林生长率很低，故蒙古国森林应以提供土壤、放牧地、水资源、野生动物保护，以及减缓气候变化、减少其他环境问题、碳汇、流域保护等服务为其中心任务，并在永久冻土保持以及限制其他有害气体排放中发挥其重要作用。

5.4 森林木材资源开发利用现状与问题

俄罗斯森林资源储量丰厚，具有极大的开发潜力，木材资源采伐量逐年平稳递增，从 2010 年的 $1.76 \times 10^8 m^3$ 增长到 2019 年的 $2.18 \times 10^8 m^3$。随着森林工业战略的调整，俄罗斯更加注重木材资源深加工，木材加工量从 2010 年的 $4.658 \times 10^7 m^3$ 增加到 2019 年的 $7.392 \times 10^7 m^3$，增长了 58.69%。俄罗斯通过立法和关税政策，严格控制原木出口配额，在中俄木材资源贸易中，虽然中俄木材资源流动集中于原产品或粗加工产品，但原木的贸易量逐年下降，锯材、木浆、新闻纸以及新闻纸以外的纸板、纸等加工品的贸易量逐年稳步递增。

5.4.1 木材资源开发现状

从木材资源采伐总量看，俄罗斯原木生产量多年处于平稳增长态势。2010～2019 年，木材资源采伐总量在 $1.755\ 770\ 10 \times 10^8 m^3$（2010 年）～$2.360\ 809\ 17 \times 10^8 m^3$（2018 年）波动式增长，2010～2019 年采伐总量增长了 24.42%。其中木质燃料从 2010 年的 $1.390\ 601\ 0 \times 10^7 m^3$ 增长到 2019 年的 $1.520\ 807\ 6 \times 10^7 m^3$，最高年份为 2018 年的 $1.643\ 347\ 1 \times 10^7 m^3$；锯材和单板原木从 2010 年的 $1.075\ 59 \times 10^8 m^3$ 增长到 2019 年的 $1.361\ 981\ 42 \times 10^8 m^3$，最高年

份为 2018 年的 1.471 738 16×10⁸m³；纸浆原木从 2010 年的 3.9752×10⁷m³ 增长到 2019 年的 4.926 993 5×10⁷m³，最高年份为 2018 年的 5.324 040 6×10⁷m³；其他工业原木从 2010 年的 1.4284×10⁷m³ 增长到 2019 年的 1.772 586 6×10⁷m³，最高年份为 2018 年的 1.915 432 4×10⁷m³；木炭木采伐量多年波动，前半期采伐量稳定在 5×10⁴m³ 以上，后期增加到 7×10⁴m³ 以上，2019 年陡然下降到 4.98×10⁴m³（表 5-1）。

表 5-1　2010～2019 年俄罗斯木材生产量

年份	木质燃料/m³	锯材和单板原木/m³	纸浆原木/m³	其他工业原木/m³	木炭木/m³	合计/m³
2010	13 906 010	107 559 000	39 752 000	14 284 000	76 000	175 577 010
2011	15 602 011	115 000 000	44 600 000	16 025 000	51 000	191 278 011
2012	14 602 012	119 000 000	43 000 000	15 455 000	53 224	192 110 236
2013	14 084 143	120 948 000	43 722 000	15 707 921	51 200	194 513 264
2014	14 702 506	126 260 000	45 642 000	16 397 843	52 634	203 054 983
2015	15 002 015	127 607 000	46 250 000	16 650 000	52 320	205 561 335
2016	15 607 323	132 756 000	48 116 000	17 321 892	70 000	213 871 215
2017	14 790 324	132 456 435	47 916 366	17 238 892	73 000	212 475 017
2018	16 433 471	147 173 816	53 240 406	19 154 324	78 900	236 080 917
2019	15 208 076	136 198 142	49 269 935	17 725 866	49 800	218 451 819
2019 年比例/%	6.962	62.347	22.554	8.114	0.023	100.00

从木材采伐用途结构看，采伐量占比最高的为锯材和单板原木，其次为纸浆原木，再次为其他工业原木和木质燃料，木炭木占比极低。根据 2019 年数据分析，锯材和单板原木采伐量为 1.361 981 42×10⁸m³，占总采伐量的 62.347%；纸浆原木采伐量为 4.926 993 5×10⁷m³，占总采伐量的 22.554%；其他工业原木采伐量为 1.772 586 6×10⁷m³，占总采伐量的 8.114%；木质燃料采伐量为 1.520 807 6×10⁷m³，占总采伐量的 6.962%；木炭木采伐量为 4.9800×10⁴m³，仅占总采伐量的 0.023%（表 5-1、图 5-13）。

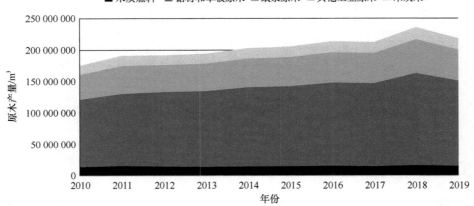

图 5-13　2010～2019 年俄罗斯原木产量变动情况

从各年针叶林和非针叶林（阔叶林）采伐量看，针叶林采伐量呈迅速增长趋势，非针叶林（阔叶林）采伐量呈逐年下降趋势。针叶林采伐量 2010 年为 1.176 550 10×10^8m³，2018 年达到 1.868 036 98×10^8m³ 的最高水平，增长了 58.77%；非针叶林采伐量由 2010 年的 5.7846×10^7m³ 下降到 2019 年的 4.552 929 2×10^7m³，下降了 21.3%。针叶林采伐比例从 2010 年的 67.04% 增加到 2019 年的 79.15%；非针叶林（阔叶林）采伐比例从 2010 年的 32.96% 下降到 2019 年的 20.85%（表 5-2、图 5-14）。

表 5-2　2010～2019 年针叶林与非针叶林采伐总量与比例变动

年份	针叶林/m³	非针叶林/m³	合计/m³
2010	117 655 010	57 846 000	175 501 010
2011	127 627 011	63 600 000	191 227 011
2012	128 221 012	63 836 000	192 057 012
2013	153 804 770	40 657 294	194 462 064
2014	160 559 132	42 443 217	203 002 349
2015	162 422 015	43 087 000	205 509 015
2016	168 976 173	44 825 042	213 801 215
2017	168 123 530	44 278 487	212 402 017
2018	186 803 698	49 198 319	236 002 017
2019	172 872 727	45 529 292	218 402 019
2010 年比例/%	67.04	32.96	100
2019 年比例/%	79.15	20.85	100

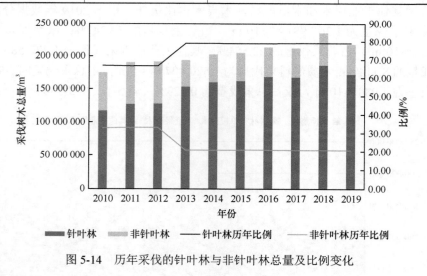

图 5-14　历年采伐的针叶林与非针叶林总量及比例变化

5.4.2　木材加工

俄罗斯木材加工生产品主要分为以原木为加工品的木材加工品和木质纸浆两大类。其中木材加工品按统计标准分为锯材、木片和颗粒、刨花板、胶合板、饰面板、OBS 欧松板、硬质纤维板和中低密度板八大类。

俄罗斯木材加工品 2010～2019 年呈连年稳步增长趋势，这凸显了俄罗斯更加注重木材资源深加工的森工生产战略。总生产加工量从 2010 年的 $4.6582×10^7m^3$ 增长到 2019 年的 $7.3922×10^7m^3$，增长了 58.69%。其中锯材从 2010 年的 $2.887×10^7m^3$ 增长到 2019 年的 $4.4466×10^7m^3$，增长了 54.02%；木片和颗粒从 2010 年的 $7.6×10^6m^3$ 增长到 2019 年的 $1.0195×10^7m^3$，增长了 34.14%；刨花板从 2010 年的 $5.429×10^6m^3$ 增长到 2019 年的 $8.395×10^6m^3$，增长了 54.63%；胶合板从 2010 年的 $2.689×10^6m^3$ 增长到 2019 年的 $4.061×10^6m^3$，增长了 51.02%；饰面板从 2010 年的 $3.2×10^5m^3$ 增长到 2019 年的 $1.7×10^6m^3$，增长了 431.25%；OBS 欧松板从 2012 年的 $3×10^4m^3$ 陡然增长到 2019 年的 $1.455×10^6m^3$，增长了 4750%；硬质纤维板是唯一减产的产品，从 2010 年的 $5.96×10^5m^3$ 下降到 2019 年的 $4×10^5m^3$，下降了 32.89%；中低密度板从 2010 年的 $1.078×10^6m^3$ 增长到 2019 年的 $3.25×10^6m^3$，增长了 201.48%（表 5-3）。

表 5-3　俄罗斯历年木材加工分类产量、总产量及期初、期末比例

年份	锯材/ 10^4m^3	木片和颗粒/10^4m^3	刨花板/ 10^4m^3	胶合板/ 10^4m^3	饰面板/10^4m^3	OBS 欧松板/10^4m^3	硬质纤维板/10^4m^3	中低密度板/10^4m^3	合计/10^4m^3
2010	2 887.0	760.0	542.9	268.9	32.0	0.0	59.6	107.8	4 658.2
2011	3 121.5	479.5	663.4	304.0	52.7	0.0	70.3	119.7	4 811.1
2012	3 223.0	455.7	672.3	315.2	55.8	3.0	97.5	131.6	4 953.9
2013	3 350.0	690.0	655.5	330.3	68.6	10.1	95.8	111.0	5 311.3
2014	3 460.0	678.7	618.3	354.0	71.2	36.0	52.8	188.5	5 459.5
2015	3 450.0	756.8	659.1	360.0	75.9	61.8	49.2	223.0	5 636.5
2016	3 679.4	846.7	657.3	375.9	88.8	79.7	43.7	259.5	6 031.0
2017	4 058.4	861.1	746.0	372.9	132.7	101.3	42	297.0	6 611.4
2018	4 270.1	975.6	840.0	401.3	175.9	135.6	41.8	314.7	7 155.0
2019	4 446.6	1 019.5	839.5	406.1	170.0	145.5	40	325.0	7 392.2
期初期末增长率/%	54.02	34.14	54.63	51.02	431.25	4 750.00	−32.89	201.48	58.69
2010 年占比/%	61.98	16.32	11.65	5.77	0.69	0.00	1.28	2.31	100
2019 年占比/%	60.15	13.79	11.36	5.49	2.30	1.97	0.54	4.40	100

注：OBS 欧松板期初期末增长率是 2012～2019 年增长率。

2019 年，在木材加工品分类生产比例中，产量由高到低排序分别为锯材、木片和颗粒、刨花板、胶合板、中低密度板、饰面板、OBS 欧松板和硬质纤维板。锯材产量比例长期占据第一位，2010～2019 年的比例分别为 61.98% 和 60.15%，比例变化不大；木片和颗粒产量比例稳居第二位，2010 年比例为 16.32%，2019 年下降到 13.79%；刨花板产量稳定在第三位，2010 年和 2019 年产量比例分别为 11.65% 和 11.36%；其余依次为胶合板、中低密度板、饰面板等。值得一提的是，具有较高加工水平和高价值的 OBS 欧松板生产从无到有增长较快，2019 年产量达到 $1.455×10^6t$，占比达到近 2%。

俄罗斯木质纸浆生产产能 10 年来稳定增长。2010 年木质纸浆总产能为 $7.348\ 010\times 10^{6}$t，2015 年后总产能稳定增长到 8×10^{6}t 以上，2019 年为 8.227×10^{6}t，2010～2019 年增长了 11.96%（表 5-4）。

表 5-4　2010～2019 年俄罗斯木质纸浆生产情况汇总

年份	机械和半化学木浆/t	化学木浆/t	合计/t	比例/%		比期初增长/%
				机械和半化学木浆	化学木浆	
2010	2 426 010	4 922 000	7 348 010	33.02	66.98	0
2011	2 654 017	5 193 000	7 847 017	33.82	66.18	6.79
2012	2 260 012	5 314 000	7 574 012	29.84	70.16	3.07
2013	2 093 013	5 080 000	7 173 013	29.18	70.82	−2.38
2014	2 042 014	5 463 000	7 505 014	27.21	72.79	2.14
2015	2 751 201	5 325 000	8 076 201	34.07	65.93	9.91
2016	2 802 016	5 552 000	8 354 016	33.54	66.46	13.69
2017	2 280 000	6 012 000	8 292 000	27.50	72.50	12.85
2018	2 420 000	6 159 000	8 579 000	28.21	71.79	16.75
2019	2 351 000	5 876 000	8 227 000	28.58	71.42	11.96

木质纸浆分为机械和半化学木浆、化学木浆两类，其中机械和半化学木浆生产量与生产量占比都有所下降，化学木浆生产总量和占比均有上升。机械和半化学木浆生产量从 2010 年的 $2.426\ 010\times10^{6}$t 下降到 2019 年的 2.351×10^{6}t，下降了 3.1%；生产总量占木质纸浆总量的比例从 33.02% 下降到 28.58%。化学木浆生产量从 2010 年的 4.922×10^{6}t 增长到 2019 年的 5.876×10^{6}t，增长了 19.38；生产总量占木质纸浆总量的比例从 2010 年的 66.98% 增长到 2019 年的 71.42%（表 5-4、图 5-15）。

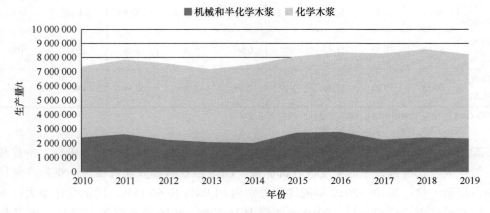

图 5-15　2010～2019 年俄罗斯木质纸浆生产量

5.4.3　木材贸易

1）中俄木材资源流向与流量

长期以来，俄罗斯木材资源几乎是单向流往中国，即中国对俄罗斯木材的进口量大大高于出口量。从 1997 年有统计数据以来，中俄木材资源贸易规模迅速增长，从 1997 年的 2.22 亿美元迅猛增长到 2010 年的 31.70 亿美元和 2017 年的 43.30 亿美元，贸易额比 1997 年分别增长了 1327.93% 和 1850.45%。从 20 世纪末到 2004 年，进口额占进出口总额的 99% 以上，2005 年后中国逐渐向俄罗斯出口木材产品，出口额和出口量明显增加，2007 年突破 1 亿美元达到 1.33 亿美元，2013 年达到最高值，其间也有明显的波动。绝大多数年份，中俄木材资源贸易中方进口额比例都占到贸易总额的 90% 以上，2017 年进口额比例为 95.76%（图 5-16）。

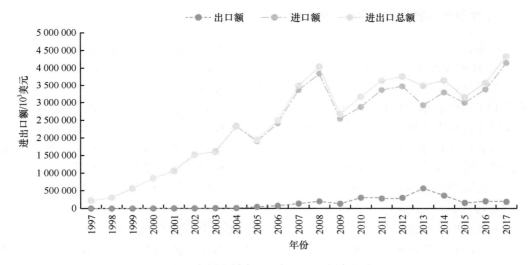

图 5-16　中俄木材产品历年进出口额变化情况

中俄木材资源流动集中于原产品或粗加工产品，如原木、锯材、木浆、新闻纸以及新闻纸以外的纸板、纸等加工品（图 5-17）。上述产品进口总额从 1997 年的 2.19 亿美元上升到 2017 年的 39.03 亿美元，长期占据进口总额的 95% 左右。其中原木、锯材和木浆长期占到大宗木材及初级产品进口总额的 95% 左右。而原木、锯材、木浆等出口量极少，与进口量相比几乎可以忽略不计。

对俄木材资源进出口贸易中还有少量的木制半成品或成品，如薪片、薄板、颗粒板、纤维板、胶合板等，其大部分年份进出口比例在 1% 以下，个别年份比例在 2% 左右，对木材贸易总体格局影响极小。其中薪片和薄板以进口为主，碎料板、颗粒板、木屑板和胶合板以出口为主，纤维板纯出口。

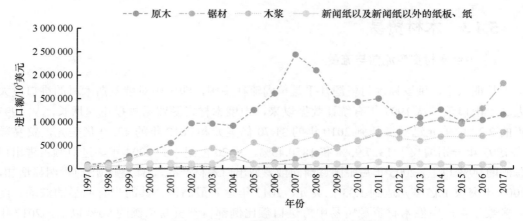

图 5-17　中国从俄罗斯进口主要木材资源历年变化情况

2）木材资源流动主要产品类型

原木。原木长期是中国进口木材的主要品种，进口量在 2007 年前后达到高峰，进口额达到 24.43 亿美元，占到进口总额的 72.65%。之后，俄罗斯采取对原木出口课以重税、鼓励半成品和成品出口的政策，原木进口量有所下降并稳定在一定水平，2017 年进口总额为 11.67 亿美元，比例为 28.14%。进口树种结构上，俄罗斯针叶原木进口比例长期在 90% 以上，集中在樟子松、红松、白松、落叶松等针叶类树种，近年进口比例在 85% 左右；而非针叶林进口比例在 5%～25% 波动，包括阔叶林木如柞木、水曲柳、桦木、椴木、杨木等，以柞木和水曲柳最为集中，主要来自俄罗斯远东地区的哈巴罗夫斯克边疆区和滨海边疆区。2017 年原木进口数量中针叶林和非针叶林树种比例约为 74.32∶25.68（表 5-5）。

锯材。中国从俄罗斯进口锯材量前期较少，2004 年后进口总量和比例都呈逐渐增加趋势，进口总量逐渐超过原木进口总量，实际上是对原木资源的替代。2017 年进口总额达到 18.31 亿美元，比例为 44.17%。进口树种结构上，针叶林和非针叶阔叶林树种进口数量比例从 1997 年的 62.49∶37.51 变化为 2017 年的 90.04∶9.96，针叶林树种占据了绝对主导地位（表 5-5）。

表 5-5　中国从俄罗斯进口原木、锯材数量及品种情况

年份	原木			锯材		
	进口总量/10⁴m³	针叶占比/%	非针叶占比/%	进口总量/10⁴m³	针叶占比/%	非针叶占比/%
1997	92.37	57.60	42.40	1.20	62.49	37.51
1998	156.00	68.83	31.17	1.30	80.64	19.36
1999	428.19	92.24	7.76	8.93	92.67	7.33
2000	590.70	92.95	7.05	16.97	82.79	17.21
2001	874.03	94.22	5.78	33.05	78.33	21.67
2002	1 426.10	97.20	2.80	59.38	84.01	15.99
2003	1 409.64	90.51	9.49	34.95	74.88	25.12

年份	原木			锯材		
	进口总量/10^4m^3	针叶占比/%	非针叶占比/%	进口总量/10^4m^3	针叶占比/%	非针叶占比/%
2004	1 628.23	86.59	13.41	125.63	89.11	10.89
2005	1 819.46	89.83	10.17	164.92	71.43	28.57
2006	2 330.39	81.28	18.72	173.60	80.31	19.69
2007	2 206.10	95.43	4.57	176.10	85.18	14.82
2008	1 889.00	74.30	25.70	213.60	88.34	11.66
2009	1 191.70	95.88	4.12	336.30	91.17	8.83
2010	1 412.70	93.46	6.54	495.20	87.72	12.28
2011	1 473.40	94.14	5.86	662.40	90.17	9.83
2012	941.60	96.38	3.62	682.50	89.20	10.80
2013	1 070.10	86.00	14.00	834.00	92.45	7.55
2014	1 116.30	83.53	16.47	872.40	91.84	8.16
2015	1 087.80	77.36	22.64	741.10	87.52	12.48
2016	1 182.20	79.44	20.56	1 115.90	90.19	9.81
2017	1 272.60	74.32	25.68	1 279.70	90.04	9.96

中国进口俄罗斯针叶原木和锯材的数量远远大于阔叶原木和锯材的原因有三：①阔叶林主要的产地——俄罗斯远东南部地区已经进行过砍伐，后备资源不足；②阔叶林具有比针叶林更高的商业价值和环境价值，故被俄罗斯严格限制出口；③中国家具、装修领域对针叶林木材需求较大。

木浆。木浆进口总量 2007 年后稳步增加，2010 年后维持在较稳定的水平并略有增长，2017 年进口总额达到 7.9 亿美元，占总进口额的比例为 19.06%。

新闻纸以及新闻纸以外的纸板、纸。其中，新闻纸以进口为主，且进口额从 1997 年的 0.47 亿美元下降到 2017 年的 0.23 亿美元，2009 年后仅有极少量用于向俄罗斯出口。新闻纸外的纸板、其他纸等进出口总额逐年上升，每年进出口总额从 1997 年的 0.08 万美元增长到 2017 年的 1.86 亿美元，初期进口比例在 90% 以上，2010 年后出口比例逐年增长，后期进出口比例趋于平衡，2017 年出口比例达 50.73%。

3）中俄木材资源合作主要通道

陆路口岸。俄罗斯木材多由铁路经陆路运入中国，主要陆路口岸包括满洲里、二连浩特、绥芬河等，三地通货占全部进出口量的 90% 以上。除了以上三地外，还有新疆维吾尔自治区的阿拉山口、吉林省的珲春等口岸，中国黑龙江省的嘉荫、同江、抚远、黑河、饶河、虎林、东宁等地也有不定期小额贸易。满洲里木材交易市场是中国最大的木材产品综合服务市场，其服务项目涵盖木材加工、木材贸易、物流仓储、网络交易、进口木材产品保税库、木材仓单质押贷款和物业管理等多种服务。

海上运输。俄远东太平洋沿岸，从南向北分布着 32 个海港，其中具有木材运输能力的港口有滨海边疆区的东方港、纳霍德卡港、符拉迪沃斯托克港，哈巴罗夫斯克边疆区的瓦尼诺诺港，堪察加边疆区的彼得罗巴甫洛夫斯克港，萨哈林州的科尔萨科夫港等。我国江苏太仓港进口俄罗斯木材一直保持着良好的发展势头，当前已成为中国海路进口俄木材的第一大港。

5.4.4　存在问题

1）俄罗斯对外合作有关法规不健全

俄罗斯国别投资风险一直较高，地方政府工作效率较低，政策尺度把握不严，中央法律法规难以得到有效贯彻执行。俄罗斯政策多变，对外贸易政策经常会发生重大调整，且在做出调整之前，一般不预留过渡期。加上贸易保护主义，境内外投资者的正常经营遭受侵害甚至破坏的事件时有发生。浙江民企商人傅建中斥巨资收购了俄罗斯的木兴林场，林地面积为 $2.47 \times 10^5 hm^2$。前期投入 1 亿多元，经过 3 年多开发，建成了办公楼、职工宿舍楼、储木场、造材生产线等基础设施。林场的原木采伐能力由刚投资时的年产 $4000 m^3$，3 年后一跃而为 $8 \times 10^4 m^3$，第 4 年预计达到可采原木 $1.8 \times 10^5 m^3$，加工板材 $5 \times 10^4 m^3$，森林资产估值从当初的 70 亿元飙升至 150 亿元。2007 年实行新的《俄罗斯联邦森林法典》后，林场公司突然被俄方以涉嫌违法为由查封，公司资产被强制拍卖，森林经营权被提前收回。

2）中国企业应对风险能力差

中国企业多是个人投资，长期难以形成有组织的企业协会或者联盟，企业经营者受到语言、文化等方面的局限，对当地法律、法规、金融政策、环保规定、劳务政策等不甚明了，往往在经营过程中随时被当地检察、法院、警察、劳工、环保、税务、工商等部门发现问题，导致中方经营者疲于应对。中方经营者和俄方合资者、代理公司三方如果缺乏互信，也会在生产经营、利益分成等问题上发生扯皮、争议，最后受损失的往往还是中国一方。

3）森林资源开发深度合作不足

除了少部分有政府背景实力雄厚的企业外，中国在俄罗斯企业集中于收购、粗加工、销售等下游环节，极少从事木材采伐、技术合作、木材深加工等。通过对中方企业经营者的访谈了解到，很多中国企业主已经在俄罗斯从事 10～20 年木材经营活动，他们的切身感受是木材采伐、深加工、技术合作等方面投入大、风险高，体现在申请采伐证难、基础设施建设和设备投入占用资金大、技术工人难以从国内招聘、生产安全风险大、天气变化影响作业、交通运输困难等。经历过多次失败和亏本后，中国企业主形成了一个共识，重点进行木材粗加工、销售环节的经营。这样投入少，资金回收周期短，相应风险可控。

5.5　森林木材资源合作

通过对中俄两国木材资源供给–需求平衡进行分析发现，中国木材资源市场对俄罗斯森林木材资源具有极大的吸引力，特别是从地理区位和比较优势看，俄罗斯西伯利亚和远东地区的森林木材资源与中国市场的合作将会更加长远，合作范围和领域也将更加广阔。

5.5.1　合作现状与问题

1）主要合作内容

重点合作方向。中俄森林资源合作始于 20 世纪 80 年代末，主要是易货形式的原木贸易，企业规模小、法规不健全、合作不规范、合作缺乏深度，但是贸易规模增长迅速且主要是以中国大量进口原木为特点。中俄森林资源合作开发已经从低级的木材易货贸易，扩展到木材贸易为主导，木材采伐和补种、木材深加工、木材工业园区建设、森林防火等多个领域的合作。近年在俄罗斯投资热点向原材料精加工转移，包括纸浆、高密度板、成套家具、集成木屋等。

主要合作主体。俄罗斯方面以森林企业国家森林工业公司组建的 47 个森林工业控股公司及其下属 600 多家当地森工企业为主，同时还有上百家与中国企业建立合作伙伴关系的木材贸易代理公司。中国方面有国有大型林业集团（公司）、中国私营投资（贸易）公司及中国个体小规模木材收购、加工、贸易经营者等。商务部统计，2015 年，中国林业海外投资的主要国家是俄罗斯、加蓬、加拿大、老挝、柬埔寨、新西兰、格鲁吉亚、圭亚那等。民营企业是投资的生力军，占投资额的 95%，国企仅占 4.8%；俄罗斯为最大投资国，投资额为 29.8 亿美元，占投资总额的 76%。

主要合作地区。俄罗斯东西伯利亚和远东地区的克拉斯诺亚尔斯克边疆区、伊尔库茨克州、布里亚特共和国、阿穆尔州、哈巴罗夫斯克边疆区、滨海边疆区、犹太自治州等是中俄森林资源合作的主要地区。这里森林资源丰富，沿西伯利亚铁路和贝阿铁路集中了俄罗斯大量的森工企业和大量成规模的木材加工、制浆、造纸工业中心。中国方面主要是以内蒙古满洲里市、二连浩特市，黑龙江绥芬河市、东宁市，以及吉林珲春市等口岸城市为依托，分布有大量的木材加工、贸易、转运基地，并向东北、华北、西北、华东等地扩散。随着中欧班列开通和江苏太仓港木材集散中心的建设，俄罗斯木材资源逐渐向我国沿海地区、西南地区流动，合作区域逐渐扩大。

合作成效。商务部统计，2016 年中俄两国林产品贸易及投资总额约 57 亿美元，目前有 200 多家中资企业在俄罗斯开展林业投资合作，投资总额超过 30 亿美元，已建成 10 余个具备一定规模的林业合作园区，为当地创造了 2 万多个就业岗位。

2）合作存在的问题

中俄木材资源合作在各方面历经几十年的努力，已经在木材采伐、木材贸易、木材加工、科技合作、综合加工园区建设、资源保护与生态多样性建设等多方面有了一定的成果。但是，总体来看两国木材资源合作依然存在重贸易、轻加工，重资源开发、轻资源保护，重短期效果、轻可持续发展等方面的问题。

5.5.2 中俄木材资源合作前景

1）俄罗斯森林资源开发潜力巨大

森林资源覆盖广、储量丰富。截至 2015 年底，俄罗斯共有森林面积 $8.1493 \times 10^8 hm^2$，森林覆盖率为 47.73%，人均森林面积为 $5.2hm^2$。俄罗斯的森林主要为国有林，属俄罗斯林务局管辖的森林面积约占全国森林总面积的 94%，按森林蓄积量计算，约占全国森林总蓄积量的 91%。集体农庄和国有农场拥有的森林占全国森林总面积的 4%。俄罗斯森林面积和森林蓄积量稳定增长，森林面积从 1990 年的 $8.0895 \times 10^8 hm^2$ 增长到 2015 年的 $8.1493 \times 10^8 hm^2$。立木蓄积量从 1990 年的 $8.004 \times 10^{10} m^3$ 增长到 2015 年的 $8.1488 \times 10^{10} m^3$（表 5-6）。

表 5-6　1990～2015 年俄罗斯森林面积及立木蓄积变化情况

项目	1990 年	2000 年	2005 年	2010 年	2015 年
森林面积/$10^4 hm^2$	80 895	80 927	80 879	81 514	81 493
森林覆盖率/%	47.37	47.39	47.37	47.74	47.73
立木蓄积（带皮材积）/$10^8 m^3$	800.40	802.70	804.79	815.23	814.88

亚洲地区森林资源分布和储量占优。俄罗斯森林资源主要分布在亚洲部分，其中远东地区和西伯利亚地区森林面积占全国森林面积的 71.95%，木材蓄积量占全国的 65.43%，加上大部分位于亚洲的乌拉尔联邦区，亚洲部分森林面积占全国森林面积的 80.72%，木材蓄积量占全国的 75.03%。亚洲部分的森林资源集中在北极圈以南的地区，远东地区以萨哈（雅库特）共和国、哈巴罗夫斯克边疆区、阿穆尔州、滨海边疆区为多，西伯利亚地区以伊尔库茨克州、克拉斯诺亚尔斯克边疆区、布里亚特共和国为多（表 5-7）。

表 5-7　俄罗斯森林资源状况

地区	国土面积 /$10^4 km^2$	森林面积 /$10^4 hm^2$	森林面积比例 /%	森林覆盖率 /%	木材蓄积量 /$10^8 m^3$	木材蓄积量比例 /%
远东联邦区	617.99	29 628	37.21	47.94	210	25.21
西伯利亚联邦区	511.48	27 658	34.74	54.07	335	40.22
西北联邦区	167.79	8 845	11.11	52.71	103	12.37
乌拉尔联邦区	178.70	6 980	8.77	39.06	80	9.60
伏尔加河沿岸联邦区	103.59	3 797	4.77	36.65	58	6.96
中央联邦区	65.28	2 270	2.85	34.77	40	4.80
南部联邦区	62.72	445	0.56	7.10	7	0.84

原生林和天然再生林面积比例极高。2015 年俄罗斯森林总面积中，原生林占 33.50%，其他天然再生林占 64.05%，种植林仅占 2.45%。其中原生林总面积呈稳步增长趋势，

2015 年比 1990 年增加了 $3.1×10^7hm^2$，年均增长 $1.24×10^6hm^2$。其他天然再生林面积呈逐渐减少趋势，2015 年比 1990 年减少了 $3.3×10^7hm^2$，年均减少 $1.32×10^6hm^2$。种植林面积呈稳步增加趋势，2015 年比 1990 年增加了 $7×10^6hm^2$，年均增长 $2.8×10^5hm^2$（表 5-8）。

表 5-8　1990～2015 年俄罗斯森林面积和结构变化情况

项目	森林面积/10^8hm^2					年变化/10^4hm^2			
	1990 年	2000 年	2005 年	2010 年	2015 年	1990～2000 年	2000～2010 年	2010～2015 年	1990～2015 年
原生林	2.42	2.58	2.55	2.73	2.73	1 600	1 500	0	3 100
其他天然再生林	5.55	5.36	5.36	5.22	5.22	−1 900	−1 400	0	−3 300
种植林	0.13	0.15	0.17	0.20	0.20	200	500	0	700
合计	8.09	8.09	8.09	8.15	8.15	0	600	0	600

树种集中且针叶林树种有绝对优势。俄罗斯主要树种较为集中，前 10 个主要树种森林蓄积量占森林总蓄积量的 99.10%。其中前两个主要树种的森林蓄积量占森林总蓄积量的 51.46%，前 4 个主要树种森林蓄积量占森林总蓄积量的 79.35%，前 6 个主要树种的森林蓄积量占到总蓄积量的 93.67%（表 5-9）。

表 5-9　俄罗斯森林蓄积量前十位树种情况

排名	种类（学名）	本地种数	1990 年/10^8m^3	2000 年/10^8m^3	2005 年/10^8m^3	2010 年/10^8m^3	2010 年比例/%	累计比例/%
1	落叶松（larch）	4	2.72	2.53	2.50	2.38	29.20	31.42
2	松树（pine）	6	1.57	1.63	1.62	1.64	20.12	20.04
3	桦树（birch）	10	1.17	1.10	1.16	1.37	16.81	14.89
4	云杉（spruce）	6	0.94	1.09	1.08	1.08	13.25	13.00
5	西伯利亚松（Siberian pine）	1	0.82	0.85	0.84	0.78	9.57	10.20
6	山杨（aspen）	1	0.29	0.32	0.33	0.39	4.79	4.12
7	冷杉（fir）	4	0.29	0.27	0.27	0.25	3.07	3.35
8	橡树（oak）	5	0.09	0.09	0.09	0.09	1.11	1.12
9	椴树（lime）	6	0.05	0.06	0.06	0.06	0.74	0.71
10	山毛榉（beech）	2	0.02	0.02	0.02	0.02	0.25	0.25
	剩余种类	136	0.06	0.07	0.07	0.07	1.10	0.90
	总计（本地）	181	8.02	8.03	8.04	8.15	100.00	100.00

从分类来看，俄罗斯针叶林树种占有绝对优势，其森林蓄积量长期占全国森林蓄积量的 70% 以上，而阔叶林树种长期在 30% 以下。针叶林的主要树种依次为落叶松、松树、云杉和西伯利亚松，阔叶林的主要树种依次为桦树、山杨、橡树和椴树（表 5-9、表 5-10）。

表 5-10 俄罗斯针叶林和阔叶林蓄积量变化

树种	项目	1990 年	2000 年	2005 年	2010 年	2015 年
总蓄积量/10^8m^3		800.40	802.71	804.79	815.23	814.88
针叶林	蓄积量/10^8m^3	631.24	577.88	575.41	578.51	575.36
	比例/%	78.87	71.99	71.5	70.96	70.61
阔叶林	蓄积量/10^8m^3	169.16	224.83	229.38	236.72	239.52
	比例/%	21.13	28.01	28.5	29.04	29.39

俄罗斯亚洲部分针叶林树种优势性更为明显。其中针叶林面积占亚洲部分森林总面积的 84.49%，阔叶林面积占亚洲部分森林总面积的 15.51%；针叶林蓄积量占亚洲部分森林总蓄积量的 86.51%，阔叶林蓄积量占亚洲部分森林总蓄积量的 13.49%。具体树种看，落叶松是最具优势性树种，其面积占亚洲部分森林总面积的 53.74%，其次是松树、红松、云杉和冷杉；阔叶林中桦树的面积比例最高，为 10.65%，其次是山杨、橡树。

亚洲部分成过熟林比例大，适宜开发。俄罗斯成过熟林面积比例为 46.6%，储量比例为 56.6%。其中亚洲部分森林资源的老化最为严重，成过熟林面积和储量比例分别为 48.7% 和 59.8%（表 5-11）。结合俄罗斯森林面积和储量数据计算，亚洲部分（乌拉尔联邦区全部计算在内）成过熟林理论可采面积和储量分别达到了 $3.13×10^8hm^2$ 和 $3.7375×10^{10}m^3$，可采森林资源非常丰富。长期以来亚洲部分人烟稀少，原始森林比例大，加之远离欧洲国家的木材需求市场，区外交通距离长、运输成本高，区内林区道路严重开发不足，导致森林开采强度过低，成过熟林大量积压、腐烂。

表 5-11 俄罗斯欧洲和亚洲部分不同树龄面积比例和储量比例 （单位：%）

地区	项目	幼龄林	中龄林	近熟林	成过熟林	合计
俄罗斯	面积	18.4	24.7	10.3	46.6	100
	储量	4.9	24.6	13.9	56.6	100
欧洲部分	面积	24.2	26.9	10	38.9	100
	储量	8	29.8	15	47.2	100
亚洲部分	面积	16.8	24.1	10.4	48.7	100
	储量	3.8	22.8	13.6	59.8	100

俄罗斯森林可采量远远高于砍伐量。俄罗斯森林砍伐量在 1990 年、1991 年达到高峰（$3.55×10^8m^3$）。随后急速下降，1996 年降到最低量（$9.7×10^7m^3$）。之后又逐渐恢复，维持在 $1.5×10^8m^3$～$2×10^8m^3$，2011 年达到 $1.97×10^8m^3$，但仅仅是 1991 年采伐最高峰时的 55.49%。这一采伐水平，仅仅是亚洲部分理论可采储量的 0.53%，也就是按照现有速度采伐，现有过熟林储量可供采伐 190 年。

2）中国市场需求潜力巨大

中国已经成为世界最主要的林产品消费国。2013 年，中国工业原木消费量仅次于美国，占世界总消费量的 13%；锯材消费量位居第一，占世界总消费量的 21%；人造板消费量位居第一，占世界总消费量的 45%；纸浆消费量位居第二，占世界总消费量的 18%；回收纸及纸板消费量位居第一，占世界总消费量的 36%；纸和纸板消费量位居第一，占世界总消费量的 26%（中俄资讯网，2018）。中国也已经成为世界林产品的第一大进口国，特别是原木、锯材、木浆等原料性林产品为主要进口对象。原木、锯材、木浆、回收纸及纸板进口量均位居世界第一，分别占世界总进口量的 36%、21%、30%、53%。对中国消费需求最大的原木、锯材和木浆的供需缺口进行具体分析，并将其与俄罗斯相应的出口能力一一比较，可以看出中俄主要木材资源合作的市场潜力。

原木。中国原木（未加工）年消费量逐年增加，2019 年已经达到 $2.4094×10^9m^3$，自给率仅为 74.81%，每年至少需要进口 $6.0703×10^8m^3$。相应地，俄罗斯年出口量为 $1.5857×10^8m^3$，其中约 52% 供应中国，48% 要出口到欧洲等其他地区，因此远远不能满足中国原木市场的需求（表 5-12）。

表 5-12　2019 年中国原木、锯材、木浆产量、消费量以及与俄罗斯出口量或出口能力比较

国家	项目	原木/10^4m^3	锯材/10^4m^3	木浆/10^4t
中国	产量	180 237	90 252	14 480
	消费量	240 940	128 186	40 690
	缺口	−60 703	−37 934	−26 210
	自给率/%	74.81	70.41	35.59
俄罗斯	出口量	15 857	33 363	2 191

资料来源：《2019 粮农组织林产品年鉴》（https://www.fao.org/3/cb3795m/cb3795m.pdf）。

锯材。中国锯材消费量增长迅速，2019 年消费量比 2011 年增加了 91.38%，虽然国内生产能力也相应增长了 102.29%，但是消费缺口依然较大，2019 年自给率仅为 70.41%，需要进口锯材至少 $3.7934×10^8m^3$。俄罗斯除去自身生产消费平衡之外，锯材理论出口能力仅为 $3.3363×10^8m^3$，即使全部出口到中国也不能满足中国的消费缺口（表 5-12）。

木浆。中国木浆的消费量大且增速较快，2019 年消费缺口已达 $2.621×10^8t$，自给率仅为 35.59%，对国外木浆供给依赖极大。俄罗斯木浆除去自身生产消费平衡之外，理论出口能力仅为 $2.191×10^7t$，不足中国需求量的一成，同样远远不能满足中国市场的需要（表 5-12）。

从以上 3 个中国最重要的木材资源供给–需求平衡分析结果看，中国木材资源市场对俄罗斯森林资源具有极大的吸引力，俄罗斯西伯利亚和远东地区的森林资源市场供应前景非常广阔。

3）中国木材资源市场更加多元化

随着中国市场需求的扩大，以及对各种木材需求的不同，中国从俄罗斯之外的其他国家也大量进口特许的木材原产品、半成品和制成品，这些国家主要包括新西兰、加拿大、越南、美国、澳大利亚、巴布亚新几内亚、泰国、所罗门群岛、印度尼西亚、马来西亚等。虽然中国进口木材资源区域多元化，但是从俄罗斯进口的重要木材资源（原木、

锯材、木浆）总量依然是第一位的，俄罗斯依旧是中国最重要的森林资源合作伙伴。

根据联合国粮食及农业组织林业年鉴（2015 年）提供的数据，对中国主要林产品（原木、工业用热带原木、锯材、木浆）供应国的出口量进行统计排序，可以分析各个国家对中国林产品出口的竞争力，以及各个国家之间的竞争关系（表 5-13）。

表 5-13　中国主要林产品供应国竞争力分析

国家	原木		工业用热带原木	锯材		木浆
	针叶	非针叶	非针叶	针叶	非针叶	
俄罗斯	2，1	1，2	—	1，1	3，1	6，1
新西兰	1，1	—	—	4，1	—	—
美国	3，1	5，2	—	3，1	1，1	3，1
加拿大	4，1	—	—	2，2	—	2，1
越南	9，7	—	10，1	—	—	—
德国	—	4，1	—	8，12	—	—
法国	7，2	2，2	—	—	—	—
澳大利亚	5，1	—	—	—	—	—
拉脱维亚	—	3，2	—	—	—	—
巴布亚新几内亚	—	—	1，1	—	—	—
马来西亚	—	—	3，1	—	4，1	—
泰国	—	—	—	—	2，1	—
巴西	—	—	—	—	—	1，1

注：数据含义是，如俄罗斯对应原木–针叶的序号是 "2，1"，表示俄罗斯是中国原木–针叶的第二大供应国，中国是俄罗斯原木–针叶的第一大出口目的地国。

— 某国在该项产品中竞争力排在第 10 名之后。

原木–针叶进口中，新西兰是中国的第一大供应国，中国也是新西兰的第一大出口目的地国，俄罗斯、美国、加拿大分别位列其后。中国也是上述国家原木–针叶的第一大出口目的地国，说明上述国家原木–针叶的出口对中国具有较强的依赖性，各国之间针对中国市场的竞争也较为激烈。原木–非针叶进口中，俄罗斯是中国的第一大供应国，其次是法国、拉脱维亚、德国和美国。俄罗斯不出产工业用热带原木，因此没有任何竞争力。

锯材–针叶进口中，俄罗斯是中国的第一大供应国，同时中国也是俄罗斯的第一大出口目的地国，两国锯材资源合作极其紧密。俄罗斯的竞争国家主要是加拿大、美国、新西兰，对中国的锯材需求市场具有较强的依赖。锯材–非针叶进口中，俄罗斯是中国的第三大供应国，中国是俄罗斯的第一大出口目的地国，其竞争国家分别是美国、泰国、马来西亚，中国是上述国家锯材–非针叶的第一大出口目的地国，各国对中国市场的依赖性都较强。

木浆进口中，俄罗斯仅位于中国的第六大供应国位次，而巴西、加拿大、美国分列前三位。上述 4 国的第一大出口目的地国都是中国，说明对中国市场具有较强的依赖，各国间竞争程度也较为激烈。

5.5.3 优先合作区

基于中俄两国地理位置、交通条件，以及俄罗斯森林资源、森工企业分布特点，中俄林业合作的重点潜力区在俄罗斯西伯利亚和远东地区（表 5-14）。上述地区与中国毗邻，俄罗斯境内的西伯利亚大铁路、贝阿铁路和中蒙铁路贯通东西南北，形成两国便利的铁路运输条件，远东地区哈巴罗夫斯克边疆区和符拉迪沃斯托克（海参崴）有数个港口与中国建立有便利的海上运输通道。中蒙俄边境地区有绥芬河市、满洲里市、二连浩特市等重要的边贸口岸，以此为依托形成了颇具规模的木材资源运输、加工、贸易产业区。特别是中俄两国企业已经在这些地区建立了长期互利的合作关系，未来在该区域建立自由贸易区、出口加工区和投资工业园区，形成林业产业集群和中俄林业合作产业带具有现实基础和广阔前景（姚予龙等，2018）。

西伯利亚联邦区内，应优先在布里亚特共和国、伊尔库茨克州、托木斯克州、克拉斯诺亚尔斯克边疆区等地布局。上述地区森林资源面积大、覆盖率高，且成过熟林比例高而适宜采伐（表 5-14）。水、电资源丰富，基础设施较为完善，以西伯利亚大铁路为干线的铁路交通发达，方便木材的运输。森林采伐、林产品加工是当地传统优势产业，中国企业在当地投资较多，特别是托木斯克州、伊尔库茨克州和布里亚特共和国，集中了上百家中国木材加工企业。

表 5-14 中俄森林资源合作重点潜力区

地区		森林面积/10^4hm^2	覆盖率/%	成过熟林比例/%	成过熟林面积/10^4hm^2
西伯利亚联邦区重点合作地区	阿尔泰共和国	39.72	40.22	43.76	17.38
	布里亚特共和国	208.42	49.66	37.84	78.87
	图瓦共和国	80.49	33.12	34.48	27.75
	哈卡斯共和国	29.13	46.91	31.10	9.06
	克拉斯诺亚尔斯克边疆区	494.49	68.81	57.22	282.94
	伊尔库茨克州	610.38	74.32	44.26	270.18
	克麦罗沃州	47.18	49.32	36.94	17.43
	鄂木斯克州	26.12	18.69	49.08	12.82
	托木斯克州	174.60	54.54	53.80	93.93
远东联邦区重点合作地区	萨哈（雅库特）共和国	1 437.96	39.37	45.49	654.14
	滨海边疆区	118.72	71.76	40.67	48.28
	哈巴罗夫斯克边疆区	520.36	57.80	46.75	243.29
	阿穆尔州	227.86	56.93	37.94	86.44
	犹太自治州	16.21	44.63	35.72	5.79

在远东联邦区，重点在哈巴罗夫斯克边疆区、滨海边疆区、犹太自治州和阿穆尔州布局。上述地区与中国仅有黑龙江或乌苏里江相隔，西伯利亚铁路及其支线与中国境内紧密相连，沿江分布多个口岸，木材在冬季通过冰面、夏季通过船运可以直接进入中国。远东地区主要港口也分布在该地区，林产品通过海运通道抵达中国东南沿海城市或出口

至韩国和日本。该地区分布有大量森林加工企业，与中国企业有传统的合作关系，并且已经建成了多个工业园区。例如，俄罗斯龙跃林业经贸合作区在俄罗斯建有 5 个集森林培育、木材采伐、精深加工、展览展销、物流运输于一体的森林资源综合开发利用园区，是 2015 年经商务部、财政部考核确认的国家林业产业型境外经济贸易合作区。

5.5.4　重点合作领域

1）新时期俄罗斯林业产业战略调整

俄罗斯是世界上最大的原木出口国，第二大锯材出口国，然而产值仅占全球木材市场贸易的 3%，其出口的 50% 以上是低附加值的原木和锯材，高附加值产品出口在全球木材贸易市场的份额非常低，如纸浆的出口量仅占全球总出口量的 4%。虽然木材产量巨大，然而对 GDP 的贡献率却只有 1%，人均木材消费量远低于欧盟。为改变落后的林业生产状况，提高森林资源利用效率，促进林业可持续发展，俄罗斯工业和贸易部对 2035 年前的林业发展战略进行了调整（余珊，2018）：

（1）将西伯利亚联邦区和远东联邦区作为重点地区，支持在托木斯克州、鄂木斯克州、伊尔库茨克州和哈巴罗夫斯克边疆区等地建设木材产业集群，优先发展刨花板、锯材和经济用材林等高附加值产品的生产并提供贷款优惠和财政支持。

（2）以木结构住房为切入点，刺激国内木材市场需求和供给，为利用木材及相关技术建设公共设施的企业提供采伐配额、贷款项目等。

（3）恢复木材工业的科研开发基地建设，鼓励先进性、创新型产品如纳米纸浆、生物质燃料、高质量纸与纸板等的研发和生产。

（4）依法加强森林经营管理、制定林业环境标准并保证实施，挤压非法采伐木材的市场。

2）未来合作的重点领域

中俄林业资源合作重点领域已经发生了较为显著的变化，未来要更加注重从民间合作向政府层面合作提升，从一般经贸合作向精深加工和产业园区合作扩展，从简单的劳务输出向人才技术交流发展，双方要更加重视通过国际合作保护森林生态环境、防治退化和破坏，合作中实现双方互利互惠，促进两国林业的可持续发展。

强化两国政府的主导作用，为两国林业合作进行顶层设计。中俄两国有必要加强双边政府间往来，进一步建立政府间交流会晤和协商机制，通过签署相关协定、条约，努力消除境外林业投资合作的体制机制障碍，建立林业投资贸易互惠机制，保证合作渠道畅通。通过外交手段解决双重关税、人员签证期限、劳务人员限制、入境生产资料关税、产品返销国内征税等问题。

引导企业积极实现中俄林业资源合作从资源贸易型向生产加工型转变，强化木材深加工领域合作。针对俄罗斯林业战略的调整方向，以及中国与俄罗斯木材资源市场的供需状况，我们鼓励中国企业不仅仅停留在简单的原木资源采购和板材初步加工阶段，而要积极向木材精细加工、木材成品制造、生态环保的木浆生产等领域扩展发展。鼓励国内企业投资生产以木材板皮、锯末、边角废料为原料的木屑颗粒燃料等环保型产品，减轻企业生产过程对俄罗斯当地造成的环境污染问题。

在俄罗斯境内共同规划建设林业综合产业合作园区。鼓励国内龙头企业充分发挥林业高技术名优企业的优势，积极与俄罗斯地方政府、森工企业开展投资合作，建设集森林培育、采伐、木材加工、科研、贸易于一体的森林资源境外投资合作示范园区，使林产品生产走上一条专业化、规模化、系统化和科学化的发展道路，不断增强林产品的国际竞争力。

在中俄、中蒙主要边贸口岸，建设跨境林业产业经济合作区。借鉴两国已经建成的跨境经济合作区模式，依托绥芬河口岸、满洲里口岸、二连浩特口岸，在两国边境交界地带，对等建设林产品储运、加工、贸易、集散经济合作特区。合作区为入区企业提供一站式服务，在区内可进行商品买卖。满足入区企业用地需求，提供充足的水、电、供热、排污服务等，负责入区企业与当地政府对接，代办劳务大卡，办理注册登记、卫生、安全保卫、消防等相关工作。提供政策、法律、税务、信贷、金融服务等咨询工作。

加强双边技术合作、人才交流、信息沟通。中俄两国林业科研部门和企业重点在林木育种技术、森林经营技术、森林防火、森林病虫害防治、纸浆造纸技术、林业机械制造技术、新型光纤材料技术等方面加强合作。中国应鼓励林业管理技术人员和林业科研工作者通过互访、中长期培训、合作研究等方式进行人才和信息交流，逐渐培养具有国际视野，既懂林业又懂投资、金融、税收，熟悉投资地林业经济政策和社会经济情况等的复合型海外经营管理人才。注重吸收当地人才从事企业生产和管理。

5.5.5　合作模式与对策

1）合作模式

"工业园区 + 森工企业"模式。中国林业集团有限公司与俄罗斯当地政府协商，购买或租赁当地土地，独资或合资建设木材加工园区。同时，选择当地森林采伐加工企业作为合作伙伴，提供木材采伐基地或直接供应原木，在工业园区进行木材加工，将原木和木材加工产品销往本地和中国。例如，中国商务部组织完成了 6 期《中俄森林资源合作开发利用规划》，2003 年开始在托木斯克州和犹太自治州规划建设木材工业园，2009年后在伊尔库茨克州投资建设了 3 个木材工业园区（乌斯季库特木材工业园、春斯基木材工业园、泰舍特木材工业园），之后继续在楚瓦什共和国和布里亚特共和国建设木材工业园区。该模式通过吸引中国在俄罗斯企业落户园区形成集聚化、规模化生产，利用园区提供的稳定的原材料、生产厂房、贸易代理服务等软硬件设施，实行原材料采购、木材加工、产品制造、成品半成品销售等一体化生产。

"投资建厂"模式。中国企业在俄罗斯境内注册企业，通过向俄罗斯政府协议购买土地，由国内母公司全额投资建厂，建立林产品加工企业，产品销往国内外。例如，黑龙江大兴安岭兴邦国际资源投资股份有限公司（简称兴邦公司），在国内获得银行贷款，在俄罗斯后贝加尔边疆区建设"北极星纸浆工业联合体"，包括木材加工厂、"林浆一体化"工业园、生活小区等。项目还通过租赁形式（49 年）拥有 $2.78 \times 10^6 hm^2$ 林地，供应合作区企业加工原料，锁定生产原料成本。

"经贸合作区"模式。有实力的中国林业企业在俄罗斯境内独资注册企业，采取"一主多辅、产业联动、内外营销"的模式开展"经贸合作区"建设，即以木材精深加工园区为主体核心区，建设多个在森林采伐区附近的木材初加工区为辅助区，主体核心区与辅助区产业互动、相互配合、功能各有侧重，以实现木材资源综合利用全产业链整合。例如，"俄罗斯龙跃林业经贸合作区"在俄远东地区建设有以"阿穆尔园区"为主，以其他4个独立分布的产业园区为辅的"经贸合作区"。近期以林木采伐、粗加工、运回国内深加工为主，远期向森林培育、森林采伐、精深加工、林产品展销交易、跨境物流运输、内外互动的跨国林业产业集群发展。

"加工、贸易一体化"模式。主要是中、小规模私营企业，通过租赁当地合适场地建立木材加工场，同时与俄罗斯木材贸易代理公司形成稳定的合作伙伴关系，中方企业经营者主要负责企业投资、木材收购、木材加工、产品装运等生产管理环节，俄方全权负责签订供货合同、资金管理、申报车皮、申请销售指标、报关审验，企业环评、中外员工务工证申请报批、企业税费缴纳、违规事项处理等一应俱全的业务。对于这种模式，企业进入门槛较低，同时避免了建立采伐基地、建设木材工业园所需要的大规模投资产生的风险。

"跨境林业产业园区"模式。在中俄边境接壤区建设林业贸易加工产业园区，享受互相免税免检待遇，以对俄合作境内外林业产业园区为载体，与俄罗斯毗邻地区构建互为原材料供应通道、互为半成品、进出口加工基地和销售市场。这样可以利用俄罗斯的优惠条件，将中国产品"俄罗斯化"，从而中国可以快速抢占俄罗斯市场。

"投资控股"模式。中国资金雄厚的大型森工企业集团可以通过购买俄罗斯森工集团公司的股份，加强与对方大型企业的合作与融合，相互发挥优势，实现技术、人才、资金、资源的互补。

2）政策建议与对策

搭建企业投资生产平台，提升林业产业竞争力。以两国政府的林业产业政策为引导，以两国龙头企业为支柱，重点在俄罗斯西伯利亚、远东地区，以及中俄、中蒙交界的主要边境口岸布局建设各种类型林业加工园区，建设集森林培育、采伐、木材加工、科研、贸易于一体的森林资源境内外投资合作示范园区，吸引中国企业落户园区，使林产品生产走上专业化、规模化、系统化和科学化的发展道路，不断增强两国林产品的国际竞争力。

以适应俄罗斯林业战略调整方向和中俄木材资源市场供需情况为依托现状，鼓励中俄两国在林业合作中实现从资源贸易型向生产加工型的转变，特别是在木材深加工领域的合作。此外，鼓励中国企业不仅限于单纯的原木资源采购和板材粗加工，而要朝着木材精细加工、木材产成品制造以及生态环保的木浆生产等领域发展。鼓励国内企业在"林业加工园区"投资生产制浆造纸、各类地板、细木工板、中密度板、胶合板、刨花板、集成材、实木门及木制家具产品，鼓励投资生产以木材板皮、锯末、边角废料为原料的木屑颗粒燃料等环保型产品，减轻企业生产过程对当地造成的环境污染问题。

探索"工业园区＋森工企业""加工、贸易一体化""跨境林业产业园区"等多种可行的合作模式。推动两国森林资源、资金、人才等多项资源的集聚整合，做大做强两国林业企业，延长林业产业链，实现合作双方或者多方的互利共赢，促进中俄两国森林资源合作的可持续发展和长久互利共赢。

第6章 中蒙俄国际经济走廊淡水资源格局与潜力

淡水资源短缺及水资源安全问题是21世纪全球面临的重要挑战之一。中蒙俄国际经济走廊作为我国"一带一路"建设中最为重要的国际经济走廊，其淡水资源格局及可持续利用潜力关系到该地区粮食安全、生活健康、工业生产、经济发展和生态环境等各方面。本章分别从淡水资源格局、开发利用潜力、现状与问题、区域合作角度阐明中蒙俄国际经济走廊淡水资源特征，重点关注各个国家和地区淡水资源的时空差异及主要面对的问题和挑战，并提出科学合理的合作对策，促进中蒙俄国际经济走廊地区的国际合作及可持续发展。

6.1 河湖格局与淡水资源储量分布

水不仅是人类最宝贵的基础性自然资源，而且已经与粮食、石油并列成为全球战略性的经济资源（李原园等，2014）。据估计，地球上水体总量为 $1.383×10^9 km^3$，而陆地上的淡水资源储量仅占其中的 2.5%（Shiklomanov，2000）。其中，绝大部分陆地淡水资源（约 68.8%）以固体冰川的形态分布在南极、北极及高原地区，另有约 30.9% 的淡水资源储存在地下含水层。因此，地球上仅有 0.3% 的淡水资源集中在湖泊、河流及水库，这些淡水资源不仅是水生生态系统维持的基础，而且是人类活动与社会经济发展的重要保障（Shiklomanov，2000）。

当前，在气候变化与人类活动的双重影响下，水资源危机是全球所面临的最严峻的问题之一。据遥感解译分析，1984～2015 年，全球消失的地表水体面积达 $9×10^4 km^2$（Pekel et al.，2016）。在水资源短缺的干旱区，天然河流频繁断流，其中超过 30% 的常年性河流已经转变成为间歇性河流（Datry et al.，2014；Tooth，2000），而且这一比例仍在增加（王平，2018）。此外，地下水严重超采（Famiglietti，2014）及地表与地下水体污染（Schwarzenbach et al.，2010）所引发的各种问题严重影响人类的生存与发展。目前，全球 40% 以上的人口正在遭受中度或极度缺水的困扰（"水荒"），估计到 21 世纪中叶，全球将有约 2/3 的人口面临水资源短缺问题（Безруков и др，2014）。本章通过分析中蒙俄国际经济走廊的河湖水系与淡水资源分布，探讨中蒙俄国际经济走廊地区的水资源现状及开发合作的前景。

6.1.1 区域概况及河湖分布

中蒙俄国际经济走廊淡水资源调查区总面积约 $9.2×10^6 km^2$，整体以平原和高原为主，河湖水系分布如图 6-1 所示。中蒙俄国际经济走廊淡水资源调查区共 43 个行政区，包括中国 4 个省（自治区）、蒙古国 12 个省（市）、俄罗斯 27 个边疆区（共和国、州）。其中，中国部分面积为 $1.99×10^6 km^2$，蒙古国部分面积为 $7.6×10^5 km^2$，俄罗斯部分面积为 $6.45×10^6 km^2$，自东向西主要经过东北平原、东西伯利亚山地、蒙古高原、中西伯利亚高原、西西伯利亚平原以及东欧平原。

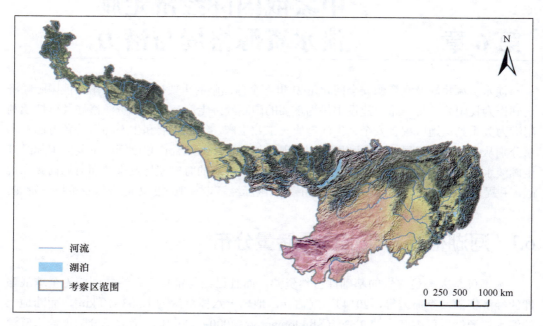

图 6-1　河湖水系分布

1）西伯利亚地区

俄罗斯西伯利亚地区（俄语：Сибирь，英语：Siberia）是中蒙俄国际经济走廊河湖水系最为发育的地区，位于俄罗斯乌拉尔地区和远东地区之间，西起乌拉尔山山脉，东至太平洋沿岸分水岭山脉，北临北冰洋，南与哈萨克斯坦、蒙古国和中国接壤。该地区总面积约 $9.69\times10^6\text{km}^2$，覆盖了亚洲北部的大部分区域，约占全球陆地总面积的 6.5%（Безруков и др，2014）。该地区涵盖了俄罗斯 3 个联邦区的 14 个俄联邦主体，包括西伯利亚联邦区的 12 个俄联邦主体（阿尔泰共和国、布里亚特共和国、图瓦共和国、哈卡斯共和国、阿尔泰边疆区、后贝加尔边疆区、克拉斯诺亚尔斯克边疆区、伊尔库茨克州、克麦罗沃州、新西伯利亚州、鄂木斯克州、托木斯克州）、乌拉尔联邦区的秋明州（研究含汉特−曼西斯克和亚马尔−涅涅茨自治区）以及远东联邦区的萨哈（雅库特）共和国，且拥有世界最大的淡水湖贝加尔湖及鄂毕河、叶尼塞河、勒拿河等大型河流。

从水文地理学的角度看，西伯利亚属于北冰洋流域的亚洲部分。受大气环流和地形影响，降水总体趋势表现为由南向北、自西向东递减。西南部的阿尔泰山地年降水量可达 1000～2000mm，中部针叶林地带年降水量为 500～600mm，而北冰洋沿岸年降水量仅为 100～250mm，75%～80% 的降水集中在夏季（张宇硕等，2015）。按地形可将西伯利亚地区分为西西伯利亚低地（平均海拔约 120m）、中西伯利亚高原（平均海拔 500～1500m）、东部和南部山地（平均海拔 1000～2000m）（Mueller et al.，2016）。据统计，该地区多年平均地表径流量为 2350km³，占俄罗斯水资源总量的 55%。其中 90% 左右的地表径流量属西伯利亚的本地径流，其余 10% 则来自相邻地区。

西伯利亚的河流水资源包括总长度约 $5\times10^6\text{km}$ 的近 150 万条大小河流，仅叶尼塞河、勒拿河和鄂毕河三大河流的径流量就占到西伯利亚河川径流总量的 2/3，此外，西伯利亚地区还包括阿尔丹河、安加拉河、科雷马河、下通古斯卡河、哈坦加河、额尔齐斯河、皮亚西纳河、维季姆河、奥廖克马河和塔兹河等 20 余条流量较大的河流（Babkin，2004）。

湖泊是西伯利亚地区另一个重要的水资源，包括贝加尔湖（$2.3×10^4 km^3$）、泰梅尔湖（$13 km^3$）和恰内湖（$4.3 km^3$）以及一些小型湖泊，如皮亚西诺湖、捷列茨科耶湖、拉马湖、阿加塔湖、古西诺耶湖、乌宾斯科耶湖等。

此外，西伯利亚的各大水库储水量也构成了水资源储量中相当大的一部分，其中多座水库属于俄罗斯境内大型水库，包括安加拉河—叶尼塞河梯级水电站的水库，即安加拉河的伊尔库茨克水库、布拉茨克水库、乌斯季—伊利姆斯克水库和博古恰内水库，叶尼塞河的萨彦—舒申斯科耶水库、迈恩水库和克拉斯诺亚尔斯克水库。除此之外，在其他河流也建有一些中大型水库，如鄂毕河的新西伯利亚水库、汉泰卡河的乌斯季—汉泰卡水库、库列伊卡河的库列伊卡水库、维柳伊河的维柳伊水库、马马坎河的马马坎水库（Безруков и др，2014）。

除河流和湖泊水资源外，西伯利亚地区还拥有北极岛屿和山脉中的约 3000 条冰川、面积约 $1×10^6 km^2$ 的沼泽湿地、含水层中的地下水，这些都是西伯利亚地区水资源的重要组成部分（Безруков и др，2014），而储存在西伯利亚北部多年冻土中大量的固态水资源，也将在未来气候变化的影响下，随冻土消融，不断增加地下水径流，引起水资源的重新分配，影响北极水资源的空间分布格局。

2）蒙古国地区

蒙古国位于亚欧大陆腹地，是世界第二大内陆国家，地处蒙古高原，总面积达 $1.5665×10^6 km^2$。蒙古国境内有河流 3800 条，分属北冰洋、太平洋和亚洲内陆水系，总长度达 $6.7×10^4 km$，境内流经 2 个以上省的主要河流共有 56 条（$5.1×10^4 km$）。主要河流有色楞格河、鄂尔浑河、克鲁伦河和科布多河等 50 多条河流，大部分分布在北部、中部地区。河流的平均年径流量约为 $3.90×10^{10} m^3$，其中 88% 为不与外界水系相连的内流河。同时，蒙古国共有小河、溪流 6646 条，其中 2015 年的数据显示，551 条已出现断流或干涸（刘芳等，2015）。

此外，蒙古国境内还发育有 3500 个湖泊，湖泊水资源量达 $1.8×10^{12} m^3$，总面积为 $1.6×10^4 km^2$（刘芳等，2015），7000 多处泉眼，湖泊大多分布在西北地区，主要湖泊有库苏古尔湖、乌布苏湖、吉尔吉斯湖和哈拉乌苏湖。其中，库苏古尔湖，是世界上第二深的淡水湖，其湖面最深处达 262.4m，湖面面积为 $2760 km^2$，湖水储量达到了惊人的 $3.8×10^{11} m^3$，而蒙古国淡水资源总量才 6000 多亿立方米，占到了其储量的一半还多，库苏古尔湖是蒙古国最重要的淡水储备地之一。

3）中国四省区地区

中国四省区中的东北地区，44.8% 被松花江流域覆盖（$5.568×10^5 km^2$），作为黑龙江最大的支流，其全长可达 2309km。黑龙江、吉林和辽宁三省分布的湖泊中，面积在 $1km^2$ 以上的湖泊有 418 个，总面积 4600 多平方千米。主要湖泊包括兴凯湖、连环湖、查干湖、月亮泡、青肯泡、大龙虎泡、镜泊湖、卧龙湖等。

内蒙古境内共有大小河流千余条，其中流域面积在 1000km² 以上的河流有 107 条，流域面积超过 300km² 的河流有 258 条。主要湖泊包括呼伦湖、贝尔湖、达里诺尔湖、乌梁素海、岱海、居延海等。

6.1.2 水资源储量与格局

水资源通常是指可更新的水资源，即当地降水所形成的地表径流量与降水入渗补给地下水量之和（李原园等，2014）。水资源还包括湖泊和水库中每年可更新的水量，但不能多于从中流出的水量。例如，贝加尔湖尽管水储量很大，但每年的可更新水量（即每年从贝加尔湖流入安加拉河的径流量）约 60km³，仅为贝加尔湖储量的 0.26%（Безруков и др，2014）。

整体看来，中蒙俄国际经济走廊中西伯利亚地区水资源丰富，但空间分布不均，整体表现为"东多西少、北多南少、中间最少"的分布格局（图 6-2）。

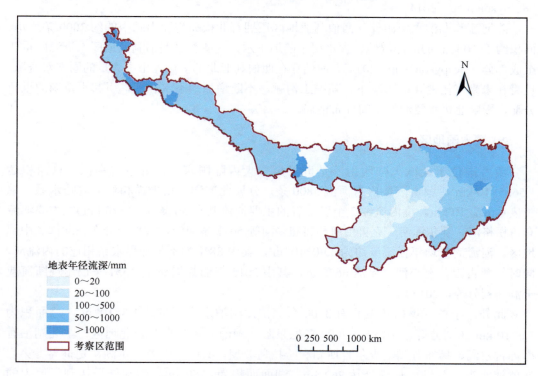

图 6-2 地表年径流深空间分布（2016 年）

其中，俄罗斯地表水与地下水资源总储量位居世界前列，河川径流量占全球的 11%，仅次于巴西，是人均淡水储量及单位面积淡水储量最为丰富的 5 个国家之一，淡水资源集中于面积广袤、人口稀少的西伯利亚地区（Bezrukov et al.，2014；王平等，2018）。世界银行（https://www.shihang.org/）统计结果表明，截至 2014 年，世界可再生内陆淡水资源总量为 4.281×10⁴km³，其中，俄罗斯约占 11.21%（4.8×10³km³），仅次于巴西。相比之下，蒙古国可再生内陆淡水资源量约 35km³，仅占世界总量的 0.08%（Menzel et al.，

2014）。我国拥有可再生内陆淡水资源量为 2800km³（约占世界总量的 6.5%），随着气候变暖，部分地区干旱问题明显加剧，内陆河河流径流量减少甚至出现断流（Hofmann et al.，2015）。

1）中蒙俄国际经济走廊俄罗斯地区

俄罗斯境内的地表水资源最为丰富，约占经济走廊总量的 79.8%。其中，西伯利亚拥有世界最大的淡水湖贝加尔湖及鄂毕河、叶尼塞河、勒拿河等大型河流（Магрицкий и др，2017）。该地区多年平均地表径流量为 2350km³，占俄罗斯水资源总量的 55%（Babkin，2004；Безруков и др，2014）。约 90% 的地表径流量形成于西伯利亚境内（本地径流），剩下的 10% 地表径流量则来自相邻地区。

对于位于经济走廊内的 27 个俄罗斯行政单元，地表水资源量超过 1×10¹¹m³ 的行政单元共 9 个，地表年径流深大于 1000mm 的行政单元共 8 个，位于温带季风气候区的犹太自治州地表年径流深高达 6606mm，另有 3 个行政单元地表年径流深介于 500～1000mm，主要位于东西伯利亚山地地区。地表年径流深小于 500mm 的行政单元共 16 个，地表年径流深最小达 189mm，多位于中西伯利亚高原和西西伯利亚平原地区。而西伯利亚地区由于降水、地形、气候等要素的不同，水资源时空格局也较为复杂，具有空间的不均匀性，根据 2015 年度俄罗斯《国家水资源公报：地表水与地下水资源、利用及水质》，对于河川径流总量，西伯利亚各区域最大值和最小值相差 27 倍，从阿尔泰共和国的 34.0km³/a 到克拉斯诺亚尔斯克边疆区的 930.2km³/a（表 6-1）。

表 6-1　俄罗斯西伯利亚地区联邦主体水资源量

俄联邦主体	面积/km²	多年平均水资源量/(km³/a)	历年最大水资源量/km³	特丰水年份	历年最小水资源量/km³	最枯水年份	人均水资源量/(10⁴m³/a)
克拉斯诺亚尔斯克边疆区	2 366 797	930.2	1 280.2	1974	771.4	1956	32.5
萨哈（雅库特）共和国	3 083 523	881.1	1 072.5	1978	771.8	1972	91.8
秋明州	1 464 173	583.7	813.8	1979	427.5	1967	16.1
伊尔库茨克州	774 846	309.5	393.6	1938	252.4	1943	12.8
托木斯克州	314 391	182.3	238.3	1941	127.0	1968	16.9
哈卡斯共和国	61 569	97.7	130.8	1966	69.9	1945	18.2
布里亚特共和国	351 334	97.1	139.4	1973	67.9	1972	9.9
后贝加尔边疆区	431 892	75.6	109.9	1958	52.7	1954	7.0
新西伯利亚州	177 756	64.3	88.0	1938	42.9	1945	2.3
阿尔泰边疆区	167 996	55.1	83.0	1958	38.7	1974	2.3
图瓦共和国	168 604	45.5	60.4	1966	34.1	1945	14.4
克麦罗沃州	95 725	43.2	62.9	1941	26.8	1968	1.6
鄂木斯克州	141 140	41.3	69.0	1947	23.5	1951	2.1
阿尔泰共和国	92 903	34.0	50.6	1938	21.2	1945	15.8

资料来源：俄罗斯 2015 年度《国家水资源公报：地表水与地下水资源、利用及水质》；人口统计截至 2016 年。

值得注意的是，俄罗斯水资源储量变化明显。以西伯利亚三大河流为例，鄂毕河、叶尼塞河、勒拿河多年平均径流量分别为405km³/a、635km³/a、537km³/a。

上述三大河流在过去16年（2001～2016年）的年均径流量分别为420km³、678km³、598km³，均高于多年平均径流量。然而，根据图6-3，可以注意到鄂毕河、叶尼塞河和勒拿河的年径流量存在着显著的年际变化，高低差分别为255km³、280km³和202km³。此外，2001～2016年，这三大河流的径流量呈现出各自不同的变化趋势。具体而言，鄂毕河的径流量呈现出缓慢的增加趋势（0.4km³/a），叶尼塞河的径流量则显著下降（-9.0km³/a），而勒拿河的径流量则呈现明显的增加趋势（2.7km³/a）。因此，位于高纬度的中蒙俄国际经济走廊俄罗斯地区，水资源储量整体呈上升趋势。

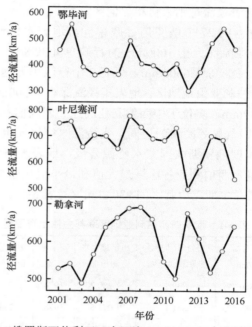

图6-3　俄罗斯西伯利亚三大河流2001～2016年径流量变化

2）中蒙俄国际经济走廊蒙古国地区

蒙古国的地表水资源量在整个经济走廊区内最为匮乏，处于中蒙俄国际经济走廊通道内的12个行政区的地表水资源量均小于1×10^{10}m³。其中，除肯特、库苏古尔、色楞格、后杭爱等少数几个省外，包括首都乌兰巴托在内的蒙古国大部分地区极度缺水。水资源量方面，乌兰巴托市的地表年径流深最大，却仅为164mm。蒙古高原北部部分地区地表年径流深大于20mm，而南部与西部的8个行政区地表年径流深小于20mm，部分地区（如南戈壁省）甚至不到2mm。其全国淡水总储量约为6.08×10^{11}m³，其中湖泊水约占5×10^{11}m³，永久性冰雪约占6.3×10^{10}m³，河流小溪约占3.46×10^{10}m³（刘芳等，2015）。整体看来，蒙古国水资源分布极其不均。

3）中蒙俄国际经济走廊中国四省区

中国东三省地表年径流深介于104～151mm，内蒙古自治区地表年径流深最小，约为 34mm。整体看来，俄罗斯地表水资源丰富，而与之毗邻的中国东北、内蒙古自治区以及蒙古国的大部分地区水资源贫乏。

6.2　淡水资源开发利用潜力

由于中蒙俄国际经济走廊淡水资源分布不均，各个国家和地区对淡水资源的需求及用水策略具有一定差异，其淡水资源开发利用潜力存在显著不同。随着经济社会的不断发展，各地区淡水资源供需关系将面临极大挑战，而淡水资源的可持续利用是保障各地区国民经济及生态环境健康发展的关键。有必要系统评估水资源开发潜力，结合各地区水资源分布格局及供需现状，分析各地区淡水资源贸易、跨流域调水及水能开发潜力，为优化水资源配置、促进区域发展提供依据。

6.2.1　水开发潜力

中蒙俄国际经济走廊作为"一带一路"倡议的重要组成部分，其区域内水资源分布不均、水资源开发利用程度不尽相同。结合各区水资源负载指数（C），研究区 43 个中蒙俄国际经济走廊行政区可划分为水资源开发潜力很大、大、较大、小、很小 5 个等级。其中，潜力最大的是西伯利亚地区，开发也最容易；而开发潜力较小的地区主要分布在蒙古国南部，以及中国的内蒙古自治区、辽宁省、吉林省（图 6-4）。

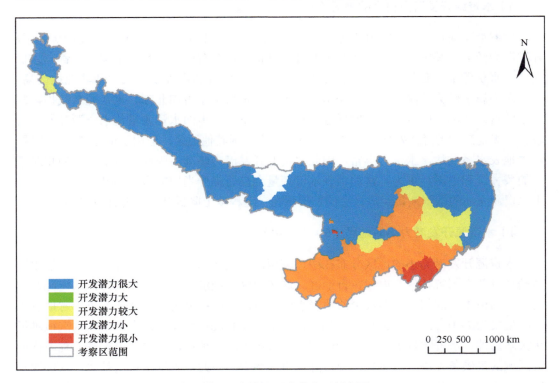

图例：
- 开发潜力很大
- 开发潜力大
- 开发潜力较大
- 开发潜力小
- 开发潜力很小
- 考察区范围

0　250 500　　1000 km

图 6-4　水资源开发潜力区划分图

1）水资源开发潜力很大的地区（$0 < C \leqslant 1$）

水资源负载指数小于等于1的地区，水资源利用程度低且开发潜力很大，主要位于研究区内俄罗斯大部分地区和蒙古国北部。其中，东欧平原的诺夫哥罗德州、马里埃尔共和国、鞑靼斯坦共和国、基洛夫州、乌德穆尔特共和国以及位于西西伯利亚平原的秋明州等，地表水资源量十分丰富。水资源促进人类生产生活，因此该地区人口众多，但受地区经济发展的限制，生产总值整体仍相对较低。因此，水资源充足且较低的利用程度是较高水资源开发潜力的前提。

此外，中西伯利亚高原南部地区和东西伯利亚山地生产总值较低且工业需水量也很低，因此，俄罗斯中西伯利亚高原南部图瓦共和国、哈卡斯共和国、布里亚特共和国、伊尔库茨克州；俄罗斯东西伯利亚山地南部的犹太自治州、滨海边疆区、阿穆尔州、后贝加尔边疆区、哈巴罗夫斯克边疆区以及位于贝加尔湖流域上游地区的蒙古国肯特省、色楞格省的水资源开发潜力很大。

2）水资源开发潜力大的地区（$1 < C \leqslant 2$）

研究区内无水资源负载指数处于1~2的行政区，表明中蒙俄国际经济走廊水资源开发潜力"两极分化"较为严重，具体表现为：北部地区水资源利用程度低、开发潜力大，而南部地区开发潜力小。

3）水资源开发潜力较大的地区（$2 < C \leqslant 5$）

俄罗斯莫斯科州、蒙古国苏赫巴托尔省及我国黑龙江省为水资源利用程度中等地区，开发潜力较大。其中，莫斯科州经济发展程度很高，其首府莫斯科是俄罗斯首都，人口众多，水资源需求量属俄罗斯地区最高，因此，水资源利用程度较俄罗斯其他地区高，开发潜力属于较大等级。苏赫巴托尔省的水资源量低于蒙古国北部，水资源负载指数却高于蒙古国北部地区，在经济发展程度相近条件下，较多的水资源量使水资源开发潜力较大。黑龙江省的经济发展程度类似于研究区内中国其他地区，但由于地处黑龙江流域，境内地表水系发达，水资源丰富，因此水资源开发潜力略高。因此，对于水资源相对紧张的蒙古国和中国，更为丰富的地表水资源量会显著提升当地的水资源开发潜力，而对于水资源充沛的俄罗斯，经济社会的发展将在一定程度上降低其水资源开发潜力。

4）水资源开发潜力小的地区（$5 < C \leqslant 10$）

水资源开发潜力小的地区分布在中、蒙两国，主要为蒙古国中南部、北部的达尔汗乌勒省以及中国吉林省、内蒙古自治区。这些地区虽经济发展差距较大，但水资源开发潜力小的根本原因相同，即较少的地表水资源量。例如：蒙古国戈壁苏木贝尔省地表水资源量仅为 $1 \times 10^7 \text{m}^3$，2016年平均年降水量仅为104mm；而蒙古国东南部，水汽很难抵达大陆内部，水资源量少的同时，过度放牧破坏了地表植被，导致地表裸露，荒漠化使得区域的气候条件进一步恶化，使得降水更加稀少。因此，水资源短缺是地区水资源利用程度较高、开发潜力小的根本原因，而长期的工业发展，将会使水资源短缺日益加剧，进一步降低水资源利用潜力。

5）水资源开发潜力很小的地区（$C > 10$）

水资源开发潜力很小的地区为蒙古国的鄂尔浑省、乌兰巴托市以及中国辽宁省。鄂尔浑省的社会经济发展程度在蒙古国内属于中等水平，但其地表水资源量仅为 $5 \times 10^6 \mathrm{m}^3$，远不足以支撑鄂尔浑省的社会发展，因此，水资源负载指数（130.62）属整个经济走廊最高，水资源开发潜力极小。乌兰巴托市作为蒙古国的首都，人口（144 万人）是研究区 12 个蒙古国行政区之首，社会经济发展程度较高，水资源需求量极大，有限的水资源量被高度开发利用，水资源开发潜力很小。辽宁省地区作为中国的老工业基地，尽管地表水资源量处于中等水平，但面对更多人口的生产和生活用水压力，区域水资源存在一定程度的过度开发利用情况，表现为水资源短缺和极小的开发潜力。因此，水资源量和经济社会发展程度是决定水资源开发潜力的决定性因素，匮乏的水资源或超负荷的社会发展均会导致水资源开发潜力的显著降低。

6.2.2　水贸易潜力

近年来，俄罗斯西伯利亚地区蕴含的丰富水资源尚未得到充分开发和利用，使用效率低下，对于水资源的生产状况仍处于 20 世纪中期水平。部分俄罗斯学者提出，希望在满足本国生产生活需求的条件下，加大对淡水资源的利用，提高出口量，用水资源的出口补充俄罗斯石油和天然气的出口量，拉动经济增长。但事实上，早在苏联时期就有部分学者提出将俄罗斯地区多余的水资源转向中亚的干旱缺水国家，但由于技术成本过高，加之生态环境维护的问题，该计划一度搁浅。

目前，俄罗斯主要通过虚拟水和瓶装水两种方式向外输出水资源，虚拟水主要通过出口电力、石油合成产品和其他化学品、纸张、金属等产品进行折算；对于瓶装水贸易，俄罗斯政府有意扩大市场，向中国和中亚国家输出部分淡水。21 世纪，关于中蒙俄三国水资源的合作开发项目曾被多次提出，但大多仍由于合作开发方面的诸多问题而以失败告终。其中主要面临的问题包括：各国经济水平发展不均衡、水利工程成本过高、部分地区经济成本回收周期过长、过度开发利用水资源的潜在生态环境问题、工程技术难题等。

在"一带一路"建设的背景下，中、蒙、俄三国都在积极寻求各方面的进一步合作，不仅为水资源的开发利用以及合作提供了良好的前提，也在政治、经济、文化领域达成了一定的共识，而在技术方面，我国"南水北调"工程的实施可为此提供一定的技术经验，确保跨国水利工程的稳步发展。因此，中、蒙、俄三国在水资源合作开发方面具有广阔的前景。

6.2.3　调水潜力

早在 1871 年俄罗斯学者就曾提出将西伯利亚河川径流向南部干旱地区调水的主张。20 世纪 70～80 年代又曾立项研究把西伯利亚西部的主要河流——鄂毕河和额尔齐斯河的部分河水大规模引出至中亚，但是该方案在后来的政治改革期间被否决。到了 21 世纪，政治家又重新提起调水问题的讨论，但是出于经济和生态方面的考虑，俄罗斯多数学者与民众对此持反对意见。

近年来，中国、俄罗斯与蒙古国学者在多个国际会议论坛上开始提出并讨论将西伯利亚水资源调入中国和蒙古国的可行性。例如，俄罗斯学者建议沿着蒙古国纵贯铁路（由俄罗斯乌兰乌德经蒙古国乌兰巴托至中国乌兰察布铁路线）铺设直径为1.5m的输水管道，直达中国内蒙古（总长1000km）甚至北京（总长1750km）；此外，中国学者提出从西伯利亚向中亚、蒙古国等地调水的中北亚北水南调路线。其中，西伯利亚地区的贝加尔湖水量丰富、水质优良，可以为中北亚北水南调方案提供水源保障。据估算，贝加尔湖每年可以调用的水量不超过可更新水资源总量的5%，即3km^3/a。从工程技术角度看，从贝加尔湖到中国北部缺水地区沿途没有高山阻隔，工程技术难度较小。但该方案也面临诸多困难与挑战，一方面，调水可能引起贝加尔湖地区潜在的生态环境风险；另一方面，在极端枯水年，贝加尔湖湖水的过度调用，将给安加拉梯级水库的水力发电带来损失；此外，关于气候变化情景下西伯利亚地区及贝加尔湖流域水资源的变化规律研究也尚不充分。

但我国在"南水北调"工程中已经积累了一定的成功经验，为此方案的评估和实施提供了很好的借鉴，随着中俄在政治与经济领域内的合作不断加强，其实施前景值得进一步讨论和研究。因此，在俄罗斯西伯利亚周边地区水资源严重匮乏的情况下，进行跨流域调水向中亚、蒙古国和中国北方地区输送淡水资源既在工程技术层面上可行，又有着重要的战略价值。然而，需要注意的是，由于中蒙俄三国在政治和经济上的不平衡发展，以及存在文化差异，中国与俄罗斯、蒙古国在边界历史认知和流域水文化认同等方面仍存在某些分歧。基于各自的战略利益考虑，三方仍需进一步努力，以实现跨界水资源的合作开发。

6.2.4 水能潜力

水资源综合蕴藏量是反映水资源开发利用潜力的一项重要指标，它包含了供水蕴藏量、水能蕴藏量、水运蕴藏量和渔业蕴藏量。较高的水资源蕴藏量意味着拥有较大的水能资源和水资源储量、较好的航道开发条件，以及在个别地段有部署渔业的有利条件（Безруков и др，2014）。在西伯利亚地区，无论是水的综合蕴藏量，还是单项蕴藏量都处于较高水平，水资源开发利用潜力很大。

西伯利亚地区具有较高水资源蕴藏量的地表水体约140个，其中32个位于一级河流的上游，其特点是供水蕴藏量非常高。其中具有极高供水蕴藏量的河流主要有鄂毕河的大型支流（卡通河、比亚河、托木河、丘雷姆河、克季河、瓦赫河和北索西瓦河）、叶尼塞河的大型支流（大叶尼塞河、小叶尼塞河、石泉通古斯卡河、下通古斯卡河）、勒拿河的大型支流（基廉加河、维季姆河、奥廖克马河、恰拉河、阿尔丹河、乌丘尔河以及马亚河和维柳伊河）、安加拉河的大型支流（塔谢耶瓦河）、阿穆尔河的大型支流（石勒喀河）、贝加尔湖的大型支流（色楞格河）的下游和中游地段，以及科雷马河（包括奥莫隆河下游）和因迪吉尔卡河的中游、北部地区河流纳德姆河、普尔河、塔兹河、皮亚西纳河、哈坦加河和赫塔河与科图伊河、奥列尼奥克河、亚纳河的下游。这些河流水量充沛，对于山区河流而言，其水能资源很高，而对于平原区河流来说，其水运蕴藏量很高。多条河流（尤其是流入大海的河流）具有很高的渔业蕴藏量。

西伯利亚地区对于俄罗斯水电能源发展意义重大，该地区水能蕴藏量为年均发电量 1.556×10^4 亿 kW·h，占全俄罗斯发电量的 65%。其中，叶尼塞河（年均潜在发电量为 1580 亿 kW·h）、勒拿河（1440 亿 kW·h）和安加拉河（940 亿 kW·h）水能蕴藏量位于俄罗斯的前列。依托安加拉河和叶尼塞河丰富的水能资源，已经建成了规模少有的安加拉河—叶尼塞河梯级水电站。此外，鄂毕河、维季姆河、阿尔丹河、下通古斯卡河、科雷马河（图 6-5）在水能潜在储量方面都位列俄罗斯前十。然而与此同时，各大、中型河流的水能总蕴藏量在西伯利亚各地区的分布极不均衡，这种差别主要是面积、海拔和水能资源的单位丰度等差异造成的。拥有最多水能蕴藏量的是萨哈（雅库特）共和国（占全西伯利亚总量的 32.6%）、克拉斯诺亚尔斯克边疆区和哈卡斯共和国（占 27.0%）以及伊尔库茨克州（占 12.9%）。平原地区的鄂木斯克州和新西伯利亚州拥有的水能蕴藏量最少，分别为 0.2% 和 0.4%（Безруков и др，2014）。

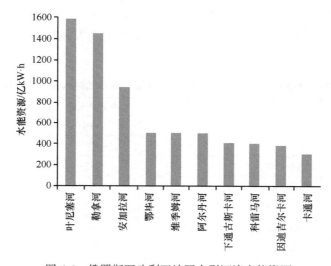

图 6-5　俄罗斯西伯利亚地区大型河流水能资源

资料来源：Энергетические ресурсы СССР: Гидроэнергетические ресурсы，1967

西伯利亚的水运蕴藏量主要由总长度为 5.65×10^4 km（占全俄罗斯总量的 55.8%）的内河航道网络构成（Порочкин and Зарбаилов，1975）。在运输中起主要作用的是干线水路和地方水路。克拉斯诺亚尔斯克边疆区、萨哈（雅库特）共和国和秋明州及其周边地区水运相对发达，拥有俄罗斯国内多条大型干线水路——叶尼塞河、勒拿河、鄂毕河和额尔齐斯河，这些干线水路同时连接铁路和北冰洋出海口，承担了大吨位船舶的主要运输量。

尽管西伯利亚地区拥有巨大的水资源储量，而且栖息着品种繁多的经济鱼类，但是捕鱼量相对不大。目前，对于西伯利亚的经济来说，渔业蕴藏量的意义较小，主要的渔业区位于北部大河的下游近出海口处。

6.3　淡水资源开发利用现状与问题

基于中蒙俄国际经济走廊淡水资源分布格局及开发利用潜力分析，针对常出现的水资源匮乏、水环境恶化、洪涝及干旱等水问题，从人类活动及气候变化两个角度，探讨中蒙俄国际经济走廊不同地区淡水资源问题的主要影响要素及其关键作用。

6.3.1　开发利用现状

基于联合国粮食及农业组织 AQUASTAT 数据库（以 2016 年为准）；中国地表水资源数据来源于水利部发布的《2016 年中国水资源公报》；俄罗斯地表水资源数据来源于 2016 年俄罗斯《国家水资源公报：地表水与地下水资源、利用及水质》；蒙古国 2012 年（缺失 2016 年）各省（市）的地表水统计数据；俄罗斯、蒙古国国家统计局以及我国省（自治区）的 2016 年人口与生产总值数据分析（表 6-2），发现中蒙俄国际经济走廊的俄罗斯部分，地域广阔，对比各地区的人口及生产总值数据发现，其地广人稀的社会生产生活特征，使得水资源利用程度较低。蒙古国部分的 12 个行政区的水资源利用程度整体表现为"南高北低"，其原因在于地区发展的不均衡性，南方部分省级行政区经济相对发达，人口较多。中国黑龙江、吉林、辽宁和内蒙古因经济发展较快，水资源开发利用程度较高。

表 6-2　中蒙俄国际经济走廊 43 个行政区地表水资源量、年平均降水量、人口及生产总值数据表

编号	国家	行政区	地表水资源量 /$10^8 m^3$	年均降水量 /mm	人口 /万人	生产总值 /亿美元
1	蒙古国	鄂尔浑省	0.05	400	10.18	5.17
2	蒙古国	达尔汗乌勒省	0.44	297	10.19	1.81
3	蒙古国	乌兰巴托市	7.70	274	144.04	73.21
4	蒙古国	戈壁苏木贝尔省	0.10	104	1.69	0.39
5	蒙古国	色楞格省	32.00	310	10.75	2.59
6	蒙古国	中央省	19.10	268	9.17	2.38
7	蒙古国	中戈壁省	11.20	147	4.48	1.05
8	蒙古国	肯特省	66.90	239	7.37	1.55
9	蒙古国	苏赫巴托尔省	1.40	258	5.98	1.54
10	蒙古国	东戈壁省	0.50	143	6.65	1.27
11	蒙古国	东方省	15.10	204	7.76	3.15
12	蒙古国	南戈壁省	0.38	161	6.33	1.88
13	俄罗斯	马里埃尔共和国	1 095.00	596	68.59	23.69
14	俄罗斯	莫尔多瓦共和国	68.00	592	80.74	30.11
15	俄罗斯	鞑靼斯坦共和国	2 602.00	521	386.87	288.52
16	俄罗斯	弗拉基米尔州	342.00	681	139.72	58.77
17	俄罗斯	犹太自治州	2 396.00	877	16.61	6.87
18	俄罗斯	乌德穆尔特共和国	772.00	575	151.72	79.38
19	俄罗斯	莫斯科州	180.00	763	731.86	546.61
20	俄罗斯	诺夫哥罗德州	241.00	937	61.57	36.33
21	俄罗斯	哈卡斯共和国	1 094.00	623	53.68	29.30

续表

编号	国家	行政区	地表水资源量 /10⁸m³	年均降水量 /mm	人口 /万人	生产总值 /亿美元
22	俄罗斯	列宁格勒州	905.00	823	177.88	136.78
23	俄罗斯	下诺夫哥罗德州	1 032.00	672	326.03	173.25
24	俄罗斯	特维尔州	233.00	784	130.48	53.96
25	俄罗斯	克麦罗沃州	400.00	678	271.76	129.15
26	俄罗斯	基洛夫州	538.00	597	129.75	43.74
27	俄罗斯	鄂木斯克州	574.00	464	197.85	92.76
28	俄罗斯	秋明州	6 728.00	499	361.55	896.95
29	俄罗斯	彼尔姆边疆区	671.00	591	263.44	163.58
30	俄罗斯	滨海边疆区	850.00	935	192.90	110.33
31	俄罗斯	阿尔泰边疆区	617.00	594	237.67	74.91
32	俄罗斯	图瓦共和国	545.00	425	31.56	7.88
33	俄罗斯	新西伯利亚州	703.00	409	276.22	156.25
34	俄罗斯	斯维尔德洛夫斯克州	393.00	511	433.00	297.14
35	俄罗斯	布里亚特共和国	867.00	341	98.23	29.59
36	俄罗斯	阿穆尔州	2 065.00	667	80.57	40.46
37	俄罗斯	伊尔库茨克州	2 716.00	349	241.28	159.17
38	俄罗斯	后贝加尔边疆区	816.00	395	108.30	41.36
39	俄罗斯	哈巴罗夫斯克边疆区	5 763.00	627	133.45	93.64
40	中国	辽宁省	152.00	729	4 232.00	3 345.40
41	中国	吉林省	272.00	753	2 645.50	2 222.08
42	中国	黑龙江省	686.00	575	3 799.23	2 313.70
43	中国	内蒙古自治区	402.10	339	2 520.10	2 801.89

其中，西伯利亚水资源主要用于居民生活、工业生产和农业灌溉三方面。其中每年用于生活饮用与社会经济活动的水资源量占地表水与地下水可更新水资源量的 2% 左右（Безруков и др，2014）。

工业用水是水资源利用的主体部分，约占总用水量的 73%（Безруков и др，2014），其中克拉斯诺亚尔斯克边疆区、克麦罗沃州、秋明州、伊尔库茨克州、托木斯克州的工业用水量较大（图 6-6）。工业用水的最大用户是热能部门，水在这些部门几乎全部用于机组的冷却。同时，由于造纸和石化企业的用水量巨大（1t 产品用水 400～500m³ 到 2500～5000m³），在这些企业迫切需要使用节能和环保技术，以降低工业用水量。

约占 16% 的淡水资源被优先用于生活用水，其中克拉斯诺亚尔斯克边疆区、克麦罗沃州和新西伯利亚州消耗的淡水资源量较大（图 6-6）。据统计，克拉斯诺亚尔斯克边疆区每年消耗的水资源量占俄罗斯水资源总量的 4% 以上（Безруков и др，2014）。然而，近年来几乎所有的地表水源都遭受过人为影响和破坏，因此水质往往不能满足《生活饮用水卫生标准》，只有 18% 的西伯利亚居民点供应的是优质水，而在萨哈（雅库特）共

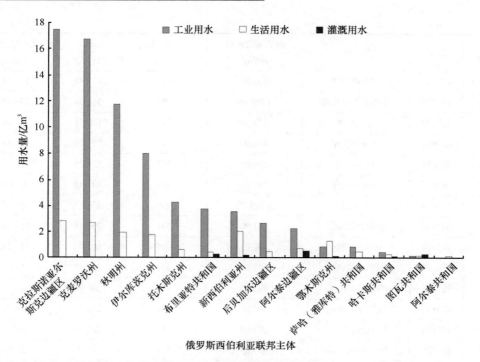

图 6-6　俄罗斯西伯利亚地区 2011 年淡水资源利用状况（Безруков и др，2014）

和国，只有 2% 的居民点的饮用水满足卫生要求，约 70% 的居民使用的是外运水，这些外运水的水质大多不高（Безруков и др，2014）。

农业用水占总用水量的 3%，主要用于农田灌溉。在西伯利亚各地区中，以阿尔泰边疆区的农业用水量最为突出（图 6-6）。人类活动用水给地表水体造成巨大污染，特别是未净化或未完全净化的污水对水环境产生的不良影响最为严重。在西伯利亚地区，未净化污水量约为每年 $3km^3$，平均相当于全俄罗斯未净化污水总量的 15%（Безруков и др，2014）。未净化污水的最大一部分进入了伊尔库茨克州（6.14 亿 m^3）和克麦罗沃州（5.72 亿 m^3）的水体，污染水在总排水量中的占比总体上为 28%（Безруков и др，2014）。

此外，在西伯利亚和远东地区的许多河流上，都建有大型水利工程。俄罗斯环北极河流上共修建大型水利工程 13 座（水库库容＞$1km^3$），其中叶尼塞河 8 座，鄂毕河及其支流 3 座，勒拿河与科雷马河各 1 座。

6.3.2　水资源压力和负载状态

中蒙俄国际经济走廊的俄罗斯部分，地域广阔且地表水资源利用率较低，开发潜力较大且难度较小。27 个俄罗斯行政区中，仅莫斯科州的水资源负载指数大于 1，水资源负载指数小于 1 的地区总面积占整个经济走廊的 69%，同时，对比各地区的人口及生产总值数据发现，其地广人稀的社会生产生活特征使得水资源利用程度较低。

蒙古国部分的 12 个行政区的水资源利用程度整体表现为"南高北低"。具体表现为，水资源负载指数分布具有区域差异性：5 个水资源负载指数小于 1 的行政区均集中于北部地区，水资源负载指数介于 1~10 的 3 个行政区位于南部中、蒙边界地带。而由于地区发展不均衡，南方部分省级行政区经济相对发达，人口较多，水资源负载指数更高，如乌兰巴托市为 12.84，而鄂尔浑省更是高达 130.62。

中国黑龙江、吉林、辽宁和内蒙古的水资源负载指数均处于 3~19，因经济发展较快，水资源负载指数较高，水资源开发利用程度较高。

水资源负载指数的分析结果表明，俄罗斯境内大部分地区蕴含着丰富的地表水资源且开发利用程度较低，开发潜力较大。毗邻的中、蒙两国大部分地区的地表水资源量较少，开发已经趋于极限，开发潜力极低且难度较大，部分地区甚至出现缺水情况，需要通过区域间的水资源配置来解决水资源短缺的问题。

6.3.3　人类活动的潜在影响

1）水环境

水资源，尤其是地表水资源容易受到污染。在全球水污染日益严重的背景下，已有研究表明西伯利亚地区地表水的水质也正在遭受不同程度的污染。因此，在开发利用这一地区水资源的同时，一定要加强水资源的保护，特别是加强保护贝加尔湖宝贵的淡水资源。

其中，蒙古国水环境问题较为严重。伴随着水资源严重短缺，蒙古国的中、南部地区自然生态环境不断恶化，尤其是近几年，"白灾"（雪灾）、"黑灾"（沙尘暴）频发，严重阻碍了当地经济的发展。乌兰巴托至扎门乌德 600 多千米间的各个城市，因受制于水而发展缓慢。其中，扎门乌德因缺水至今不足 1 万人。对于拥有丰富矿产资源的东戈壁、南戈壁、中戈壁等省，这一矛盾尤为突出，许多矿产因缺水无法开采。

此外，由于蒙古国首都乌兰巴托不断膨胀的人口数量及不完善的平房区生活设施，"母亲河"图拉河面临季节性断流、河水严重污染等问题。一方面，河岸取水设施大量抽取地下水，造成了地表河流的断流，引起河道内及河道外生态系统的退化。另一方面，近年来矿山开采业不断发展，尤其是黄金无秩序开采，是造成河流污染和干涸的重要原因。目前蒙古国拥有矿山开采和勘探许可证的企业几百家，数十条河流因黄金开采而受到污染。由此造成全国某些地区的公民饮用水矿物质超标。

同时，蒙古国地下水问题十分突出。地下水是蒙古国主要城市和工业中心以及广大畜牧部门用水的主要来源，其中地下水占水资源利用总量的 80% 以上（蒙古国工业和矿产资源部官员报告说是 90%，蒙古国科学院地理研究所专家说是 82%）。通过与蒙古国科研人员交流了解到，大量抽取地下水已经造成地下水位持续下降、地下水资源储量逐年减少。但是，由于缺失对地下水动态的观测，目前地下水位下降的速率仍是未知数。由于地下水资源是有限的，而且更新速度慢，需要加强保护，限制对地下水资源的无序开采。目前，该国政府已经意识到这一问题的严重性，并制定出相应的全国地下水动态监测规划，计划在 2030 年前不断推进该计划的实施。

但整体而言，与石油、天然气等矿产资源不同，水资源是可再生资源，只要合理加以利用，防止水体污染，水资源将不会枯竭。在俄罗斯西伯利亚周围地区水资源匮乏的情况下，通过虚拟水贸易或者跨流域水资源调配，将淡水输送至中亚、蒙古国和中国北方地区，具备战略重要性，这将促进该地区经济和社会的协同发展。

2）洪水问题

纵观全球环境变化，中蒙俄国际经济走廊在水资源分布不平衡的现状下，将随着气候变化，出现一系列与水资源相关的环境问题及风险。短期内，受气候变暖影响，俄罗斯北部、中南部地区的大型河流径流量增大的可能性在增加；而长期来看，部分地区存在水资源环境失衡的风险，山区洪水、泥石流泛滥等极端水文事件的发生也将趋于频繁。

此外，蒙古国图拉河流域遭受极端降水所带来的洪涝灾害影响。其首都乌兰巴托地区频繁出现强降雨与洪灾，冲垮道路桥梁，造成人员伤亡。因此，需要采取措施降低人群受极端天气事件影响的脆弱性，如提升现有防洪系统、建立早期预警系统，以及提高大众对极端天气事件的认识等。

3）水利工程建设

大型水库修建及其蓄水等人类活动影响是影响河流径流变化的重要因素。水库蓄水一方面使得河川径流量减少，另一方面增加水面面积导致蒸发增强。据分析，1941～2014 年，水库建设导致俄罗斯环北极地区河流的总径流损失量累计超过 $550km^3$，其76% 由于水库初期蓄水，24% 由于蒸发损失（Koronkevich et al.，2019）。1960～1975 年损失的水量最多，这与水利工程建设的高峰期相对应。水库蓄水初期会改变河流的水文参数，但其影响仅限于蓄水后几年（Peterson et al.，2002），不会影响长期的年径流过程（Magritsky et al.，2017）。现有资料统计分析得出，俄罗斯环北极地区每年约 $27.5km^3$ 水通过水体表面蒸发损失（Magritskii，2008），其中水库修建产生的额外蒸发损失占总蒸发量的 16%～75%，但蒸发变化对总径流量影响不大（Magritsky et al.，2017）。

水库建设对大多数河流的年径流影响有限（McClelland et al.，2004；Yang et al.，2004）。梯级水库或大型水库对径流的影响相对较大，但水库对径流的调节作用沿河向下游逐渐减小，径流特征将逐渐恢复到自然条件下的情况。例如，远离北冰洋海岸的西伯利亚河流，沿河逐渐降低了水库对径流的影响，建库前后河口附近站点的径流在统计上未发生显著变化（Magritskii，2008）。但在俄罗斯环北极地区西北部几乎毗邻海岸的科拉半岛和卡累利阿，水库对调节河流河口水文状况产生很大影响（Magritsky et al.，2017）。

水库的径流调节改变了河流的水文特征，许多大型欧亚北极河流的流量季节特征受到强烈的影响。经过长期的流量调节，水利工程的建设已经极大地改变了径流的年内分布特征（McClelland et al.，2004）。受到水库的调蓄作用影响，春季和夏季汛期水量减少，冬季枯水期水量明显增多（Yang et al.，2004）。与自然流量相比，叶尼塞河、勒拿河、科雷马河的春夏季节性洪水径流量下降了 27%～51%，冬季枯水期径流量增长了28%～60%（Magritsky et al.，2017）。McClelland 和 Stieglitz（2004）分析发现，水利工程建设对叶尼塞河径流量季节性的影响最大，对鄂毕河和勒拿河径流量季节性的影响其次，对科雷马河径流量影响相对较小。

4）经济活动取水

除水利工程建设的影响以外，河流的径流量及水文特征同样受到从河流、湖泊、地下含水层等天然水体中大量取水的影响（Shiklomanov et al.，2011）。俄罗斯环北极地区80%～95%的取水来自地表径流，其余来自地下含水层，取水主要用于工业、热电厂和城市公共市政用水。工业用水集中在北德维纳河、鄂毕河、叶尼塞河流域。在鄂毕河、叶尼塞河和科雷马河流域，火力发电厂的用水量非常大。北德维纳河、勒拿河流域的水资源主要与城市公共市政用水有关（Magritsky et al.，2017）。但由于人口密度低，俄罗斯环北极地区的水资源开发利用程度较低，经济活动对水资源的影响相对较小，对于大部分地区，取水并未使水资源发生统计上的显著变化。鄂毕河的取水量占俄罗斯环北极地区总取水量的70%，其次是叶尼塞河（15%）、科拉半岛和卡累利阿北部的河流（8%）、北德维纳河（3%）、伯朝拉河（2%）、勒拿河（1%）和其他河流（1%）（Koronkevich et al.，2019）。在 19 世纪 70 年代末和 80 年代的用水量高峰期，取水较多的鄂毕河和叶尼塞河流域的取水量分别仅占其多年平均径流量的 3.9% 和 0.8%（Koronkevich et al.，2019），而北德维纳河、伯朝拉河、勒拿河、科雷马河流域取水量仅不到多年平均径流量的 1.5%（Magritskii，2008）。经济用水对俄罗斯环北极流域的径流量总体影响较小，然而在一些地区，如科拉半岛和卡累利阿、北德维纳河河口、诺里尔斯克工业区、叶尼塞河和鄂毕河流域南部、乌拉尔地区、受水电站调节的西伯利亚河流以及勒拿河流域的采矿区，水资源压力很大。当前从北极河流和相关地下水源取水的总量约 20.6km³/a，预计2025～2030 年可能增加到 37.2km³/a，尽管这一取水量仅占俄罗斯环北极地区多年平均径流量的 0.01% 左右，但增加的取水量势必会使得部分水资源紧缺地区的河川径流量发生明显变化。

6.3.4　气候变化潜在影响

1）中蒙俄国际经济走廊气候变化影响下的水资源特征

在过去的一百多年间，环北极地区气温一直呈上升趋势，其气温上升速率约为0.7℃/10a（Overeem and Syvitski，2010），约是全球平均水平的两倍（Karl et al.，2015）。与此同时，降水总体上呈现上升趋势，并且极端降水事件的频次和强度也增加得愈发显著（Wang et al.，2021b），但不同季节和地区存在明显的季节性差异和空间差异（Vihma et al.，2016；Wu et al.，2005）。

随着全球气候变暖，俄罗斯西伯利亚的地表水资源年际变化显著（图 6-7），自 20世纪 80 年代后半叶开始大多数西伯利亚河流的平均径流量与 1936～1975 年相比增加了5%～10%，东北部地区河流径流量自 20 世纪 90 年代后半叶开始明显增加。在过去的几十年间，鄂毕河、叶尼塞河、勒拿河和科雷马河年均径流量分别以 38.51m³/s、68.42m³/s、76.47m³/s、21.15m³/s 的速率呈显著增加趋势（$p < 0.05$），季节性特征明显且具有区域差异。尽管鄂毕河、科雷马河和叶尼塞河的夏季径流量均呈减少趋势，但春季、秋季和冬季的径流量却有所增加，进而导致整体年均径流量呈显著上升趋势（$p < 0.05$）（表 6-3）。预测显示，鄂毕河和叶尼塞河的暖季径流量将减少，而勒拿河在很大程度上将经历径流

量的增加。

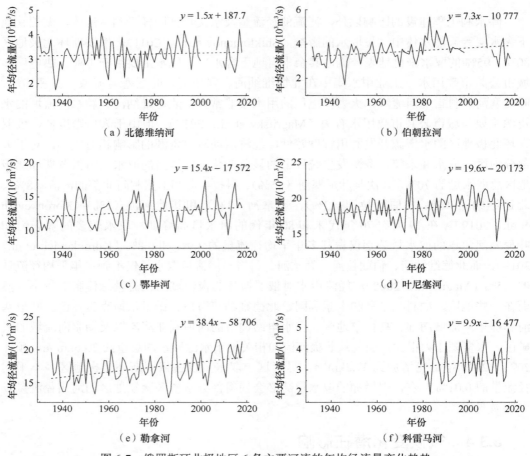

图 6-7　俄罗斯环北极地区 6 条主要河流的年均径流量变化趋势

表 6-3　西伯利亚地区 4 条主要河流四季及年均径流量变化与变差系数　　（单位：m³/s）

河流	春		夏		秋		冬		年		变差系数
	k	p	k	p	k	p	k	p	k	p	
鄂毕河	38.51	0.00**	−1.84	0.93	8.63	0.45	18.32	0.00**	38.51	0.00**	0.15
叶尼塞河	68.42	0.01**	−71.72	0.02**	15.55	0.19	70.77	0.00**	68.42	0.01**	0.09
勒拿河	76.47	0.00**	11.13	0.68	38.70	0.02**	27.14	0.00**	76.47	0.00**	0.13
科雷马河	21.15	0.03**	−13.73	0.72	27.59	0.03**	5.43	0.00**	21.15	0.03**	0.24

** $p < 0.05$。

自 20 世纪 30 年代以来，4 条河流冬季和春季的径流量均呈显著增加趋势。秋季径流量也基本呈增加趋势，但仅有勒拿河和科雷马河的数据具有统计显著性意义（$p < 0.05$）。此外，4 条河流的夏季径流量变化不尽相同：叶尼塞河呈显著减少趋势，鄂毕河则呈不显著的减少态势，而勒拿河则呈不显著的增加趋势。勒拿河四季的径流量都增加，因此在整体上表现出年均径流量显著增加的趋势。虽然鄂毕河、科雷马河和叶尼

塞河在夏季表现出径流量减少的特征，但更为明显的是春季、秋季和冬季的径流量增加，这导致年均径流总量也呈显著增加趋势（$p<0.05$）。预计 21 世纪鄂毕河和叶尼塞河的暖季径流量将减少，而勒拿河的径流量在很大程度上将增加。到 21 世纪中叶，预计上述 4 条河流特别是勒拿河在暖期水资源量将增加。然而，与目前的情况相比，年内径流量分布格局不会发生根本变化。

整体而言，俄罗斯西伯利亚河流的春季和夏季径流量对年均径流量的贡献较高，约为年均径流量的 50%～75%。通常，最大径流量出现在每年 5～7 月。秋季径流量不超过 25%。在稳定的冬季低水期的径流量占全年径流量的 1.5%～4% 至 10%～18%。空间上，西伯利亚流域河流径流量的季节性特征在区域上存在差异。鄂毕河与叶尼塞河夏季径流量占比最大，春季径流量对年均径流量的贡献率次之，同时冬季径流量在年均径流量中占有一定的比例。

近年来，全球气候变暖使得西伯利亚地区天然河流年均径流量增加。同时，气温升高导致的冻土退化对地下径流量的增加也起了关键作用（Wang et al.，2021a），一定程度上加剧了旱涝等灾害发生的可能（Dobrovolski，2007；王平等，2018）。但对于水资源相对短缺的中国四省区，随着气候变暖，部分地区干旱问题明显加剧，内陆河河流径流量减少甚至出现断流，蒙古国也将由于资源短缺、取水量增加、水资源调控数据缺乏而出现更多与水资源相关的问题。

研究表明，在蒙古国库苏古尔湖地区，近年来气温抬升导致冰川（有待核实）与冻土融化，土壤蓄满产流，地表径流量增加，流入库苏古尔湖的流量增加，水位抬升，其中直接的证据是一些植被被淹没在水下。然而，气候变化和迅速发展的城市化进程正威胁着蒙古国脆弱的水资源，蒙古国境内有相当数量的居民无法获得清洁的饮用水。同时，受气候变化的影响，2011～2021 年蒙古国近 1244 条大小河流、湖泊出现干涸或断流现象。在未来一个世纪，蒙古国的气候将继续发生显著的变化。预测结果显示，蒙古国的全年气温将升高，冬季降雪量将增加，同时夏季降水量将减少。如果蒙古国继续实行现有的水资源管理方式，在未来气候变化的背景下，蒙古国将无法为其人民提供可持续的水资源。

预计到 2040 年，中蒙两国可使用的水资源量将面临巨大压力，而俄罗斯则相对乐观（Tian et al.，2015）。因此，在全球气候变化的影响下，中蒙俄三国的水资源合理开发利用面临着不同程度的挑战，对跨国合作和科学发展也有着更为迫切的需求。

2）气候变化对水资源的主要影响要素

中蒙俄国际经济走廊地区的快速升温和降水变化通过影响径流形成条件（蒸发、融雪、冻土等），对地表径流具有显著的影响（Overeem and Syvitski，2010）。降水以降雨和降雪两种方式到达地表，夏季降雨可以直接进入河流，或渗入土壤成为地下水稳定地供应地表径流（Yang et al.，2002），降雪则以积雪的形式覆盖在地表（Vihma et al.，2016），待气温升高时融化进入地表径流。降水变化直接决定着径流过程，气温上升通过影响冻土、融雪等要素对径流产生影响。其中，降水对流域夏秋两个季节的径流有着重要影响，而气温的作用则更多地体现在冬春两个季节。

此外，西伯利亚地区，多年冻土分布广泛，且含冰量极高，活动层厚度增加会释放大量冻结水进入径流过程，因此显著增温导致的多年冻土退化是影响该地区径流变化的重要因素之一（Yang et al., 2002）。研究表明，北半球高纬度地区多年冻土的退化与流域产流能力的增加呈正相关关系（Lawrence and Slater, 2005）。冻土退化产生的地下水补给地表径流，尤其是在冬季和春季，这一作用对径流的影响尤为明显（周京武等，2014）。因此，河流的冬季径流会因气温升高导致的冻土退化而增加。

另外，积雪是影响冻土活动层水热状态最为重要的地表覆被类型之一。北半球高纬度地区冬季积雪的增多（Bulygina et al., 2009），通过对土壤的保温作用，抑制了水分的冻结，有利于冬季产流（常娟等，2012）。此外，冬暖有利于短期内冰雪消融，对春季径流产生影响。而对于俄罗斯西伯利亚地区，秋季径流同样受降水和冻土融化影响，由于气温升高，冻土融化增加，大部分河流的秋季径流有所增加。同样地，对于勒拿河和科雷马河，冻土融化带来的秋季径流增加更为显著，秋季径流呈现显著增加趋势。而西部地区秋季降水的普遍减少抵消了一部分因冻土融化带来的径流增加，使得西部几条河流秋季径流的增加趋势不太显著。

6.4　淡水资源合作

淡水资源不足及水资源安全问题被称为21世纪全球面临的重要挑战之一。20世纪50年代起，北半球许多地区普遍存在干旱问题（Castro et al., 2019）。联合国环境规划署统计数据表明，地球上水资源总量约 $1.4 \times 10^9 km^3$，其中淡水资源总量约为 $3.5 \times 10^7 km^3$，占水资源总量的 2.5%（Shiklomanov, 2000），生态系统和人类可用淡水资源总量约 $2 \times 10^5 km^3$，仅占淡水资源总量的 1%。截至 2016 年，亚太地区 48 个国家中有 29 个国家因缺水和地下水超采等问题成为水资源不安全地区。未来还可能面临水资源危机的国家和地区包括印度、中国北方、非洲北部、撒哈拉以南、中东和东欧部分地区（Srinivasan et al., 2012；Vorosmarty et al., 2010）。Gleick 和 Palaniappan（2010）预测，到 2050 年全球人口将增加至 90 亿人，但地球上的可再生淡水资源则几乎保持不变（Postel et al., 1996）。2019 年《世界水发展报告》称，届时全球用水量比目前增加 20%～30%，将有超过 20 亿人生活在水资源严重短缺的国家或地区。因此，水资源作为人类生产生活必备的基础性自然资源和战略性经济资源，将深刻影响全球生态环境及区域发展（Arnell, 1999）。

中蒙俄三国地域相连，人文相通，2016 年 6 月 23 日，国家发展和改革委员会正式公布《建设中蒙俄经济走廊规划纲要》，这标志着在"一带一路"构想下第一个多边合作规划正式启动。目前，中蒙俄国际经济走廊建设开始进入落实阶段。然而，淡水资源短缺所带来的压力仍然是中蒙俄国际经济走廊在建设过程中所面临的问题。解决该问题的关键是加强中蒙俄三国之间的水资源合作。

6.4.1　合作现状与问题

中蒙俄国际经济走廊水资源空间分布极度不平衡。中蒙两国境内存在水资源严重不足、地表水资源水质不断恶化、跨境流域水资源纠纷等多重问题与危机。水资源已成为影响中蒙俄国际经济走廊建设与可持续发展的关键性瓶颈制约。当前，中蒙俄淡水资源合作仍面临气候变化与人类活动所带来的严峻挑战，主要包括以下三方面。

第一，中蒙俄国际经济走廊水资源分布极度不平衡，中蒙境内干旱，水资源严重缺乏、气候变化将加剧水资源短缺风险。淡水是人类生存的基础，也是全球战略性资源。总面积为 $9.69×10^6 km^2$ 的俄罗斯西伯利亚地区是中蒙俄国际经济走廊的重点地区，拥有占全球地表淡水资源总量约 22% 的贝加尔湖，以及总长度约 $5×10^6 km$ 的河流和多座大型水库，其中叶尼塞河、勒拿河、鄂毕河等大型河流的水资源量极为丰富。据估算，西伯利亚地区平均地表水资源量为 $2350km^3$。尽管西伯利亚地区水资源丰富，但鄂毕河、叶尼塞河、勒拿河等大河都流向北冰洋，而与之毗邻的南方河流水资源却都很紧张，又恰好是俄罗斯人口集中的区域，因此导致乌拉尔等地区水资源短缺。相比之下，蒙古国以及中国北方地区水资源严重短缺，植被退化及土地荒漠化问题尤为突出，社会经济可持续发展面临严重威胁。例如，中国北方黄河流域的人均水资源量仅是西伯利亚东部地区的 1/4500。又如，面积为 $1.56×10^6 km^2$ 的蒙古国，其地表河流的年平均径流量仅为 $39km^3$，湖泊水资源量为 $180km^3$，而且水资源分配不均。

同时，全球气候变化对地表水系及水资源数量与空间分布产生影响。有研究认为在 20 世纪温度每升高 1℃，全球径流总量增加 4%。高纬度地区河流径流量对气候变化响应更为明显。目前，已经观测到西伯利亚地区三大河流（鄂毕河、叶尼塞河、勒拿河）在 2001～2016 年的年均径流量分别为 $420km^3$、$678km^3$、$598km^3$，均高于多年平均径流量，即 $405km^3/a$、$635km^3/a$、$537km^3/a$。西伯利亚地区水资源数量的增加为中蒙俄国际经济走廊水资源短缺提供了潜在的供水水源。但同时发现，鄂毕河、叶尼塞河、勒拿河的径流量年际变化显著，高低差分别达到 $255km^3$、$280km^3$、$202km^3$。此外，在 2001～2016 年，这三大河流的径流量出现了不同的变化趋势。具体来说，鄂毕河的径流量呈现缓慢但稳定的增加趋势（$0.4km^3/a$），叶尼塞河的径流量则呈现明显的下降趋势（$-9.0km^3/a$），而勒拿河的径流量则显著上升（$2.7km^3/a$）。在西伯利亚北部地区存在大面积多年冻土，里面储存有大量的固态水资源。在未来气候变化情景下，随着冻土消融，地下水径流量不断增加，将引起水资源的重新分配，并影响当前的水资源空间分布格局。

第二，中蒙俄国际经济走廊水资源污染控制不足，问题日益严重，水利工程所带来的环境问题突出。近年来，中蒙俄国际经济走廊的水污染问题也越来越突出。以俄蒙跨境流域色楞格河–贝加尔湖流域为例，20 世纪 80 年代以来，矿山开采、造纸及纸制品工业所产生的废水造成了该流域水质的不断恶化。近年来，一些化学、生物制造企业经常出现突发性污染事件，如硫等污染物大量排入河流。矿藏开发对水环境造成的污染也很严重。另外，人们在中蒙俄国际经济走廊很多河流上修建了很多大型水利枢纽工程，水利工程对径流、泥沙的再调节作用，往往给天然径流过程、水质、下游河床演变等水环境带来一系列问题。

第三，跨境河流合作开发问题多、争议大，中蒙俄国际经济走廊水资源供给缺乏保障。中蒙俄国际经济走廊面临跨境流域水资源开发利用及环境保护等问题，其中以俄蒙跨境河流色楞格河最为典型。色楞格河发源于蒙古国境内，是蒙古国境内最大的河流，流经蒙俄两国，最后注入俄罗斯境内的贝加尔湖。色楞格河全长 992km，流域面积为 $4.47×10^6 km^2$，其中 2/3 位于蒙古国境内，1/3 位于俄罗斯。蒙古国希望在色楞格河及其支流的额吉河（Egiyn Gol）、鄂尔浑河三条河上修建舒伦（Shuren）、额勒恩高勒（Egiyn-gol）、奥尔洪（Orhon）和恰尔盖特（Chargayt）水电站，从而解决蒙古国内的能源短缺问题。然而，色楞格河作为跨境河流，是贝加尔湖重要的水量来源。俄方认为，色楞格河及其支流水电站建设项目存在巨大的生态风险，水电站建成可能会对俄罗斯境内的色楞格河三角洲独特的生态系统造成不利影响，同时水电站会对贝加尔湖造成污染。因此，蒙古国在色楞格河上建造水电站的计划从一开始就遭到俄罗斯政府及民众的反对。尽管俄蒙两国已就建造水电站对贝加尔湖状态的影响举行了多轮谈判，从目前来看，迫于俄罗斯的压力，蒙古国在色楞格河上建设水电站的希望很可能破灭。中俄界河长达3000多千米，水资源十分丰富。但2005年黑龙江支流松花江的污染，以及2013年黑龙江–阿穆尔河流域汛期洪灾都曾引起两国的极大关注。中俄两国在跨境河流洪涝防灾和水体污染防治方面积极合作，但在个别问题上也存在争议。

6.4.2 优先合作区

俄罗斯西伯利亚地区水资源丰富，总体而言开发潜力较大。蒙古国地表水资源最为匮乏，北部由于经济不发达，水资源整体状况较好，但南部面临水资源的严重短缺现象。相对于俄罗斯西伯利亚地区和蒙古国，中国北方地区由于人口稠密、经济快速发展，社会生产需水量大，相对丰富的地表水资源量不足以承载快速发展的用水需求，水资源开发利用潜力较低。针对中蒙俄国际经济走廊当前所面临的水资源空间分布不均匀、洪涝灾害、地表水污染等问题，中蒙俄三国应在水贸易、跨流域调水、跨境河流水污染联合防控、洪涝灾害联合治理等领域开展优先合作。

俄罗斯西伯利亚–蒙古国–中国北方地区是中蒙俄国际经济走廊水贸易及跨流域调水的首要合作区。俄罗斯西伯利亚地区水资源丰富，主要为水资源开发潜力很大的地区，而与之毗邻的蒙古国及中国北方地区水资源短缺较严重。早在1871～1980年，俄国学者就多次提出将部分西伯利亚以及中亚地区的河流水资源调往俄罗斯南部（Горюнова and Суздалева，2015；Леонидович，2014）。2016年，俄罗斯政府官员向中国提议，讨论有关自阿尔泰边疆区向中国新疆调运淡水的项目（源自俄罗斯《导报》2016年5月3日消息）。中国一直以来寻求"一带一路"建设的国际合作和互利共赢，中蒙俄国际经济走廊的提出为该地区水利工程建设及水资源合理开发利用提供了有利的合作平台和基础。

近年来，俄罗斯政府大力实施远东开发战略。在这样一个背景下，黑龙江流域的开发已经成为中俄合作的重心。在水资源研究领域，保护跨境河流是国际合作的前提。2005年，中国石油吉林石化公司双苯厂爆炸事故引起了松花江水环境污染问题。除此之外，也发生过船舶漏油及化学品倾覆、泄漏事件导致的黑龙江地表水污染。因此，中俄应加强合作，防治流域生态环境破坏所导致的水质污染。同时，要积极防治农业面源污染。对于俄蒙两国的跨境流域、色楞格河流域，同样存在跨境河流水污染联合防控的合作需求。在蒙古国和俄罗斯境内都有相关的文献研究色楞格河及其主要支流受到人为污染的事件。为此，在应对跨境河流的水污染问题上，中蒙俄三方应加强水文与水环境监测，建立跨境流域（如黑龙江流域、色楞格河流域）的水环境监测监控系统，应对突发性污染事件的预警。除此之外，黑龙江流域近年来洪涝灾害频发。黑龙江和乌苏里江在

1872 年、1897 年、1950 年都发生了大洪水，2013 年 8 月黑龙江干流也出现了暴雨洪水的灾情。黑龙江流域的洪涝灾害给中国和俄罗斯带来了巨大的财产损失。对于中俄两国水灾害合作而言，首先要实现中俄两国水情交流信息机制，构建跨境洪灾治理整体方案。

在中蒙俄国际经济走廊建设过程中，平衡我国北方省区水资源与区域发展关系的同时，也要关注蒙古国鄂尔浑省、达尔汗乌勒省、戈壁苏木贝尔省和东戈壁省等水资源匮乏地区在发展过程中的用水来源问题。同时可考虑优先发展蒙古国北部经济落后但尚不受水资源限制的地区，并在未来可能实现的"北水南调"大型水利工程中，科学利用俄罗斯丰富的水资源缓解蒙古国和中国北方地区的资源短缺问题，同时带动俄罗斯当地和沿线地区的经济发展。

6.4.3　重点合作领域

在淡水资源方面，虚拟水和瓶装水是两种水资源开发利用的重点合作领域。目前，西伯利亚水资源主要通过虚拟水和瓶装水贸易两种方式向周边缺水国家输出一定数量的水资源。其中，虚拟水贸易是通过经营安加拉河（实际是贝加尔湖）和叶尼塞河的水资源，利用廉价水和水能取得的竞争优势供应电能，以及向国外销售铝和纸浆。随着博古恰内水电站和新铝厂的投产，虚拟水贸易量将会进一步扩大。在全球的水产业中，瓶装水的产量自 20 世纪 90 年代起正在迅速增长，年增长速率为 8%～9%。据统计，2012 年全球瓶装水销售量为 2.88×10^{11}L，2017 年销售量增长至 3.9×10^{11}L。在俄罗斯，瓶装饮用水的市场规模也正在逐年扩大。瓶装水生产厂商的总数已经超过 500 家，而瓶装水的销售公司已经达到几千家，同时产量正以每年 12%～15% 的速度增长。西伯利亚的瓶装水市场也在发展，而且潜力巨大，新西伯利亚州是其中的龙头，该州约占据俄罗斯销售量的 7%（居俄罗斯第三位）。2017 年 6 月，俄罗斯布里亚特共和国首批生产的贝加尔湖瓶装水销往中国。同年，俄罗斯伊尔库茨克州政府投资委员会审议通过阿克瓦西布（Akvasib）公司在贝加尔湖南岸的伊尔库茨克州库尔图克小镇建立一家向中国出口贝加尔湖水瓶装水的项目。总的来说，俄罗斯政府对水资源出口持积极态度，西伯利亚地区在瓶装水贸易市场上具有很大的潜力。

俄罗斯西伯利亚地区地广人稀，水资源丰富且开发利用程度较低。水资源作为这一地区重要的战略与经济资源，对其合理开发利用有望带动该地区的社会与经济发展。据估计，俄罗斯境内 80% 的水电资源没有得到利用。将巨量的水资源变为可供利用的能源，并依托电力贸易将这些能源充分利用，对俄罗斯来说有着重要意义。俄罗斯是水力资源大国，发展中蒙俄水电合作将有利于优化中蒙俄能源合作结构，带动三方设备、技术、管理等方面的合作，使中蒙俄能源合作迈上新的台阶。近年来，随着"一带一路"倡议和中蒙俄国际经济走廊的规划实施，中俄之间的能源合作不断得到加强。2016 年中蒙俄三方签署的《建设中蒙俄经济走廊规划纲要》，明确指出继续推动三方在水电能源方面的合作，中俄在这一领域的合作将具有广阔的前景。

作为中蒙俄国际经济走廊重要组成部分的蒙古高原地广人稀，社会经济发展相对滞后，大部分地区仍然存在水资源要素监测网络不够完善、监测预报技术有待改进、地下水资源调查不足、对矿区水污染和干旱区水生态关注不够等问题。尤其是蒙古国，近年来的大面积采矿和过度放牧带来了水资源的短缺和严重污染，以及草原的荒漠化。然而，蒙古国由于社会经济与技术发展的落后，其水资源和生态环境要素（如水环境、沙尘）的监测几乎空白。针对蒙古高原生态屏障建设所面临的历史观测数据稀缺、现有观测站网稀疏、观测要素不全等问题，亟须加强中蒙俄三国国际合作，开展水资源利用的本底调查，提升水资源利用效率与对极端气候及其他自然灾害的应对能力。此外，调水工程、水污染防护、洪水及干旱问题预防及治理也是区域发展应关注的重点领域，在中蒙俄国际经济走廊发展的同时，应从技术、战略、合作、人才队伍等各方面，加强合作。

6.4.4　合作模式与对策

当前，世界各地水资源分布不均，利用程度各异，包括水资源贸易和水利工程建设的多元跨国合作，是解决区域水资源不平衡的重要途径。针对中蒙俄国际经济走廊可持续发展所面临的水资源问题，本书提出以下三点对策和建议。

第一，推动中蒙俄三国科学家实质性合作，提升中蒙俄国际经济走廊水资源基础研究水平。中蒙俄三国在水资源基础研究方面存在一定的差异，特别是蒙古国在这一领域的研究基础较为薄弱，而俄罗斯近年来受到研究经费的影响，水资源基础研究有所停滞不前。因此，三国科学家应借助"一带一路"国际科学家联盟，通过开展合作研究、互派留学生、共同举办国际会议与论坛，建立中蒙俄水资源研究国际合作与交流平台，实现优势互补。在此平台基础上，三国科学家应围绕中蒙俄国际经济走廊建设过程中所面临的与水相关的各种问题，开展水资源基础研究，包括分析水资源时空分布及其变化的驱动机制，评估水资源利用效率。通过开展上述研究，提高中蒙俄国际经济走廊水资源管理水平，增强应对干旱、洪涝等灾害的能力，为区域水资源的合理利用及可持续发展提供科学指导及应对策略。

第二，联合开展经济走廊水资源观测，构建经济走廊水资源信息数据中心。国家发展和改革委员会确定的中蒙俄国际经济走廊分为两条线路：第一条线路是从华北地区的京津冀到呼和浩特，再到蒙古国和俄罗斯；第二条线路是从东北地区的大连、沈阳、长春、哈尔滨到满洲里和俄罗斯的赤塔。两条线路所面临的水问题复杂多样，但水资源短缺是第一条线路所面临的关键水问题，而洪涝灾害和水污染是第二条线路亟须应对的水问题。针对这两条线路所面临的水问题，中国应主动与俄罗斯、蒙古国科研机构加强合作，开展联合调研，共建联合实验室、流域水资源信息数据中心等项目，加强科技信息共享和交流，共同发布多语种的调研报告，提高合作的开放度和透明度，为解决中蒙俄国际经济走廊水资源问题提供技术方案。

第三，谋划经济走廊跨境调水方略，寻求经济走廊"北水南调"解决方案。中蒙俄国际经济走廊水资源分布极度不均衡，水资源短缺限制了缺水地区如中国西北、蒙古国及俄罗斯南部的社会经济发展。然而，因中蒙俄三国在政治、经济和文化等方面的不平衡发展，再加上中国、俄罗斯和蒙古国在历史边界认知、流域水文化认同等方面存在一些差异，各方会因为各自的战略利益而审慎考虑，从而在跨流域水资源的开发和跨界水资源的利用上保持一定程度的警惕和防范心态。例如，俄罗斯反对蒙古国在俄蒙色楞格河流域建设 4 个水电站。针对国内近年来提出的"从贝加尔湖向中国调水工程""贝水兰调"提案，俄罗斯民众与媒体感到恐慌与不满。贝加尔湖作为世界自然与文化遗产，保护贝加尔湖水资源及生态环境对俄罗斯及全球都具有重要意义。因此，在缺乏科学论证的前提下，妄论从贝加尔湖向中国调水毫无意义。相比之下，从西西伯利亚向蒙古国与中国北方调水方案在当前还存在一定的可行性。苏联曾规划了从鄂毕河向中亚地区调水的方案，但该方案在 20 世纪 80 年代被否决，其主要原因是考虑到调水对生态环境的不可逆转的破坏性。近年来，有中蒙俄及中亚学者再次提出从西伯利亚向蒙古国、中国北方及中亚地区调水的建议。特别是近年来气候变化引起西伯利亚三大流域地表径流增加，在此背景下，有学者认为可以将一部分流入北冰洋的淡水调到南部缺水的地区。

第 7 章　中蒙俄国际经济走廊旅游资源格局与潜力

　　旅游资源是旅游业发展的基础（王学君，1993），跨境旅游资源整合是中国"一带一路"倡导的重要议题。根据世界旅游组织和世界银行统计，2016 年中蒙俄三国共接待国际入境游客 8424.5 万人，国际旅游收入达 576.34 亿元。中蒙俄三国旅游业发展势头强劲，旅游资源互补性强，已成为国际旅游经济发展的重要带动力量。

　　2017～2019 年，作者团队对俄罗斯贝加尔地区、莫斯科地区、金环地区、新西伯利亚地区、滨海边疆地区以及蒙古国开展了多次旅游资源实地调查，获取了考察区旅游资源的一手资料，摸清了中蒙俄研究区旅游资源的数量、质量、分布特征，在研究区现有旅游开发利用的基础上，做出客观全面的总体评价，并为进一步的旅游资源开发规划奠定研究基础，为"一带一路"和中蒙俄国际经济走廊建设中的旅游资源开发与合作提供战略咨询和决策支持。本章将在"基础评价—现状与问题—对策与建议"的逻辑基础上，从中蒙俄旅游资源格局（旅游资源空间分布与组合）、旅游资源质量与开发潜力、旅游资源开发利用现状与问题、旅游合作四方面展开分析。

7.1　旅游资源格局

　　通过实地考察、政府网站及资料整编，基于数据的可获得性，获取了研究区（"五带六区"）的自然保护区、世界文化遗产、世界自然遗产数量等主要旅游资源的相关数据，绘制了中蒙俄研究区 1∶300 万旅游资源空间分布图和旅游资源核密度空间分析图（图 7-1、图 7-2）。此外，为了进一步分析自然旅游资源和文化旅游资源的空间分布情况，分别对研究区自然和文化旅游资源进行核密度空间分析（图 7-3、图 7-4）。

7.1.1　旅游资源总体分布格局与特征

　　从图 7-1 和图 7-2 可以看出，研究区的旅游资源空间格局总体特征表现在以下三方面：①中蒙俄三国经济走廊自然旅游资源呈"多核心"格局特征，而文化旅游资源呈"哑铃型"格局特征；②旅游资源沿湖、沿河、沿交通线分布趋势明显；③旅游资源集中在俄罗斯西部地区以及东端的亚太地区，而中部地区相对较少。

7.1.2　自然旅游资源分布格局与特征

　　基于中蒙俄三国的行政区划和自然旅游资源分布，本书将研究区域划分为以下几部分：中国东北部地区，包括黑龙江、吉林、辽宁以及内蒙古；蒙古国中东部地区，包括中央省、色楞格省、中戈壁省、南戈壁省、东方省、东戈壁省、肯特省以及苏赫巴托尔省；俄罗斯远东地区，包括滨海边疆区、哈巴罗夫斯克边疆区、犹太自治州和阿穆尔州；西伯利亚地区，包括后贝加尔边疆区、布里亚特共和国、伊尔库茨克州、克拉斯诺亚尔斯

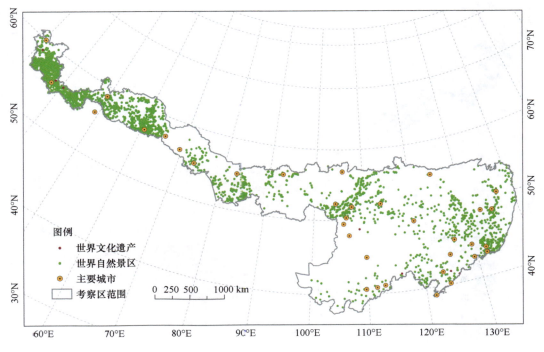

图 7-1　研究区范围旅游资源空间分布

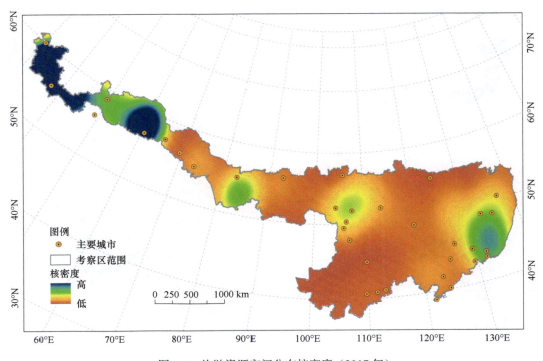

图 7-2　旅游资源空间分布核密度（2017 年）

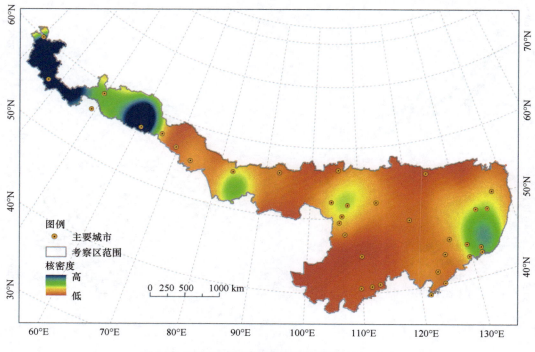

图 7-3　自然旅游资源空间分布核密度（2017 年）

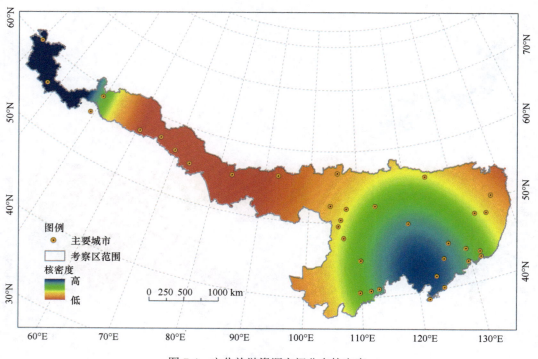

图 7-4　文化旅游资源空间分布核密度

克边疆区南部、图瓦共和国、阿尔泰边疆区、新西伯利亚州以及鄂木斯克州；乌拉尔-伏尔加地区，包括秋明州、斯维尔德洛夫斯克州、彼尔姆边疆区、基洛夫州和鞑靼斯坦共和国，以及莫斯科-圣彼得堡地区这六个区域。总体来说，自然旅游资源呈"多核心"格局特征；自然旅游资源沿湖、沿河、沿边界、沿交通线分布趋势明显（周李等，2018）。具体情况如下。

（1）自然旅游资源沿"中俄欧亚城市经济带"呈现带状分布，高密度资源区呈现"多核心"分布特征（图7-3），集中在莫斯科-圣彼得堡地区、叶卡捷琳堡-秋明地区、新西伯利亚地区、环贝加尔湖地区、中俄沿海地区。这些地区普遍具有良好的生态环境和丰富的自然资源，未来旅游业发展大有可为。从实地调研以及旅行社游线来看，除莫斯科-圣彼得堡地区旅游景区景点的建设形成一定规模，开始走向成熟外，其他区域的景点开发和景区建设尚处在初创期。

（2）自然旅游资源沿湖、沿河、沿边界、沿交通线分布趋势明显。从分布密度高的区域来看，五大高密度区均具有以上属性。其中，莫斯科是俄罗斯政治、经济、文化和交通的中心，位于东欧平原中部，奥卡河和伏尔加河之间，莫斯科河自北向南流经全城，是国际重要的航空港，同时也是俄罗斯最大的铁路枢纽；圣彼得堡为俄罗斯第二大城市，涅瓦河及其支流穿城而过，交通便捷、经济发达。新西伯利亚州位于西西伯利亚平原的东南部，鄂毕河上游，该地区水力资源非常丰富，拥有3000多条河流和湖泊，且湖泊中含有多种人体所需微量元素，因此，该地沿着湖区发展了一系列旅游相关产业，如疗养院等。此外，远东地区的符拉迪沃斯托克（海参崴）靠近中国东北地区，交通发达，是西伯利亚铁路的终点、俄罗斯最大的太平洋港，同时也是国际著名的航空港。

（3）中蒙俄国际经济走廊自然旅游资源同质性与互补性并存。蒙古国中东部地区降水稀少，以草原、荒漠为主；中国东北部地区可分为两部分，其中内蒙古自治区主要受温带大陆性气候和温带季风气候影响，降水量少且不均匀，从东向西依次形成草原、荒漠等自然旅游资源；黑龙江、吉林、辽宁三省地处高纬度地区，境内平原广布、土壤肥沃，形成了以森林、冰雪等为主的自然旅游资源；俄罗斯四大区域横跨欧亚大陆，位于高纬度地区，冬季寒冷而漫长，境内高原、平原相间分布，形成了以湖泊、冰雪、森林等为主的自然旅游资源。此外，三国地质景观各具特色，如俄罗斯滨海边疆区的马鲁沙大山洞、中国东北部地区的五大连池火山等。

7.1.3　文化旅游资源分布格局与特征

研究区文化旅游资源主要分布在俄罗斯西部地区以及东端的亚太地区，总体呈"哑铃型"格局特征（图7-4），集中于莫斯科-圣彼得堡地区、沈阳-长春-二连浩特地区。莫斯科是俄罗斯的首都，是全国政治、经济、文化和交通的中心，拥有丰厚的文化遗产，交通区位优势明显，客源市场较为充足且旅游开发经营相对成熟；圣彼得堡市为俄罗斯第二大城市，市内拥有许多18～19世纪不同风格的著名建筑群，以冬宫广场为核心的城市历史中心具有较强的辐射和带动作用。沈阳-长春-二连浩特地区文化旅游资源较富集，主要是因为该地区历史遗迹众多，少数民族文化旅游资源十分丰富。

7.2　旅游资源质量与开发潜力

旅游资源质量与开发潜力分析是区域旅游开发的重要内容。中蒙俄国际经济走廊沿线旅游资源丰富多样，对旅游资源分类与质量评价是该区域旅游资源合理开发与进行旅游规划的首要基础和基本前提，有助于进一步确定区域旅游开发的重点资源和重点产品；旅游资源合作与开发潜力分析则为中蒙俄国际经济走廊旅游资源进行合作开发的现实可能提供了重要依据。

7.2.1　资源等级评价

俄蒙两国目前尚没有出台完整的旅游资源等级评价标准或规范。本部分按照中国相关标准对中蒙俄国际经济走廊沿线旅游资源等级进行评价。

1）旅游资源类型与分类评价

通过多次的实地考察并结合获取资料，对研究区内旅游资源按照国家旅游局《旅游资源分类、调查与评价》（GB/T 18972—2017）进行了分类，并对调研区旅游资源进行了分类评定和总体特征评价。

研究区旅游资源丰富，种类多样。研究区既有丰富的自然风景旅游资源，又有独特的人文景观旅游资源，基本涵盖了《旅游资源分类、调查与评价》中的 7 个主类、19 个亚类、64 个基本类型（附表 1 和附表 2）。此外，研究区共有世界文化遗产 12 处、世界自然遗产 3 处，不同类型的自然保护区 4374 个。研究区旅游资源不仅种类多样，而且每种资源的积淀丰厚，无论是宗教建筑、民俗风情，还是自然山水风景、海湖河流、山川原野，都多姿多彩，具有规模不一、年代不同、形态各异的资源特征。

自然旅游资源研究区旅游资源等级高，空间组合好，组团开发潜力巨大。这些地区以其良好的生态环境和丰富的自然资源而成为国际市场上备受欢迎的旅游目的地。这里是自然观光、生态休闲和冰雪旅游的热门选择，尤其是贝加尔湖、兴凯湖和乌苏里江等地享有全球极高的知名度。其中贝加尔湖曾是中国古代北方游牧民族主要活动地区，以及汉代苏武牧羊之地。湖中动植物资源丰富，水质好，被誉为"西伯利亚的明眸"，每年吸引了来自世界各地的大量游客。随着中俄边境旅游的发展，以及边境口岸办理手续的简化，自驾游已成为中国游客赴贝加尔湖旅游的主要方式之一。此外，中蒙俄国际经济走廊自然旅游资源空间分布较为集中，自然旅游资源分布集中在莫斯科–圣彼得堡、乌拉尔–伏尔加等地区，蒙古国自然旅游资源稀少。地理集中指数、基尼系数、不平衡指数三者互相印证，说明中蒙俄国际经济走廊自然旅游资源关联程度高，组团开发潜力巨大。

人文景观旅游资源独具特色，区域特征明显。研究区的人文旅游资源具有鲜明的区域特征，且独具特色。对于俄罗斯而言，宗教遗迹、历史建筑以及数量众多的博物馆是其最主要的人文旅游资源。具体来说：首先，宗教遗迹特色明显，知名度极高。可能有半数以上俄罗斯居民信奉宗教，其中主要是信奉东正教，其次是伊斯兰教、犹太教、天主教、佛教等。因此，境内有许多知名的大教堂，如科罗缅斯克的耶稣升天教堂、岛村斯维亚日斯克圣母升天大教堂、喀山圣母大教堂、新圣母修道院等。其次，博物馆数量众多，藏品丰富，军事博物馆、地区博物馆、自然博物馆等遍布俄罗斯各大城市，如哈巴罗夫斯克考古博物馆、乌拉尔矿物博物馆、潜水艇 C-56 博物馆、普希金造型艺术博物馆等。丰富的博物馆资源构成了俄罗斯旅游资源最显著的特色。此外，红色旅游资源分布广，且保存完好。从实地考察以及二手资料来看，俄罗斯红色旅游资源主要分布在欧洲部分以及靠近中国的西伯利亚区域，中部地区相对较少。从符拉迪沃斯托克（海参崴）到圣彼得堡，红色旅游资源到处可见。对于蒙古国而言，自然古朴的游牧文化，珍稀宝贵的生态旅游资源则构成其旅游资源的最突出的特色。蒙古国牧民生活习惯、各种文化传统和富有浓郁民族特点的庆祝和表演活动吸引着众多的国内外游客，主要包括文化遗址、民族文化与风俗、奇特的建筑、那达慕等。

2）旅游资源等级评价

根据《旅游资源分类、调查与评价》（GB/T 18972—2017）中第六部分规定的旅游资源评价指标体系进行旅游资源等级评定。该评价系统包括评价项目和评价因子两个档次，其中评价项目包括资源要素价值、资源影响力和附加值三个维度。资源要素价值包括观赏游憩使用价值（30 分）、历史文化科学艺术价值（25 分）、珍稀奇特程度（15 分）、规模、丰度与几率（10 分）、完整性（5 分）；资源影响力包括知名度和影响力（10 分）、适游期或使用范围（5 分）；附加值包括环境保护与环境安全（5 分）。

旅游资源等级评价主要包括三个步骤。第一步，根据评价系统指标对单体旅游资源进行逐项赋分。第二步，将各项评价因子分值进行加总，得到单体旅游资源的总分值。第三步，依据标准中旅游资源评价等级，包括五级（≥90 分）、四级（75～89 分）、三级（60～74 分）、二级（45～59 分）、一级（30～44 分），最终确定所评价旅游资源的等级。其中，五级旅游资源称为特品级旅游资源；五级、四级和三级旅游资源通称为优良级旅游资源；二级、一级旅游资源通称为普通级旅游资源。

截至 2019 年，俄罗斯被批准列入《世界遗产名录》的世界遗产共有 29 项，其中自然遗产 11 项、文化遗产 18 项。以俄罗斯首都莫斯科为例，作为世界文化遗产地的克里姆林宫和红场就是特品级旅游资源。其次，四级旅游资源还包括莫斯科救世主基督大教堂、莫斯科中央马场、圣瓦西里教堂、俄罗斯国立图书馆、莫斯科铁路博物馆、彼得大帝纪念雕像等。蒙古国拥有 5 处世界遗产，包括乌尔苏湖盆地、额尔浑峡谷文化景观、蒙古国阿尔泰山脉的石刻群、大不儿罕合勒敦山及其周围的神圣景观、外贝加尔山脉景观，均是具有世界影响力级别的旅游资源。

7.2.2　旅游资源合作开发潜力

在中蒙俄国际经济走廊建设过程中，旅游合作具有巨大的开发潜力与广泛的现实基础，地缘优势、旅游资源互补优势、旅游合作愿望及人文环境基础都较为突出。

1）地缘优势明显

中蒙俄旅游合作区位优势显著。首先，中国与蒙古国和俄罗斯接壤，边境线分别长达 4600 多千米和 4300 多千米。中蒙俄山水相连的地缘条件使中蒙俄三国旅游合作具有得天独厚的区位优势。历史上中蒙俄交往源远流长，茶叶之路、草原丝绸之路已经成为中蒙俄三国紧密联系的文化纽带。其次，中国的"一带一路"倡议、蒙古国的"发展之路"倡议和俄罗斯的"欧亚经济联盟"倡议有效对接推动三国关系进入和平稳定快速发展时期，彼此之间建立了具有战略级别的国际关系联盟。同时，中国与俄罗斯和蒙古国的友好交往活动日益频繁，相继签订了一系列旅游、贸易、投资、文化以及交通等领域的合作协议，睦邻友好的外交关系为区域旅游合作提供了良好的政治环境。此外，中蒙俄三国及世界各国的航空、铁路、公路等基础设施建设和连接为旅游合作交流提供了良好的交通条件。

2）旅游资源互补性强

中蒙俄由于地理位置毗邻，自然和人文景观各具特色，旅游资源具有互补性。三国之间旅游资源不仅彼此相互吸引游客前来，而且对欧盟、中亚及日韩等周边国家和地区都具有强烈的吸引力。俄罗斯旅游资源类型多样且品位较高，人文景观突出，拥有克里姆林宫、红场、救世主基督大教堂等世界文化遗产。蒙古国不仅拥有草原自然景观，而且当地甘登寺、博格达汗宫博物馆、乔金扎玛博物馆等在国内外享有盛誉。中国是世界上世界遗产最多的国家，仅首都北京就有故宫、天坛、颐和园、长城等7处世界遗产。然而，俄罗斯除莫斯科、圣彼得堡地区的旅游景区初具规模且走向成熟外，其他区域的景点开发和景区建设尚处在初创期。蒙古国旅游资源丰富且质量较高，但是旅游资源开发程度有限，交通可进入性还有待进一步提升。因此，三国旅游资源禀赋互补性强，联合开展旅游合作具有必要性和可行性。

3）旅游合作愿望强烈

中蒙俄旅游合作势头迅猛。2014年9月，中俄蒙三国将各自发展倡议进行对接，打造中蒙俄国际经济走廊，并编制《中蒙俄经济走廊合作规划纲要》，其中跨境旅游业成为中蒙俄重点发展的合作领域。中蒙俄三国均有着独特而宝贵的世界自然和历史文化遗产，极具禀赋的旅游资源为中蒙俄旅游合作提供了良好的基础。2016年7月21日，中俄蒙三国旅游部长在中国呼和浩特市举办跨境旅游业发展峰会，成立国际旅游联盟，推介茶叶之路、和平之旅、三湖之旅跨境旅游线路，推动中蒙俄旅游合作区和边境旅游试验区建设，并推出一批通过口岸自驾车旅游线路。北京—乌兰巴托—莫斯科火车线开通，途经中国、蒙古国、俄罗斯3个国家，沿途不仅有漠北草原、贝加尔湖、西伯利亚等自然景观，而且还经过乌兰乌德、斯柳江卡、叶卡捷琳堡等特色的城镇和乡村。中蒙俄三国在旅游资源开发、文化沟通交流、政策制度协同、旅游产品营销等方面达成基本共识，这都提高了旅游品牌的国际影响力，促进了中蒙俄跨国旅游合作发展。

4）人文基础良好

中蒙俄旅游合作具有相通的社会文化背景，跨境人文合作与交流具有良好的社会和民众基础。中蒙俄通过开展多种形式的文化、学术和旅游活动，加强三国之间社会交流与合作。2015年9月中俄蒙智库合作联盟成立，并先后在蒙古国乌兰巴托、中国呼和浩特市举办"中蒙俄智库国际论坛",就商贸、农业、旅游、生态和人文合作等领域开展交流活动。2019 年 12 月,中蒙俄三国"万里茶道"申遗推进系列活动在福建省武夷山市举行,三国联合申遗不仅能推动万里茶道沿线国家和地区的经济和文化发展,而且为三国乃至世界的经济、文化、社会交流与合作搭建桥梁。除此之外,三国还互办文化活动、演唱比赛、体育赛事等,开展多种形式的人文交流,促进了中蒙俄三国社会和民众的沟通交流。

7.3　旅游资源开发利用现状与问题

旅游资源开发利用直接影响旅游业的可持续发展。要实现旅游资源的合理开发利用,需要以科学认识和准确把握其内涵为基础,了解现状,找出问题,提供解决办法,为中蒙俄旅游资源的进一步合作开发提供参考。

7.3.1　开发现状

旅游产品特点及类型是旅游资源的外在表现,旅游业发展指标(旅游总收入、旅游总人数)则在一定程度上代表了区域旅游资源开发的成熟水平。为了更加直观地对比区域内旅游资源的开发情况,通过旅游产品类型及特点、旅游业发展情况(旅游总人数和旅游总收入)的综合分析对区域旅游资源的开发现状予以评价。

1)中国四省(自治区)旅游资源开发现状

中国内蒙古自治区以及东北三省拥有丰富的旅游资源,既有品质极高和独具特色的森林、草原、冰雪等自然旅游资源,又有遗址遗迹、历史文化、工业遗产等人文旅游资源。其中内蒙古自治区旅游资源以草原、森林、蒙古族民俗文化为特色,辽宁省以沈阳故宫、本溪五女山等世界文化遗产闻名,吉林省以长白山、雾凇岛等自然风光著称,黑龙江省则以冰雕、雪雕等冰雪景观享誉国内外,四省(自治区)旅游资源各有特色,优良的自然社会条件使得东北地区旅游在国内冰雪旅游产品中具有强大的旅游竞争力,成为我国著名的冬季旅游胜地和避暑胜地;同时,优越的地理区位优势(成为连接欧洲和东亚地区的重要地点,与俄罗斯、蒙古国、韩国等毗邻)使得其对外交流方便,在发展出入境旅游业方面具有先天优势。综合以上分析,内蒙古自治区以及东北三省旅游业发展具有优越的资源基础和区位优势。

近些年随着国家经济发展水平、人民生活品质以及对外开放水平的不断提高,内蒙古自治区以及东北三省地区独特的草原风光、冬季风光、便利的交通等因素使旅游业快速发展,2010~2018 年,地区旅游总人数和旅游收入稳步提高(图 7-5、图 7-6)。区域旅游产品主要有以呼伦贝尔、长白山等自然风光为依托的观光游、休闲健康游、夏季避暑主题游、森林探险游、体育运动游等旅游产品,以冰雕艺术、满洲文化、蒙古族特色、民族风情、革命遗址、工业遗产等为基础的冰雕艺术主题游、民族风情体验游(以满族、朝鲜族、蒙古族为主)、工业旅游等文化旅游体验产品。

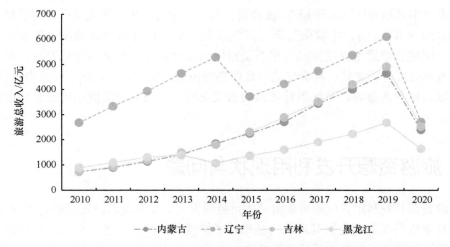

图 7-5　2010～2020 年内蒙古自治区及东北三省旅游总收入

资料来源：各省（自治区）统计年鉴

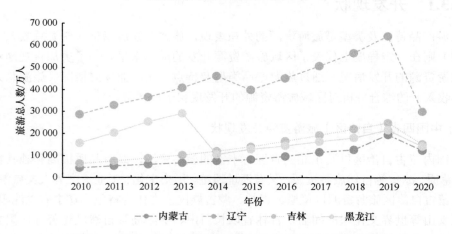

图 7-6　2010～2020 年内蒙古自治区及东北三省旅游总人数

资料来源：各省（自治区）统计年鉴

2）俄罗斯旅游资源开发现状

俄罗斯旅游在 1890 年以前开始，并未引起政府高度重视，也没有纳入行业范畴，计划经济和行政干预阻碍着俄罗斯的正常发展。第一次世界大战、苏联解体、1997 年的亚洲金融危机、2008 年世界经济危机事件冲击着旅游业。21 世纪，俄罗斯旅游迎来了"春天"，政府部门制定了有利于旅游业发展的法律法规，把旅游业考虑为优先发展产业，增大了对旅游业的投入，旅游业成为俄罗斯快速增长的一个行业（达莎，2016）。中国与俄罗斯的双边合作更是前景广阔，成为"一带一路"旅游的高度关注区域。

俄罗斯位于欧洲东部和亚洲北部，地跨欧亚两大洲，地域辽阔、旅游资源类型丰富，根据旅游资源的差异性和多样性，不同区域主打的旅游产品也各有不同。借鉴赵媛（1995）和维卡多莉亚（2014）的研究成果，将俄罗斯全境划分为 4 个旅游带、10 个旅游区，4 个旅游带主要为中央旅游带、西南旅游带、南部旅游带和北部旅游带。其中中央旅游带集中了莫斯科和圣彼得堡两大俄罗斯的经济、政治、文化、科教、旅游中心，是俄罗斯的经济核心地区，酒店、交通等基础设施非常完善，拥有克里姆林宫和红场、圣彼得堡历史中心古建筑群、新圣母修道院、喀山古城堡建筑群等十余处世界文化遗产。此外，该地区拥有独特的拜占庭式建筑、芭蕾舞剧等文化旅游资源，成为国际游客游览俄罗斯的首选，更是中国游客在俄罗斯游览的核心旅游项目。西南旅游带是俄罗斯重要的保健、疗养、运动、观光旅游区，拥有索契、皮亚季戈尔斯克、热列兹诺沃茨克等俄罗斯主要旅游城市。拥有众多自然景观旅游资源的南部旅游带近年来旅游发展迅速，尤其是以贝加尔湖为核心的沿岸区是该地带最重要的旅游区之一。北部旅游带只在少数城市中间具有度假和旅游中心，旅游发展较慢，且游客以俄罗斯国内游客为主。

通过实地调研发现，研究区俄罗斯 19 个联邦主体既有丰富的自然风景旅游资源，又有独特的人文景观旅游资源，研究区范围共有世界文化遗产 11 处、世界自然遗产 3 处，不同类型的自然保护区 2000 多个。19 个联邦主体有叶卡捷琳堡艺术博物馆、潜水艇 C-56 博物馆、阿尔谢尼耶夫地区博物馆等一大批自然、人文博物馆；有圣母领报大教堂、圣彼得堡彼得保罗大教堂、耶稣升天教堂等许多著名教堂；有夏宫、冬宫、克里姆林宫等享誉世界的宫殿。在乌兰乌德、伊尔库茨克等地，保留着大量的革命文物和革命纪念地。此外，还有许多传统文化艺术资源，如芭蕾舞、民族风俗、手工艺品等。基于实地考察和旅行社游线的观察，除了莫斯科和圣彼得堡地区的旅游景点已经发展成一定规模并逐渐成熟外，其他地区的景点开发和景区建设仍然处于初创期或发展阶段。

3）蒙古国旅游资源开发现状

相对于世界旅游业的发展，蒙古国的旅游业发展起步比较晚。20 世纪 80 年代蒙古国才开始有了旅游业的初步开发和发展，有很多地区都处于未开发状态。如具有特色的大自然资源、大草原、戈壁沙漠、湖泊、民俗文化与游牧文化等，这些独具特色的自然资源为蒙古国旅游业的发展提供了很好的环境条件，尤其是蒙古国政府政策的支持以及经济环境的改善为旅游业的发展提供了很好的基础。蒙古国独特的游牧文化与大自然草原受到了很多游客的关注和喜爱。从旅游产品来看，以蒙古族历史、文化与风俗为主体，开展世界独有的融草原生态与民族风情于一体的蒙古文化与生态旅游，包括蒙古族历史文化之旅、蒙古族民族风情之旅（如那达慕盛会等）、戈壁沙漠与高原草原之旅等。从旅游城市来看，包括乌兰巴托（首都，蒙古国政治、文化、经济中心）、哈尔和林市（历史名城，忽必烈即位前和明代蒙古人北退后的首都等）以及各口岸城市（结合商贸活动发展旅游业，更是蒙古国旅游活动的重要支撑）。

从旅游业发展的主要指标来看：目前，蒙古国已经制定并实施通过加大旅游行业的发展来大幅度提高旅游业在 GDP 占比的发展战略。旅游业已经成为国民经济优先发展行业，2016 年接待游客 47.12 万人次，旅游收入 3.13 亿美元。世界旅游及旅行理事会（WTTC）发布的《2020 年旅游经济影响报告》的相关数据显示，2019 年蒙古国旅游业对就业的贡献水平为 7.6%，略低于中国的 10.3%，但是高于俄罗斯的 5.6%，旅游业对 GDP 的贡献水平为 7.2%，略低于中国的 11.3%，但是高于俄罗斯的 5.0%。2019 年蒙古国旅游业入境旅游消费占出口贸易的 6.8%，高于中国的 4.9% 和俄罗斯的 3.6%。

7.3.2 存在问题

1）中国黑龙江、辽宁、吉林和内蒙古四省（自治区）旅游资源开发存在问题

旅游产品结构单一，产品同质化较为普遍，旅游产品吸引力有待提升。东北地区旅游产品的构成虽日趋多样化，但在旅游产品中除观光旅游、节庆旅游开发较好外，其他相关旅游产品的吸引力未能发挥出来。文化旅游、购物旅游、休闲度假旅游、体育旅游、探亲旅游、宗教旅游、红色旅游、工业旅游等专项旅游发展仍然较慢，旅游产品构成不合理，结构相对单一，在旅游产品开发过程中，出现了旅游产品趋同化的现象。旅游产品结构的趋同化必将使游客分散、竞争加剧，这对整个东北地区旅游业的发展将产生负面影响。例如，东北地区冰雪旅游资源丰富，各地都在发展冰雪旅游，但是除了哈尔滨冰雕、吉林雾凇具有世界吸引力之外，其余的旅游产品的知名度和吸引力都有待提高。

旅游资源整合程度较低，有待树立区域整体旅游形象。内蒙古自治区以及东北三省拥有得天独厚的自然地理条件和自然景观、民族风情和浓厚的历史文化积淀。各省（自治区）之间旅游资源具有差异性和互补性，良好的外部环境和地理区位使得区域旅游合作、共享旅游资源、共同树立整体旅游形象具有巨大的优势和潜力。但是从区域旅游资源开发状态看，各地区景区景点较为分散。目前各个省（自治区）由于缺乏统一的规划与协调合作，旅游形象较为分散和独立，跨省（自治区）的旅游项目开发、促销与综合服务网络尚未形成，没有实现资源的有效整合和规划开发，降低了区域旅游资源的整体优势，也没有形成大市场范围内的具有竞争力的旅游目的地，带动四省（自治区）各方面经济社会的发展。

2）俄罗斯旅游资源开发存在问题

资源开发水平未能满足旅游业发展需要。近年来，俄罗斯的入境旅游业取得了长足的发展。然而，旅游基础设施的数量和质量并不能满足旅游业发展的需求。尤其是跨境交通（缺乏基础设施和适当的途径，包括飞机）旅游投入不足的问题成为限制俄罗斯旅游业发展的重要因素。以俄罗斯远东地区和贝加尔湖地区为例，该地区飞机航线较少，高速公路比较缺乏，都是基础性的国道，而且国道建设发展还比较慢。俄罗斯旅游业收入仅占全球旅游收入的 1.0%，旅游业长期处于逆差，2011~2015 年俄罗斯出境旅游累计人数是入境人数的 6 倍。此外，外国游客对贝加尔湖、西伯利亚和远东地区的自然景观很感兴趣，但在这一地区被高昂的关税束缚，这导致了相应旅游成本上升，对旅游业发展造成了不利影响。此外，接待能力不足也是制约俄罗斯旅游业发展的重要因素（孙晓谦，2012）。根据实际调研，许多旅游景点开发水平较低，相应的基础设施建设没有跟上，存在着通信、交通等设施方面的供求脱节以及接待条件简陋、服务水平低劣等问题[例如，在涅尔琴斯克（尼布楚）实地调研发现该地旅游接待能力非常差，整个市区仅有 4 家宾馆，无法接待大量游客。考察组一行所入住的旅馆是当地较好的旅馆，但晚上热水供应都非常困难]，严重制约和影响该地旅游业的跨越式发展。

旅游资源开发研究不足。俄罗斯自然和人文旅游资源丰富，但对旅游资源开发利用研究仍显不足。如何根据市场需求确定旅游资源的最佳开发途径、开发利用方向和程度？旅游资源开发的预期投资额度、建设周期和经济效益如何？酒店数量能否满足当地旅游业发展需要？所有这些问题需要进行系统的研究和科学的论证分析。在实地调研乌兰乌德和恰克图两地旅游部门时，都无一例外地告知没有相应的规划，也没有具体的发展思路。

开发资金短缺。开发资金不足影响了旅游资源的有效开发。受俄罗斯国内经济不景气二背景的影响，很多地方政府急需资金对当地资源进行开发。在实地调研乌兰乌德、涅尔琴斯克（尼布楚）、恰克图等地时，当地政府官员明确表示欢迎中国商人前来投资，开发俄罗斯旅游业。以涅尔琴斯克（尼布楚）为例，该地盛产黄金，第二产业在 GDP 中占很大比例。该地区月平均收入 11 000 卢布，全地区年经济总量为 10 亿卢布。2014 年涅尔琴斯克（尼布楚）开始发展旅游业。每年旅游人数为 2 万人，国际游客占 10%，年旅游收入在 50 万～60 万卢布。该地共有 4 个宾馆，床位 120 个。目前，该地旅游业占 GDP 的比例不高，但该地政府发展旅游业的意愿强烈，非常欢迎中国商人前来投资，开发当地旅游业，实现城市转型。

审批手续繁杂，政府管理体制不顺。俄罗斯政府出于更好地促进本国经济发展和维护其国家安全利益的实际需要，经常对国家税务、外商投资等有关政策法律规则进行调整，使得各行政区投资优惠政策也在不断变化。外商投资政策的不断变化导致合作主体对有关政策存在一定的疑虑，尤其是在旅游合作等方面，政策的不断变化为投资者带来了较多的忧虑。实地调研乌兰乌德市和布里亚特共和国政府时，两地政府部门官员表示，贝加尔湖旅游资源需要市、州甚至俄罗斯联邦政府的批文才可以进行开发，此外，投资人需要与当地俄罗斯人合作，土地方面必须是俄罗斯人控股。这些苛刻条件也严重阻碍了旅游业的合作发展。另外，在签证方面，中俄两国出于种种原因，不能实现完全的免签，只能在团队游上免签（5～50 人的旅游团可以按照免签发个人签证的名单在逗留国境内停留 15 天），对于个人或家庭旅游仍需办理旅游签证（周言艳，2020）。而办理俄罗斯旅游签证关键就是邀请函，但是邀请函是需要由俄罗斯有资质的旅行社签发的，并且必须是原件，这样在办理流程上就增加了难度。2017 年起俄罗斯远东地区对中国公民实行的电子签证制度有效简化了签证办理程序，缩短了签证办理时间，为中俄两国的边境旅游提供了便利条件，但其覆盖范围有限。总体上，俄罗斯复杂严格的签证办理程序一定程度上制约了中俄旅游发展的交流与合作，签证制度有待进一步优化。

3）蒙古国旅游资源开发存在问题

（二）旅游基础设施亟待完善。

旅游基础设施主要包括旅游交通基础设施、住宿基础设施、餐饮基础设施、休闲娱乐基础设施。目前，蒙古国旅游基础设施总体发展并不完善，旅游要素配置（吃、住、行、游、购、娱等要素）尚未形成完善的体系，旅游保障系统尚未建立。从世界经济论坛发布的《2015 年旅游业竞争力报告》《2017 年旅游业竞争力报告》《2019 年旅游业竞争力报告》（附表 2）可以看到，以《2019 年旅游业竞争力报告》为例，蒙古国的基础设施这一指数在全球的排名为第 111 位，远落后于中国和俄罗斯（中国和俄罗斯在全球排名分别为第 54 位和第 47 位）。具体来说，航空交通基础设施、地面和港口交通基础设施和旅游服务基础设施在全球的排名分别为第 97 位、第 126 位和第 105 位。总体上，蒙古国不管是交通还是住宿等基础设施均亟待完善。

交通基础设施。交通工具在旅游旺季的时候无法满足需求。交通方面存在价格偏贵、班次少、直达少、交通服务不及时等问题。航班与火车直达少，而且公路修护不到位，导致旅客在路途上的不舒适感。公路交通方面，蒙古国没有高速公路，全国大部分旅游地区的道路就是草原上汽车来回行驶形成的土路，道路建设相对滞后。航空交通方面，蒙古国首都只有一个机场，接待能力不足。国际航空直达北京、呼和浩特、大阪、东京、首尔、柏林、莫斯科这些城市。目前，新的国际机场正在建设中。国际航班的条件良好，但价格较贵、航线少、航班不足。此外，最困扰游客的是，很多旅游目的地无法直达，需要换乘其他交通工具。铁路只有一条主线，贯通蒙古国南北。火车沿路的旅游景点很少，到达景区需要换乘交通工具，在旺季很难买到火车票，而且车速慢、坐车时间长。总体上，无论是航空还是铁路和公路，交通基础设施的配置都严重不足。这些已经对蒙古国旅游业的发展造成了严重的阻碍。造成这种状况的原因主要是蒙古国政府对交通基础设施的投资力度还不够大，投资模式还比较狭隘。

住宿基础设施。目前蒙古国范围内有 360 家国际饭店，其中 68 家星级酒店；一共有 340 个旅游营地，其中有 80 家星级营地（卓兰，2017）。乌兰巴托有各类旅馆、饭店酒店 120 家，总床位 5000 余张。但是全国其他 18 个省的旅馆、饭店共有 89 家，总床位数为 3000 余张。并且住宿地的供应量在旅游旺季不足。外地地区在住宿方面预订酒店、宾馆、旅行社与蒙古包的价格比较贵，但是酒店住宿的性价比不是很高。蒙古国适宜旅游季节主要在夏季，但夏季气温较高，旅游者对酒店热水供应的稳定性与发电不满投诉较多。市内条件、服务与环境良好的酒店大约是国际类型的，但是价格特别贵，不适合自助旅游者与大型团队旅游者。

餐饮基础设施。蒙古国有很多中国、印度、韩国、日本、意大利、英国、法国、俄国、南美等国风味的大小餐厅。在乌兰巴托市，有很多专门用于接待游客的餐厅，而且就餐环境和服务较好。目前，蒙古国风味的连锁店餐厅越来越多，西餐连锁店也很多，还有很多比较有名的国际餐厅，如现代游牧餐厅、斯里兰卡风味自助餐厅等，这些餐厅的服务质量与就餐环境都很好，游客很喜欢去这里享受各式美食。此外，因近年来蒙古国旅游业的发展较为快速，很多餐厅仓促营业，就餐环境比较差，特别体现在洗手间数量的不足和卫生的糟糕，甚至有些餐厅并没有取得相关的营业资质，这些都是迫切需要得到改善的问题。

休闲娱乐基础设施。蒙古国国内的娱乐主要有民族表演、独有的乐器、舞蹈等。蒙古国的娱乐场所比较少，而且标识基本是蒙语，没有导游帮助的非团体旅游者很难了解在哪儿买票、票的价格以及表演内容，从而无法欣赏到精彩的表演，也使得这些娱乐场所很难吸引到更多的游客。随着近几年参观的游客越来越多，景点配套设施不足的问题越来越明显，此外，门票定价不合理、环境污染问题、垃圾桶数量不足以及乱扔垃圾等，都影响到旅游业的进一步发展。

（2）政府支持需要加强。

通过研究旅游业比较发达国家的经验可以发现旅游业的发展主要是取决于该国家对旅游业的认识程度和支持力度（卓兰，2017）。特别是在基础设施建设、海外市场营销等方面，需要国家政府发挥作用。国家对旅游业的支持主要有补贴、优惠贷款、贷款担保与税费减免等。此外，出入境手续的便利化、旅游人才的培养和旅游投资环境的改善等，也需要政府的关注和支持。蒙古国在旅游政策和有利条件方面与中国和俄罗斯相比，还有较大差距。根据世界经济论坛发布的《2019 年旅游业竞争力报告》（附表 2）数据，蒙古国旅游政策和有利条件指数得分在全球排名为第 113 位，尤其是在旅游业优先性和国家开放程度方面，政策支持均需要加强。

蒙古国签证问题以及相关政策。签证问题是蒙古国旅游业发展存在的比较严重的问题之一。国外游客在办理签证时需要提交的资料过多，办理手续过于复杂。蒙古国外国游客只能申请最长 30 天的旅游签证。如果在蒙古国停留超出 30 天须到当地警察局办理延期离境手续。持私人护照在蒙古国超过 1 个月而未办延期离境手续的外籍居留者，要被驱逐出境。以下国家的公民前往蒙古国无须蒙古国签证：古巴与以色列停留 30 天、新加坡停留 14 天、菲律宾停留 21 天、美国停留 90 天（奥都巴雅尔，2013）。蒙古国对中国外交或公务护照持有人实行免签政策。中国人办签证需要的资料是 6 个月以上有效护照、2 寸彩色近照 1 张（底色无要求）。签证有两种，即旅游签证和商务签证。签证分为普通签证与加急签证。旅游签证价格是普通签证 800 元/本、加急签证 1200 元/本，普通签证是 6 个工作日完成办理、加急签证是 1～2 个工作日完成办理。停留时间旅游签证 14～30 天，3 个月有效。商务签证的费用标准为普通签证每本 1000 元，而加急签证则为每本 1500 元。办理普通签证所需的工作日为 7 天，而加急签证仅需 2 个工作日完成办理。停留时间商务签证 21 天，3 个月有效。

（3）旅游市场服务质量。

旅游市场在蒙古国社会经济市场中占有很重要的地位。旅游业与其他很多行业是密不可分的，如交通、餐饮、娱乐等。只有通过与这些行业的密切合作才能更好地发展旅游业。要促进旅游业的发展，就需要实施包括多方位的统一政策战略。另外，旅游业涉及的方面越来越广，加大了进行有效监督的难度。当前蒙古国医疗服务水平还比较低，具有医疗资格的人员少，尤其在乡村与草原，应急能力很差，满足不了游客的需求。自然地理和气候问题也是影响旅游业发展的一个主要因素，在蒙古国因天气问题航班推迟、暴雪导致公路堵塞的现象比较常见。此外，旅游代理商数量和质量不足，满足不了日益扩大的市场需求，尤其是缺乏国际化的旅游代理商。从事旅游业的专业工作人员很少，并且其专业知识不够丰富，满足不了市场的需求。一方面体现在导游外语能力和导游经验不足（齐木德赫希格·孟和其其格，2008），旅游路线的安排不合理和各环节衔接不足，无法提供高质量、高效率的服务，影响游客的满意度等。另一方面体现在旅游业培训机构专业程度不够，培养出的人员达不到市场的要求。这些都严重影响旅游市场的服务质量，阻碍了旅游业的发展。

（4）生态环境保护不够。

根据世界经济论坛发布的《2019 年旅游业竞争力报告》（附表 2）数据，蒙古国环境可持续指数得分在全球排名为第 131 位，排在中国和俄罗斯之后。蒙古国地处中高纬高原，西北部以山地为主，东南部为广阔的戈壁。这些地区环境都比较脆弱，受到破坏之后难以恢复。在旅游业发展过程中，自然环境遭到了不同程度的破坏，缺乏有效的保护，影响了旅游业的发展。大量游客的涌入，必然导致环境的污染和破坏。例如，由于蒙古国独特的游牧文化很受游客欢迎，大量的游客前来旅游，自驾车在草原上任意行驶，严重干扰了自然草原的生长和修复，导致草原破坏严重。同时，蒙古国历史文化遗产并没有得到充分开发，或者是开发策略不当，文化遗产被过度商业化等是首先需要解决的问题（卓兰，2017）。

基于上述关于蒙古国旅游基础设施、旅游市场服务质量和生态环境保护等方面的分析，可以说，蒙古国现代意义的旅游业刚刚起步，旅游基础设施和社会服务亟待加强（吴殿廷，2020a）。

7.4 旅游合作

2016 年，《建设中蒙俄经济走廊规划纲要》正式发布，标志着中俄蒙三国进入多边、多元合作的新阶段。伴随着中蒙俄国际经济走廊的全面建设，三国间的政治、经济、文化交流日渐丰富，开展区域/次区域旅游合作成为必然且必要的选择。

中蒙俄国际经济走廊旅游资源呈现多核心的空间分布格局，旅游资源空间分布较为集中，旅游资源空间关联程度高，易组团开发开拓市场，如重点开发中俄沿海地区、环贝加尔湖地区、新西伯利亚地区、莫斯科–圣彼得堡等金环地区的旅游资源；另外，未来中蒙俄三国应积极创新旅游合作开发模式，合力共建"中蒙俄经济走廊国际旅游带"。首先，在中蒙俄国际经济走廊上加强跨境旅游的战略规划，成立中蒙俄三国旅游联盟（周李等，2018）。通过联盟机制，最大限度地协调三国之间的差异，以提高三国旅游合作的效率，进而推动三国旅游业的良性增长。其次，整合中蒙俄国际经济走廊自然和人文旅游资源，摸清沿线旅游资源的数量和质量，根据不同地区旅游资源的特点，打造精品跨境旅游线路和旅游产品。

7.4.1 合作现状与问题

1. 合作现状

对中蒙俄三国旅游市场尤其是出入境旅游市场发展现状的分析，能够把握三国旅游市场合作的重要市场基础与市场开发潜力。总体来看，中俄蒙三国互为重要的旅游客源国和旅游目的地国，跨境旅游交流规模不断扩大，旅游已经成为联系三国人民友谊的重要纽带，成为促进三国经贸往来和社会发展的重要引擎。随着中俄蒙国际经济走廊的不断发展，三国需要进行跨境旅游合作，打造具有旅游竞争力的跨境旅游产品，不断挖掘三国跨境旅游合作的巨大潜力。具体分析如下。

1）中国入境旅游市场分析

中国总体入境旅游市场分析。近年来，中国入境旅游市场规模保持稳步增长，市场结构逐步优化，亚洲周边国家是中国最主要的入境客源市场。不考虑港澳台地区，中国前十大客源市场中，除了美国和俄罗斯外，其余均为亚洲国家。表 7-1 数据也显示，虽然位居前十的部分客源国位次有所变动，但主要客源国整体保持不变。其中俄罗斯在第四～第六位波动中上升，蒙古国则基本保持在第七大客源国的位置。2018 年，俄罗斯和蒙古国在中国客源市场排名分别提升至第四位和第五位。总体来看，俄罗斯和蒙古国一直都是中国入境旅游重要的客源国，且市场份额逐步增加。

表 7-1 2014～2018 年中国入境旅游排名前十的客源国及其所占比例

排名	2014 年	比例/%	2015 年	比例/%	2016 年	比例/%	2017 年	比例/%	2018 年	比例/%
1	韩国	15.86	韩国	17.1	韩国	16.92	缅甸	22.50	韩国	13.73
2	日本	10.31	日本	9.61	越南	11.25	越南	15.20	日本	8.81
3	美国	7.94	越南	8.32	日本	9.19	韩国	9.00	美国	8.13
4	俄罗斯	7.76	美国	8.03	缅甸	8.63	日本	6.20	俄罗斯	7.91
5	马来西亚	4.29	俄罗斯	6.09	美国	7.99	俄罗斯	5.50	蒙古国	4.89
6	蒙古国	4.11	马来西亚	4.14	俄罗斯	7.02	美国	5.40	马来西亚	4.23
7	新加坡	3.69	蒙古国	3.9	蒙古国	4.77	蒙古国	4.30	菲律宾	3.95
8	菲律宾	3.67	菲律宾	3.86	马来西亚	4.13	马来西亚	2.90	印度	3.20
9	印度	2.69	新加坡	3.48	菲律宾	4.03	菲律宾	2.70	加拿大	2.83
10	澳大利亚	2.55	印度	2.81	新加坡	3.27	新加坡	2.20	泰国	2.78

资料来源：《中国旅游年鉴》以及中国旅游研究院相关网站。

内蒙古自治区及东北三省入境旅游市场分析。从内蒙古自治区及东北三省的入境旅游市场结构特征（图 7-7）来看，内蒙古自治区及东北三省入境旅游的主要客源国为俄罗斯、日本和韩国这几大海陆邻国。与日本市场份额变化剧烈不同，俄罗斯始终为内蒙古自治区及东北三省的首要客源国，并且市场份额呈现稳步增长趋势，为进一步推进中俄旅游合作奠定了重要基础。

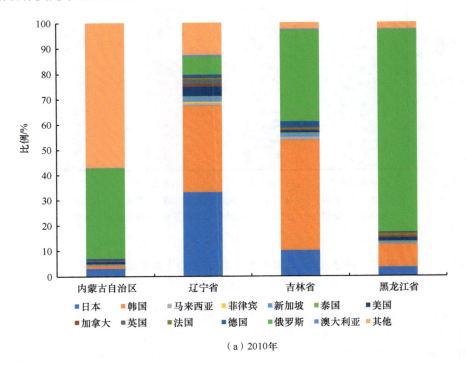

（a）2010年

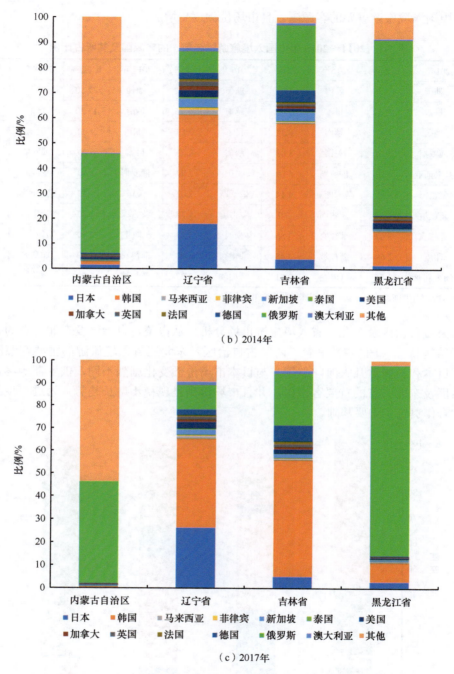

（b）2014年

（c）2017年

图7-7 内蒙古自治区及东北三省入境旅游主要客源国分布情况

资料来源：《中国旅游年鉴》

就四省（自治区）入境旅游发展规模与态势而言（图7-8、图7-9），从入境旅游人数来看，2010～2018年辽宁的游客到访量始终位于内蒙古自治区及东北三省之首，但其2013年入境旅游人数骤降，后呈平稳上升趋势。分析此除了与全球经济持续低迷有关外，很大程度上受钓鱼岛事件引发的中日关系骤冷影响。2010 年黑龙江入境旅游人数位列第二，2012～2015 年持续下降，后恢复上升，至 2018 年位列内蒙古自治区及东北三省之末，此主要受其最大客源国俄罗斯的赴黑旅游人数变化趋势影响。内蒙古自治区和吉林省的入境旅游人数在 2010 年分列第三、第四，2010～2018 年两省（自治区）游客到访量波动上升，至 2018 年分列第二、第三。国际旅游收入与入境旅游人数的变化趋势相似，但转折时间节点略有超前或滞后。综合而论，2012～2015 年内蒙古自治区及东北三省的入境旅游规模波动较大，近年来发展态势趋稳，在此基础上积极推动旅游合作与开发以激发市场潜力意义重大。

2020 年以来，受新冠疫情暴发影响，国际旅游人数和收入均骤降。

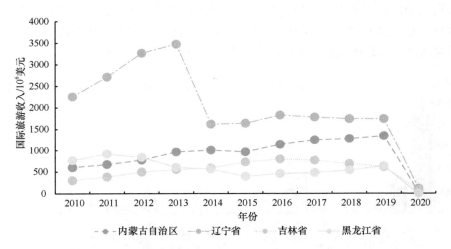

图 7-8　内蒙古自治区及东北三省 2010～2020 年国际旅游收入情况

资料来源：各省（自治区）统计年鉴

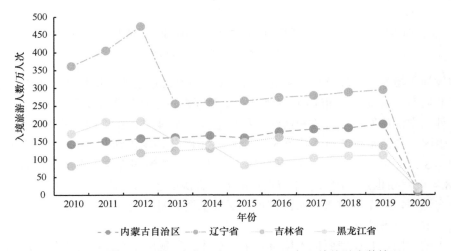

图 7-9　内蒙古自治区及东北三省 2010～2020 年入境旅游人数情况

资料来源：各省（自治区）统计年鉴

2）俄罗斯旅游市场分析

俄罗斯总体及 19 个地区旅游市场分析。近年来，俄罗斯旅游市场发展迅速，呈稳定增长态势。俄罗斯旅游业收入从 2010 年的 998.79 亿卢布增长到 2017 年的 1665.2 亿卢布，年平均增长速度为 7.58%。2017 年，中蒙俄国际经济走廊研究区横跨的俄罗斯 19 个地区的旅游业总收入在俄罗斯旅游业收入中的占比高达 47.19%，其是俄罗斯重要的旅游业发展地区，尤其是俄罗斯莫斯科、斯维尔德洛夫斯克州、圣彼得堡、新西伯利亚州等地区的旅游总收入占比较高（图 7-10），这些地区多是俄罗斯经济发达或者是旅游资源富集的地区和城市。从这 19 个地区的旅游业发展来看，总体上，多数地区的旅游业都呈现出稳步增长的趋势，其中彼尔姆边疆区、斯维尔德洛夫斯克州、鞑靼斯坦共和国、新西伯利亚州等地区的旅游业在 2016～2017 年发展迅速。总体上，从规模和速度来看，俄罗斯的旅游总收入总体上稳步增长，旅游市场开发潜力依然巨大。

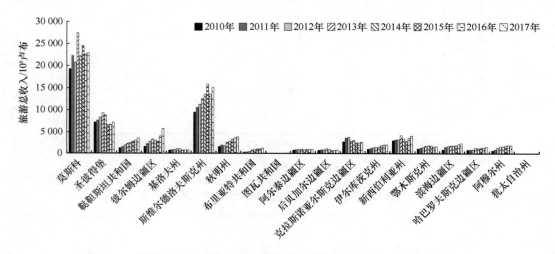

图 7-10　俄罗斯 19 个地区 2010～2017 年旅游业发展情况（旅游总收入）

资料来源：俄罗斯联邦统计局

俄罗斯入境旅游市场分析。从俄罗斯入境旅游客源市场的结构特征（图 7-11）来看，乌克兰和哈萨克斯坦客源市场主力地位一直稳固，占俄罗斯入境旅游市场的一半左右。除此之外，中俄旅游市场规模和活跃度稳步上升。2014 年，在俄罗斯的入境旅游市场排名中，中国与乌兹别克斯坦并列第 5 位，而到 2017 年，中国跃升到俄罗斯入境旅游市场排名的第 3 位，仅次于乌克兰和哈萨克斯坦。从中国旅游研究院发布的数据看，2017 年和 2018 年俄罗斯也是中国入境旅游市场的五大客源国之一，综合来看，俄罗斯和中国互为旅游客源国，且是彼此入境旅游市场发展的重要力量，这也为中俄旅游进一步合作发展提供了重要市场基础。

对于蒙古国，其在俄罗斯入境旅游市场总体上呈现出不断发展的态势。2014 年，蒙古国还没有进入俄罗斯入境旅游前二十的客源国排位。到 2015 年，蒙古国成为俄罗斯入境旅游市场排名第 13 位的国家。2016 年，这一排名上升至第 10 位。虽然到 2017 年，排名略微有所下降，但总体来看，蒙古国在俄罗斯入境旅游市场中的所占份额稳步提升，相互合作开发旅游的市场基础较好。

俄罗斯出境旅游市场分析。2014～2017 年,在俄罗斯出境旅游市场中,中国和蒙古国在俄罗斯出境旅游目的地的排名在逐步提升,中国从排名第 8 位逐步提升至第 6 位,蒙古国排名则由第 50 位稳步提升至第 42 位。总体来看,说明中国是俄罗斯人出境旅游的重要目的地,且市场地位逐步提升;蒙古国受到越来越多俄罗斯人的选择和欢迎,占有的市场份额逐步增加,为将来中蒙两国进一步开发俄罗斯旅游市场奠定了重要基础。

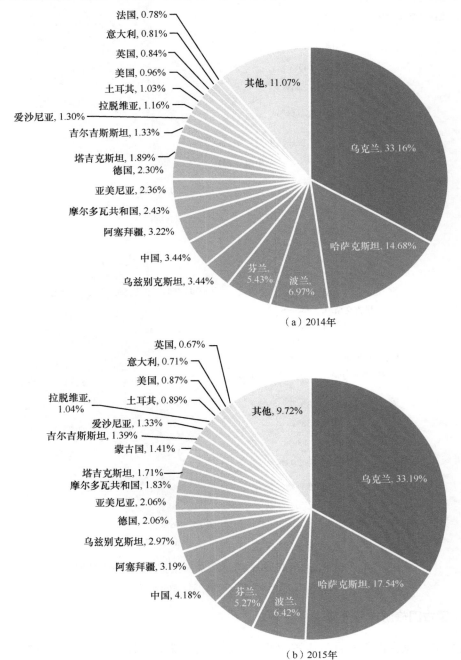

（a）2014年

（b）2015年

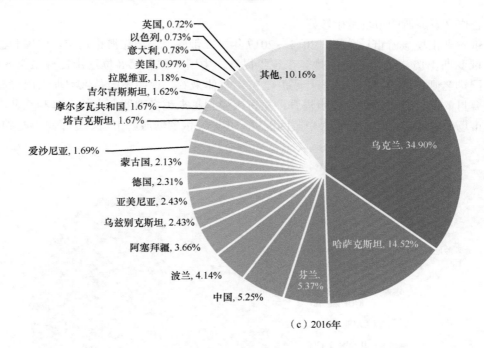

（c）2016年

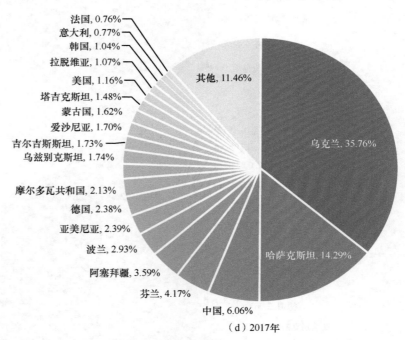

（d）2017年

图 7-11　俄罗斯 2014～2017 年入境旅游主要客源国分布情况

资料来源：俄罗斯联邦统计局。部分数据未列出

3）蒙古国旅游市场分析

近年来，蒙古国不断推进旅游业的发展，蒙古国旅游统计数据显示，2017 年蒙古国

旅游收入达 4 亿美元，入境游客总数约 46.9 万人，比 2016 年增长 14.2%。2018 年蒙古国全年旅游业收入约 5.69 亿美元，入境游客总数约 52.9 万人，同比增长 6 万人，增幅 12.79%。

　　蒙古国入境旅游市场分析。从蒙古国的入境旅游客源市场结构（图 7-12）来看，亚洲和东太平洋的一些国家是蒙古国的主要客源市场，其次是欧洲和北美洲等远程国家和地区。从国别来看，中国和俄罗斯一直都是蒙古国最主要的入境旅游客源国，占到蒙

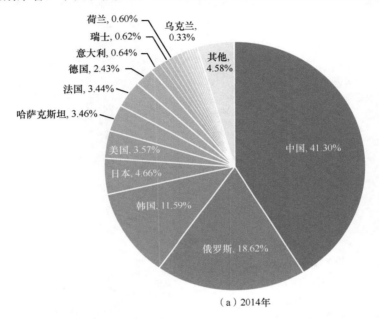

（a）2014年

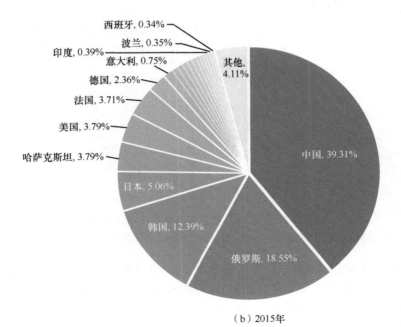

（b）2015年

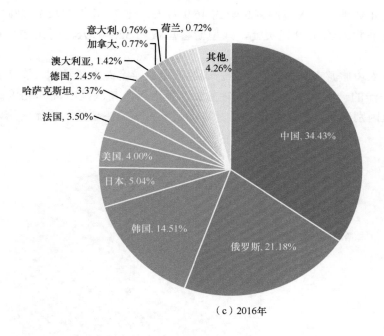

（c）2016年

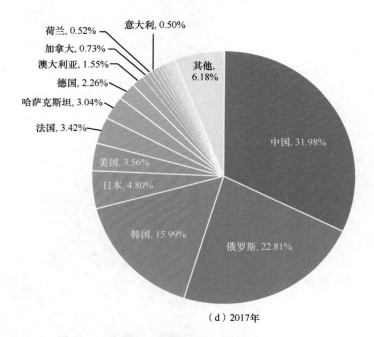

（d）2017年

图 7-12　蒙古国入境旅游主要客源国分布情况

数据来自蒙古国国家数据 http://1212.mn/。图中表示主要客源国，部分国家未标出

古国入境旅游市场的 55% 左右，尤其是中国，在 2014 年占到蒙古国入境旅游市场份额的 41.3%，2015～2017 年虽然所占比例有所减少，但一直都是蒙古国的首要客源国。在 2018 年第一季度，蒙古国也成为中国的第七大入境旅游客源市场，两国互为重要的客源

市场。对于俄罗斯，其在蒙古国的入境旅游市场份额逐年增加，从 2014 年的 18.62% 增加到了 2017 年的 22.81%，一直稳居客源市场的第二位。蒙古国位于中国和俄罗斯之间，这是蒙古国与俄罗斯和中国发展跨境旅游合作的良好区位基础。结合上述中俄、俄蒙等入境旅游市场的分析结论以及随着"一带一路"倡议的深入发展，中国、俄罗斯、蒙古国三国的旅游事业和产业能够取得更好的合作发展成效。

蒙古国出境旅游市场分析。随着"一带一路"建设和围绕中蒙俄国际经济走廊建设形成的官方共识的增多，中国与蒙古国、俄罗斯的旅游合作初具规模，跨境旅游业发展较快。从 2016～2018 年蒙古国出境旅游目的地国家情况（图 7-13）来看，中国和俄罗斯在蒙古国居民出境旅游目的地中占有绝对优势，总占比达到 84%，占比分别达到 46% 和38%。

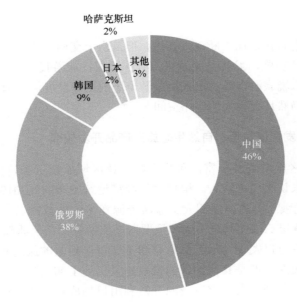

图 7-13　蒙古国 2016～2018 年出境旅游目的地国家分布情况

资料来源：世界旅游及旅行理事会官方网站。数据是根据 2016～2018 年平均份额计算的

2014 年，中蒙俄三国地方旅游部门首次联合举办了中蒙俄三国五地旅游联席会议；2015 年 10 月举办了首个中蒙俄国家旅游合作洽谈会，在会议上三国旅游部门的代表提出充分利用"一带一路"建设和中蒙俄国际经济走廊机遇，携手发展跨境旅游，签订了10 个旅游项目，意向金额高达 13.9 亿元，涉及旅游线路开发、酒店建设、人才培育、旅游规划等领域，掀起中蒙俄跨境旅游合作新高潮。2013 年中蒙俄三国沿线城市和企业就推出了"万里茶路"文化旅游产业联盟，以茶路为媒介加强文化交流、旅游合作，共同构建合作机制，打造旅游形象和品牌效应，规划"万里茶路"旅游路线，这也为三国旅游服务贸易合作提供了平台。2016 年 7 月 22 日中蒙俄"万里茶道"国际旅游联盟在内蒙古成立，三国联合打造"万里茶道"旅游品牌，开展沿线基础设施建设，打通跨境旅游的节点，为游客提供便捷舒适的旅游环境。同时三国旅游部门还举办了一系列宣传推广活动，通过"2017 美丽中国–万里茶道""蒙古高原蓝色之旅"等活动让消费者更加容

易被旅游线路的文化与景观吸引，连续开通国际旅游包机、国际旅游专列，推进跨境旅游合作区建设，进一步挖掘跨境旅游交流潜力。除此之外，三国地方政府间相互合作，整合推出区域性旅游产品，打造边境跨境无国界旅游目的地，利用当年的贸易通道，将文化产业融合于旅游产业，打造一条集历史人文、草原雪域景观、民族风情等于一体的旅游线路。

总体而言，中蒙俄跨境旅游合作发展形势良好，发展潜力巨大。但到目前为止，仍然还有很多中蒙俄三国的旅游合作项目没有落到实处，需要加大推进合作力度。特别在2020年初，受到新冠疫情的影响，旅游业和交通业大幅走低，严重影响了旅游服务贸易，中蒙俄之间的进出境人数在一二季度出现了断崖式下跌，新冠疫情导致旅游外汇收入的增长速度形成负增长的发展态势。

2. 存在问题

中俄、中蒙旅游合作都在不断深入推进，但是由于交通、语言、服务等方面的障碍，合作开发程度仍有待加强，尤其是旅游资源合作开发，旅游投资、旅游便利化等方面仍需加强。随着各国边境旅游市场、出入境旅游市场的快速发展，三国旅游资源合作开发、旅游市场共同开拓仍然具有较大的合作空间。

1）旅游资源开发程度较低、自然生态旅游产品开发较弱

整体上，研究区旅游资源丰富，种类多样，该区域旅游资源价值较高，对于韩国、日本等邻国的游客来说吸引力较大。根据世界经济论坛发布的《2019年旅游业竞争力报告》（附表2），中蒙俄三国的自然和人文旅游资源竞争力指数排名分别为第1位、第62位和第20位，可以看出三国尤其是中国和俄罗斯的旅游资源在全球都具有极强的竞争力。然而，通过实地调查可以发现，尽管莫斯科和圣彼得堡地区的旅游景点建设已经达到一定规模，并且逐渐成熟，但是其他地区的景点建设仍处于初创阶段。大多数旅游资源的开发程度相对较低。此外，人文旅游资源开发利用日趋成熟，旅游产品影响力较高，但自然生态产品和休闲度假产品偏弱。例如，旅游产品结构单一，红色旅游、观光购物游一直是中国游客去俄罗斯旅游的主流产品。虽然2014年以来生态旅游、极地旅游等专项旅游兴起（图7-14）（牛育育和吴殿廷，2020），但产品开发尚不完整，所占市场份额较小。针对两国具体国情的旅游产品需要深度挖掘，这是中俄旅游合作进一步发展的关键。而对于蒙古国来说，目前的旅游产品以草原自然生态旅游观光为主，其次为蒙古族文化体验产品，休闲度假产品则较为缺乏，仍处于刚起步阶段。

总体来看，中蒙俄旅游资源合作开发程度较低，旅游产品较为单一，旅游项目开发的创新性不足以及旅游产品缺乏竞争力，无法满足游客的多样化需求，这些都成为制约三国旅游合作的障碍。

2）旅游基础设施有待完善，旅游市场服务质量有待提升

近年来，俄罗斯的入境旅游业呈现显著增长，然而，就旅游基础设施而言，无论是在数量上还是质量上，都难以满足旅游业持续发展的需求。许多旅游景点开发水平较低，相应的基础设施建设没有跟上，存在着通信、交通等基础设施方面的供求脱节以及接待

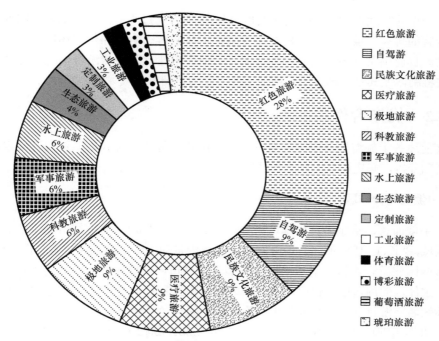

图 7-14　中俄专项旅游合作类型占比（2014～2020 年）

注：将俄罗斯卫星通讯社和 infobank 财经数据库 2004～2020 年有关中俄旅游的新闻报道建立数据库，提取专项旅游的关键词，按照关键词出现的频次和比例制成饼状图

条件简陋、服务水平低劣等问题，严重制约和影响该地旅游业的跨越式发展。仅在涅尔琴斯克（尼布楚）实地调研发现该地旅游接待能力非常差，整个市区仅有 4 家宾馆，无法接待大量游客。蒙古国，相对于世界旅游行业的发展来说，其现代意义的旅游业刚刚起步，主要表现为：蒙古国旅游基础设施（住宿基础设施、交通基础设施、餐饮基础设施以及休闲娱乐基础设施）总体发展并不完善，旅游要素配置（吃、住、行、游、购、娱等要素）尚未形成完善的体系，旅游保障系统尚未建立；政府支持力度不够；旅游市场服务质量水平有待提升，主要表现为缺乏国际化旅游代理商、旅游从业人员专业知识和服务水平不高、医疗服务水平较低等问题；生态环境保护不够，主要表现为现有对自然生态类旅游景区的粗放式开发、文化遗产过度商业化，对旅游资源缺乏有效的保护等。此外，旅游服务人才的培养不足，特别缺乏语言方面的导游人才成为制约三国旅游合作发展的重要因素。

3）旅游合作协调机制尚不健全

官方国际旅游组织和正式的区域合作文件是跨境旅游合作必备的两个条件（龙雪，2018）。尽管中国黑龙江、内蒙古等地方的边境口岸城市与蒙古国、俄罗斯的口岸城市建立了定期或不定期的交流合作机制，但更多的是日常事务的协调。由于中蒙俄跨境旅游合作涉及范围较广，包含口岸开放、海关监管、通关便利化、法律法规适用等多方面，需要国家政府协调。当前中蒙俄国际旅游带建设还面临着来自不同层面的问题。例如，在国家间尺度上，三国间存在如签证政策（如三国间均未开通因私个人旅游相互免签）、旅游经济合作的制度性障碍、跨文化及地方化/去地方化过程的冲突（如蒙古国部分群体对中国游客的排斥、俄罗斯部分民众对中国资本与游客影响贝加尔湖环境的担忧等）等制约因素。目前中蒙俄虽有良好的外交关系，但尚未建立跨境旅游合作统一协调机制和工作推进机制，尤其是三国合作更增加了各方面的协调难度（龙雪，2018）。

7.4.2　优先合作区

结合前述关于旅游资源空间分布格局、旅游资源等级评价和旅游资源开发现状三大方面的基础分析，确定以下优先合作区域。

1）中俄优先合作区

对于中俄而言，从旅游合作地域来看，"东北–远东"地区将继续成为中俄旅游合作的重点区域，"长江–伏尔加河"地区间合作将成为带动中俄内陆地区旅游合作的推动力，未来中俄两国旅游合作将从沿边沿海和内陆主要城市向全境拓展。除此之外，以中俄旅游合作为主体，向周边地区辐射，带动相邻地区和国家的旅游发展，构建区域旅游特色，成为国际知名旅游目的地，将成为中俄旅游合作的长远目标。

（1）贝加尔湖地区——中国和俄罗斯共建贝加尔湖旅游度假区：贝加尔湖位于俄罗斯东西伯利亚南部的布里亚特共和国和伊尔库茨克州境内，被称为"西伯利亚的明珠"。贝加尔湖长 636km，平均宽 48km，面积为 $3.15×10^4km^2$，因地层断裂陷落而成，是世界第一深湖和亚欧大陆最大的淡水湖。贝加尔湖于 1996 年被列入世界自然遗产名录，成为世界著名的旅游目的地。随着中俄旅游合作及签证便利化的加强，中国游客夏季到访数量不断增多，贝加尔湖因此成为中国游客的避暑胜地和研学基地，同时也有望成为自驾车旅游的中转站和目的地。

贝加尔湖的旅游业发展存在诸多问题。一是，贝加尔湖周边土地覆被因人口迁移及城市化进程加快，草地、林地退化，非农业用地增加过多（Li et al.，2018）。二是，贝加尔湖作为开放性景区，面积大，游客行为难以监管，旅游企业和房地产开发局部失控。俄罗斯杜马自然资源、财产和土地关系委员会主席尼古拉耶夫称，有必要对贝加尔湖周边进行分区，划分沿岸的商业活动区和居民的生活区。三是，俄罗斯地广人稀、经济状况不佳，在开发贝加尔湖方面存在劳动力和资金不足等问题。四是，来访游客以中国游客为主，俄罗斯在语言交流、管理服务业等方面也存在许多不足。

贝加尔湖度假区建设应坚持"保护优先、兼顾发展"的原则，要在确保贝加尔湖遗产地生态与环境保护及生物多样性维护的基础上，建设规范化的国际旅游度假区，带动当地旅游业的健康、有序、可持续发展。中国已经建设了 30 个国家级旅游度假区和上百个省级旅游度假区，中国企业在度假区建设与管理方面积累了大量经验，有能力与俄罗斯方面开展合作，共同建设和运营好贝加尔湖国际旅游度假区。

（2）兴凯湖地区——中国和俄罗斯共建兴凯湖国际旅游度假区：兴凯湖位于黑龙江的东南部，南北长 100 多千米，东西宽约 60km，原为中国的内湖，但《北京条约》签订后成为中俄两国的界湖。湖泊北部为中国，约 $1226km^2$，占总面积的 26.9%。南侧归俄罗斯，约 $4380km^2$，占总面积的 73.1%。兴凯湖因地处中俄边界，资源由两国共同开发，环境由两国共同维护，所以湖周边没有建设大城市和大型工业企业，基本保持了原始的自然风貌，是世界上少有的未被污染的湖泊之一，被誉为"绿色的宝石"，这为开展休闲度假特别是避暑度假提供了良好的生态环境。

兴凯湖及周边旅游资源丰富，中国一侧建有国家级自然保护区、地质公园、4A 级景区，以及省级风景名胜区等。拥有最小边界桥——白棱河桥、中国最长沙滩、北大荒开发建设纪念馆等旅游景点，以及大白鱼繁育基地、生态农业观光园、农业旅游示范区等。兴凯湖夏季凉爽，适宜避暑度假，周边的原始森林、神秘的边境线及俄罗斯异域风情，都对中国游客充满吸引力。中国旅游正从观光时代进入休闲度假时代，在兴凯湖建设国际旅游度假区恰逢其时。

中国一侧已建有"兴凯湖旅游度假区"，总面积约 27km^2，核心区面积为 3.8km^2。早在 1985 年就开始建设兴凯湖度假区，后来其成为当壁镇边境贸易经济合作开发区和旅游经济合作开发区。目前该地区是集游览、观光、休闲、避暑、度假等旅游服务功能于一体的综合度假区，但基础设施陈旧落后，旅游服务粗糙滞后。更为重要的是，俄方一侧的兴凯湖不对中国人开放，严重影响了中国一侧游客的停留时间和体验质量。因此，兴凯湖度假区的旅游经济效益并不显著。建设兴凯湖国际旅游度假区，是推进中俄旅游合作向更扎实、更务实的方向迈进的具体举措，更可帮助黑龙江打造新的经济增长点，这对正处在振兴与转型双重压力下的黑龙江经济来说，无疑是雪中送炭。

（3）中俄红色旅游带（主要是中国韶山、遵义、俄罗斯莫斯科、圣彼得堡、喀山等重点地区），双方共推红色旅游精品线路。红色旅游是俄罗斯旅游部门为中国游客量身定做的旅游产品，具有"官方支持、地方协同、部门联手"的特点。俄罗斯也相应开发了众多红色旅游项目。在行业合作层面，中俄双方旅行商将签署《中俄旅游企业开展红色旅游业务合作协议书》，联合发布中俄红色旅游精品线路，线路中重点城市包括列宁故乡乌里扬诺夫斯克、列宁曾经读大学的喀山，还有圣彼得堡和莫斯科。俄罗斯联邦旅游署署长萨福诺夫此前曾表示，红色旅游项目现在是中俄合作的优先方向之一，因此在现有的基础上，中俄两国可以将红色旅游产品和项目的开发不断深化。

2）中蒙优先合作区

（1）二连浩特口岸与扎门乌德口岸地区——中蒙边境旅游贸易区：做大做强口岸经贸＋旅游。主要针对二连浩特口岸与扎门乌德口岸，努力争取共建中蒙边境旅游贸易区。中蒙两国根据在 1991 年签署的有关边界口岸的相关约定，逐步开放了包含二连浩特在内的 12 个边界口岸。2009 年，中国政府同意建立满都拉口岸。时至今日，中蒙边境上，两国常年和分季节开放的口岸已经多达 13 个。尤其要指出，蒙古国的扎门乌德与中国的二连浩特两个城市渊源已久，关系笃实。二连浩特也是到北京最为便捷的陆地口岸，更是蒙古国由此通往海外的唯一出口。蒙古国很多外贸物资都是经由中国这一口岸出口海外的。中蒙双边商贸的繁荣发展带动了边境旅游业的进步。1992 年，中华人民共和国国家旅游局同意开发中蒙边界游，一并批复了多条边界游线路，均是从二连浩特入蒙古国，到其首都、扎门乌德以及赛音山达等地，旅游时间也在 1～5 天不等。2006 年，中华人民共和国国家旅游局又批复了两条经由此口岸入蒙的长路线旅游方案，分别是到萨哈林六日游以及至色楞格省游路线。2009 年，中国打通了新疆地区的边境游口岸，新的旅游路线和旅游项目的拓展使得中蒙两国的旅游业合作得到了长足发展，对两国边境地区旅游业发展、经济发展起到了良好的驱动作用。2015 年 10 月在内蒙古举行的首届中国–蒙古国博览会，将中国、蒙古国、俄罗斯的旅游合作开发事宜推向新的高潮。三国共同致力于积极开展边境旅游线路，共同打造跨境旅游目的地，向国内远距离市场和国际市场合力推出独具特色的边境旅游产品。随着中蒙边境"扎门乌德经济自由区"的创建，两国在旅游业方面的合作一定会更加深入。此外，还可采用以三国交界的旅游中心城市为核心，各地区旅游中心城市为节点，地方旅游城市为支撑的空间极核辐射模式，分层次开展区域旅游合作的极核模式。空间极核辐射模式能够有效地促进和指导区域旅游合作，使中国内蒙古、新疆与蒙古国毗邻地区区域范围内的旅游业从"各据一方"到"连线成片"，在整体上促进区域旅游的快速发展。

（2）中蒙共建库苏古尔湖旅游度假区。蒙古国北部湖泊。在蒙古国与俄罗斯边界附近，地处东萨彦岭南麓。面积为 2620km²，深度超过 244m，是蒙古国最大的淡水湖。该度假区是蒙古国最适合避暑的夏日旅游目的地，对俄罗斯居民、中国北方居民乃至日韩游客都有吸引力。蒙古国可以用土地入股，中国企业负责建设接待设施和运营管理。

（3）中蒙共建北京—二连浩特—乌兰巴托旅游走廊。依托北京和乌兰巴托两个首都，通过旅游专列、自驾车旅游线等载体，逐渐将沿线旅游景点开发出来，将设施完善起来，形成两国长期、稳定旅游合作载体和现实旅游产品。

3）中蒙俄优先合作区

北京、乌兰巴托、莫斯科 3 个首都地区——中蒙俄共建"北京—乌兰巴托—贝加尔湖—莫斯科自驾车旅游线"：莫斯科是俄罗斯首都，也是俄罗斯的政治、经济、文化中心。莫斯科旅游资源类型多样且品位较高，人文景观突出，拥有众多的博物馆等文化活动场所、教堂和建筑遗迹，特别是拥有一批世界文化遗产，如克里姆林宫、红场、救世主基督大教堂等。乌兰巴托是蒙古国首都，乌兰巴托的佛教寺院众多，其中甘登寺、博格达汗宫博物馆、乔金扎玛博物馆等在国内外享有盛誉。北京是全球拥有世界文化遗产最多的城市，共拥有 7 处世界文化遗产，如故宫、天坛、颐和园、长城等名胜古迹。中俄蒙三国的首都人文旅游资源丰富，且开发利用日趋成熟，旅游产品影响力较高。与此同时，沿自驾线路重点旅游城市、世界文化与自然遗产、国家级旅游目的地众多。因此，联合打造跨境自驾游具有强大的合作潜力，符合"一带一路"倡议的要求，有利于发挥旅游的和平桥梁作用，为促进各国人民友好交往、和睦相处、开放包容做出贡献，也为促进三国其他方面的合作打下基础，为实现地区及世界旅游合作树立典范。

中蒙俄哈合作共建大阿尔泰国际旅游度假区：阿尔泰区域主要指包括中国、俄罗斯、哈萨克斯坦、蒙古国四国在内的边境接合部，该区域内分布着各类保护区和天然公园，动植物种类丰富多样，素有"天然基因库"之称，是世界上独具特色的生态区之一，以高山、冰川、河流、湖泊、山间谷地和山地草原风光最为典型，如中国境内的喀纳斯、禾木河，蒙古国境内的阿尔泰湖、盐湖，俄罗斯境内的捷列茨科耶湖景区、别卢哈山，哈萨克斯坦境内的马尔卡科尔湖景区、斋桑泊景区，这些得天独厚的自然景观极具魅力，具有巨大的生态旅游开发潜力。由于阿尔泰区域内生态系统的完整性和区域的跨境特点，中蒙俄哈四国可合作共建大阿尔泰国际旅游度假区。鉴于生态旅游资源的独特性和高等级，以生态旅游为主要特色，在此基础上开发生态研学旅游、联合科学考察、滑雪度假、度假疗养等多种旅游活动，同时区域内当地各民族（维吾尔族、蒙古族、哈萨克族等）具有独特的风土人情，也可开发相应的民俗文化体验活动，展现多样文化魅力。为此，中蒙俄哈四国需要在跨境旅游方面务实合作，消除区域壁垒，加强政府之间的有效合作，从基础设施建设、旅游发展规划、旅游产品等方面营造良好跨境旅游环境，开发区域旅游新产品、新业态，推进跨境旅游交通便利化，努力将国际旅游度假区打造成一个世界级的生态旅游品牌和国际旅游度假区。

7.4.3　重点合作领域

1）整合中蒙俄国际经济走廊沿线旅游资源，针对重点旅游资源，开发特色旅游产品

中蒙俄应该整合经济走廊沿线旅游资源，针对重点旅游资源，积极推动三国旅游产品共同发展，重点实施多样化、特色化、品牌化的旅游产品发展战略，充分展示中蒙俄国际经济走廊沿线自然风光、艺术、宗教、民俗文化等特色旅游资源。

从前述关于中蒙俄国际经济走廊旅游资源的相关分析可知，研究区内旅游资源具有类型多样、等级较高、空间组合好、同质性与互补性并存等特点。区内优越的生态环境和丰富的自然资源，使得这些地区在自然观光旅游、生态休闲旅游以及冰雪旅游等方面成为国际市场上备受瞩目的热门目标。其中，贝加尔湖、兴凯湖、乌苏里江等地在全球范围内广受赞誉。从对旅游资源的基础分析总结出，中蒙俄三国能够合作开发的重点旅游资源有中俄湖泊、森林等生态旅游资源、俄宗教旅游资源、中俄红色旅游资源、中蒙草原旅游资源、民俗旅游资源。中蒙俄三国应该针对此类重点旅游资源，重新构建中蒙俄国际经济走廊沿线创新的具有吸引力的旅游产品体系。以"万里茶道""丝绸之路"为例，可以培养国际旅游品牌，深入挖掘、整合和策划一系列国际跨境旅游线路，涵盖大众观光游、康养度假游、商务考察游、家庭自驾游、户外探险游等。着眼于提升三国边境城市的旅游休闲度假功能，致力于丰富旅游产品的多样性和特色。此外，重点将文化与旅游深度融合，结合中国东北特色、俄罗斯风情、红色文化、蒙古国民俗文化等旅游文化元素，开发一批具有竞争力的特色旅游产品和精品旅游项目，通过联合促销，将区域内的旅游产品逐步品牌化。

2）加强三国在旅游基础研究方面的合作

一个国家的旅游业不能单独发展，它还受本国经济、文化等多个因素的制约和影响。俄罗斯学者认为，中俄两国缺乏对两国市场的研究，所提供的旅游产品满足不了游客的需要是中俄旅游合作存在问题的一个原因（吴殿廷等，2021）。为了让旅游合作更加行之有效，中蒙俄政府不仅要在旅游产业上加强互信沟通，商讨政策措施，更应该在研究机构上加强合作，深化对彼此旅游市场的基础研究。因此，三国要尽快打造出一类可全方位沟通协作的平台：一方面，充分进行研究成果和进度信息的交流；另一方面，从双边行业协作过程中已发生或即将出现的问题来思考，对合作内容深入探索。在边界协调会后，可适时开展旅游协作年会，从而为政府拟定、颁布有关制度条例提供可行性意见。

3）加快旅游基础设施建设，重视旅游专业人才培养，提高旅游服务质量

良好的旅游基础设施是实现旅游业高质量发展和可持续发展的重要基础条件，所以旅游基础设施建设应该放在所有计划和规划的首位。中蒙俄三方需重点围绕基础设施互联互通，从公路、铁路、航空三方面大力改善旅游内外交通，构建陆空一体化的交通联动体系。加大资金的投入，持续改善铁路和公路的质量，做好交通信息化整合工作，增强旅游可达性和便利性；从交通、住宿、餐饮、休闲娱乐等方面改善旅游服务设施，提升旅游服务质量。此外，还应尽快推进旅游信息化建设，形成中蒙俄国际经济走廊沿线旅游网络体系。以跨境自驾游为例，自驾游相关配套设施和基础服务仍不完备，如应引导旅游热线沿途建设标准化自驾集散中心、自驾营地和自驾服务站，建立智能化、便捷化的自驾服务网络体系。打造全方位、宽领域、便捷化的自驾综合信息服务平台。加快建立集汽车租赁、自驾机构、汽车旅馆和救援服务等于一体的全方位、多层次的自驾服务支撑体系。

此外，专业技术人才缺乏也是制约三国旅游合作发展的突出问题。跨境旅游的合作发展离不开国际化专业化旅游人才的支撑，因此中蒙俄三国要强化旅游专业人才培养，建立人才培养储备机制，以便更好地适应三国旅游服务贸易合作的需求。例如，三国可以交换培养人才，建立中蒙俄旅游人才库，首先提高从业人员的俄语、蒙语相关语言水平，使其对各国的文化、语言、风俗习惯更加了解，增加对俄语、蒙语、汉语的教学力度，通过流动交换，提高专业人才的服务水平与技能，培养出更适应三国跨境旅游合作发展需要的复合型高级人才。

4）简化签证，保障游客安全，推动旅游安全和便利化程度

随着陆上交通的便捷化以及跨境自驾游的开放，个人签证需求将会增加，简化签证是缩短通关时间、进行无障碍跨境旅游的必要前提，这主要表现在签证的获得和通关时间等方面。因此，中蒙俄三国应尽快推进签证信息化建设，提高签证审核的效率，需要更具有可操作性和实践性的旅游便利化签证政策。建议三国探索实行互免签证制度，针对世界其他国家旅客可以实行单一签证制度，即"一证游三国"，这样可以吸引更多的游客多次出行。

此外，保证游客安全是三国旅游合作的保障条件。世界经济论坛发布的《2019年旅游业竞争力报告》（附表2）数据显示，俄罗斯安全性指数得分在全球排名为第98位，游客的安全性问题值得重点关注。为了提高游客的旅游安全感和舒适感，三国应加强旅游安全领域合作，推进中蒙俄跨境、跨区域旅游安全保障机制建设，建立信息沟通、紧急磋商以及应急协作工作机制，采取确保游客人身、财产安全的相应措施，推动旅游便利化，提高旅游舒适度；加大市场监管，营造安全、文明的旅游氛围。

7.4.4 合作模式与对策

1）中蒙俄国际经济走廊旅游发展采取"点状突破，线上推进"的空间合作模式

根据区域增长极理论的核心内涵，区域旅游经济在发展过程中也表现出极化和扩散的规律（闫静和李树民，2015）。旅游业发展的初期资金、人力、物力等向中心地域集中，中心旅游城市通过增长极扩散效应带动区域经济发展。中蒙俄国际经济走廊国际旅游合作跨度很大，且由于各个区域的旅游资源禀赋和旅游发展基础不同，全线不可能同时发展，前期应通过节点的增长来带动发展（马耀峰，2009）。中蒙俄国际经济走廊旅游合作短时间很难全面展开，但可以采取点状突破，线上推进的办法，有序推进（吴殿廷，2020b）。具体而言，应该选择旅游资源及基础设施条件较好的各国重要节点城市作为区域内的增长极优先发展，通过这些节点城市的聚集和辐射效应，使若干具有特色的旅游经济区域在沿线合理分布，最终使中蒙俄国际经济走廊全线旅游的整体发展得以实现。

（1）点状突破。以旅游城市（哈尔滨、沈阳、莫斯科、圣彼得堡、乌兰巴托等）、口岸城市（二连浩特、满洲里、扎门乌德等）为节点城市进行重点突破，依托重点旅游资源、旅游城市的旅游发展基础强化其旅游品牌和旅游吸引力，形成区域性的旅游增长极，进而激发这些节点城市旅游发展的扩散作用，进一步带动区域旅游发展。与此同时，做大做强口岸经贸 + 旅游，共同打造一批跨境旅游合作区。

（2）线上推进。以节点城市为中心，以交通干线为主轴线，以线连点，高铁突破，空中快运，海上大运，重点建设古丝绸之路沿线及西伯利亚大铁路沿线节点城市、自然生态旅游和历史人文旅游大景区互联互通基础设施和旅游服务设施，培育一批国际跨境旅游线路品牌。专注发展具有国际影响力的旅游品牌，集中力量培育"万里茶道""丝绸之路"等系列，深度挖掘、整合和策划适合广大游客的多样化体验，包括大众观光游、康养度假游、商务考察游、家庭自驾游以及户外探险游等，构建一系列精彩纷呈的国际跨境旅游线路。中蒙是万里茶道的主体，而万里茶道是继丝绸之路衰落之后在欧亚大陆兴起的又一条重要的国际商道。它南起中国福建武夷山，途经江西、安徽、湖南、湖北、河南、山西、河北、内蒙古等地，穿越蒙古国，最终抵达俄罗斯圣彼得堡，全程近 $2×10^4$ km，成为 18～19 世纪东西方贸易的主要通道。2013 年 3 月，国家主席习近平在莫斯科国际关系学院发表重要演讲，将 18 世纪"万里茶道"和新世纪的中俄油气管道并称为"世纪动脉"。

2）通过"大旅游"模式打造中蒙俄国际经济走廊旅游产业带

通过"大旅游"模式，三国全面拓展合作打造中蒙俄国际经济走廊旅游产业带，以旅游业为先导产业，替代传统产业，联动第一、第二、第三产业，优化产业结构，建设以旅游业为节点，构建产业链联结的大旅游产业体系。具体包括互联互通基础设施和旅游服务设施，开通连接亚太和欧洲国际旅游城市的高铁线路，打通中蒙俄国际经济走廊沿线国际旅游城市之间的公路交通障碍。推进中蒙俄跨境、跨区域旅游综合安全保障机制建设，包括确保游客人身、财产安全的措施，注意在旅游中保护当地的生态环境，建立紧急情况下的游客救助机制。

3）实施政府主导的三国旅游产业合作模式

《亚洲旅游合作交流报告》指出，中国开展对外旅游合作的一般原则是：共商共治、共建共享、创新创意、多维推动；重点任务是提升品质与服务、标准体系建设与推广、伦理准则与社会责任体系建设、安全与应急体系协同等。在这些总体部署下，针对中俄旅游合作中的具体问题和未来愿景需求，努力推动中俄地方旅游合作再上新台阶。中蒙俄国际经济走廊旅游产业合作的跨国性和该地区的区域性决定了政府主导在该地区旅游产业合作发展过程中的重要作用，实施政府主导的旅游产业合作模式有利于突破国内、国家之间的各种制度困境。政府主导型旅游产业合作模式主要调动各种积极的因素，在尊重市场配置资源的前提下，通过完善各种规章制度，创新各种政策方式，以积极推进区域旅游产业的合作。因此，落实中蒙俄国际经济走廊带旅游合作战略，政府部门要发挥主导作用，政府的政策引导与支持在旅游合作的初级阶段极为重要。政府的政策法规要有利于中蒙俄 3 个国家的旅游部门和企业在旅游规划、品牌建设、信息交流以及市场开拓方面的实质性合作。具体来说，中国政府积极主动推进合作并逐渐与蒙古国、俄罗斯国家达成共识，中国政府在边境地区连续推出开发新政以强化产业合作，主动提出一系列旅游产业合作政策。

首先，深化中蒙俄国际经济走廊的跨境旅游总体规划，积极推动中蒙俄三国旅游联盟的构建。集中精力加强对中蒙俄国际经济走廊跨境旅游的顶层设计，着眼于打造一个紧密合作的中蒙俄三国旅游联盟。同时，持续构建中俄地方旅游合作常态化机制，包括国家和地方层面的定期互访制度和联席会议制度，两国旅游研究机构、协会及企业常态化的交流机制，跨境旅游合作区和边境旅游实验区等合作区域对话机制等（夏友照，2011）。

其次，不断创新三国地方旅游合作的市场化模式，通过筛选三国地方比较优势，根据"旅游 +"和产业融合的发展思路确定多元产业合作方向；优化和均衡中俄旅游客源和目的地的空间分布格局，联合制定跨国旅游发展规划，突破区域的限制，在更大范围、更宽领域寻求合作（杨劲松，2018）。

再次，鼓励中蒙俄三国民间资本参与投资，采用政府和社会资本合作（PPP）项目融资模式，加大中蒙俄国际经济走廊地区基础设施建设力度。同时，注重社区利益相关者的平衡，以资源入股方式参与旅游开发，完善利益分配机制。

最后，整合中蒙俄国际经济走廊自然和人文旅游资源，摸清沿线旅游资源的数量和质量，根据不同地区旅游资源的特点，打造精品跨境旅游线路和旅游产品；通过召开推介会的形式，加强对中蒙俄三国旅游资源的宣传，增强民众对跨文化的理解，鼓励和支持民众出境旅游。

附表

以 2017 年修订的《旅游资源分类、调查与评价》（GB/T 18972—2017）为分类标准，依据旅游资源的性状，即现存状况、形态、特性、特征划分，对调研区旅游资源具体分类（附表 1）。

附表 1　研究区旅游资源分类表

主类	亚类	基本类型	旅游资源单体举例
A 地文景观	AA 综合自然旅游地	AAA 山丘型景观	麻雀山
		AAB 沟谷型景观	特日勒吉国家公园
		AAD 滩地形景观	帕尔季赞斯基山山脉、霍洛德内山山脉、阿尼克山和云雾山

主类	亚类	基本类型	旅游资源单体举例
A 地文景观	AB 地质与构造形迹	ABC 地层剖面	兴凯湖沿岸沙滩、乌苏里湾
	AD 自然标记与自然现象	ADA 奇异自然现象	特尔金白湖国家公园 Khorgo-Terkhiin
B 水域景观	BA 河系	BAA 游憩河	斯科河、色楞格河、图拉河、特日勒吉河、鄂尔浑河、科尔布多河、克鲁伦河、扎布汗河、绥芬河、木科夫力河、苏普提加河等
		BAB 瀑布	奥肯瀑布
		BAC 古河道段落	乌苏里江
	BB 湖沼	BBA 游憩湖区	库苏古尔湖、乌布苏、杜古姆、达布萨特、洪嘎鲁泰、柴达木、达赫勒等
		BBB 滩地	克鲁伦河沿岸
		BBC 湿地	兴凯湖
	BC 地下水	BCB 泉	楚布朗温泉、布格日勒吉古图温泉、洪达干温泉、尤斯特温泉、苏吉温泉、呼吉特温泉、耶斯提（Yestii）温泉
	BD 冰雪地	BDA 常年积雪地	阿尔泰山、德勒格尔汗和博格多山、阿萨尔拉图海尔汗
		BDB 现代冰川	卡根哈尔冰川湖（Khagiin Khar Lake）
	BE 海面	BEA 游憩海域	金角湾、乌苏里湾、阿莫尔湾等
		BEB 涌潮与击浪现象	海岸
		BEC 小型岛礁	俄罗斯岛
C 生物景观	CA 植被景观	CAA 林地	色楞格省和中央省的针叶林和阔叶林
		CAC 草地	达尔汗草原、东戈壁草原、乌兰巴托草原、戈壁苏木尔省草原等
	CD 野生动物栖息地	CDB 陆地动物栖息地	伊赫巴嘎多兰、阿日嘎兰特、塔黑阿特、博格多、博得日山、托莱特、塔日雅其、爱勒巴彦、浩雅日赞等草原、阿穆尔虎栖息地、野生动物园
		CDC 鸟类栖息地	特日勒吉国家公园
E 建筑与设施	EA 人文景观综合体	EAA 社会与商贸活动场所	古姆百货商场、列宁大街
		EAB 军事遗址与古战场	符拉迪沃斯托克要塞、诺沃西利斯基炮垒、波斯佩洛夫要塞、诺沃西利斯基炮垒、波斯佩洛夫要塞、乔伊尔军事基地遗址等
		EAC 教学科研实验场所	莫斯科大学、远东联邦大学、纳来哈国际煤矿大学
		EAE 文化活动场所	俄罗斯国立图书馆、国家历史博物馆、俄罗斯套娃博物馆、普希金故居博物馆、高尔基故居博物馆、托尔斯泰博物馆、列宁中央博物馆、普希金造型艺术博物馆、俄罗斯国家档案馆、特列季亚科夫画廊、莫斯科大剧院、俄罗斯航天博物馆、莫斯科中央空军博物馆、卫国战争中央博物馆、察里津诺自然保护区博物馆、莫斯科铁路博物馆、全俄展览中心

主类	亚类	基本类型	旅游资源单体举例
E 建筑与设施	EA 人文景观综合体	EAF 康体游乐休闲度假地	亚历山大公园、乌苏里湾度假村、RWT（Resort World Terelj）度假酒店
		EAG 宗教与祭祀活动场所	天使报喜大教堂、圣母庇护教堂、救世主显圣容教堂
		EAH 交通运输站	符拉迪沃斯托克火车站、缆索铁路、纳杰日达号与帕拉达号帆船、海上客运站、机铁车站、红旗号纪念船
		EAI 纪念地与纪念活动场所	胜利广场、远东苏维埃政权战士纪念碑、列宁纪念碑、军事荣誉城市纪念碑、潜阻海员纪念碑、建城者登陆处纪念碑
	EB 实用建筑与核心设施	EBA 特色街区	皇太子沿岸步行区
		EBB 特性屋舍	尤汇伯连纳故居、卡玛尔修道院、博格达汗宫、阿雅嘎
		EBC 独立厅、室、馆	滨海边疆区国家大博物馆、滨海水族馆、滨海边疆区国营艺术馆、滨海边疆区音乐馆、太平洋舰队军事光荣纪念广场
		EBD 独立场所	高尔基剧院公园、海军名将公园
		EBE 桥梁	达尔汗景观廊桥、俄罗斯岛大桥、金角湾大桥
		EBH 港口、渡口与码头	托卡列夫斯基灯塔、成吉思汗国际航空港
		EBK 景观农田	乡间田野
		EBL 景观牧场	牧场广布
		EBM 景观林场	林场密集
		EBO 特色店铺	国营百货商店（古姆商店）后院、符拉迪沃斯托克国营商店（古妇商店）
	EC 景观与小品建筑	ECA 形象标志物	列宁雕塑
		ECB 观景点	鹰巢山观景点
		ECE 雕塑	胜利广场雕塑、列宁广场雕塑、圣彼得与圣菲夫罗尼娅塑像、成吉思汗雕像、丹赞萨维亚塑像等
		ECF 碑碣、碑林、经幢	突厥碑文高克图尔克铭文
		ECI 塔形建筑	东正教堂
		ECJ 景观步道、甬路	远东联邦大学校园，海岸步行街
F 历史遗迹	FA 物质类文化遗存	FAA 建筑遗迹	尼古拉皇太子凯旋门、历史事件发生地——成吉思汗雕像群景区、突厥遗址高克图尔克
	FB 非物质类文化遗存	FBA 民间文学艺术	普希金诗作
		FBB 地方习俗	俄罗斯族圣诞节和复活节习俗、那达慕大会、农历新年（不同于汉族）
		FBC 传统服饰装饰	俄罗斯族传统服饰、蒙古族传统服饰
		FBD 传统演艺	侯丽五彩节、俄罗斯岛夏日联欢节暨文化与运动周、那达慕大会
		FBF 传统体育赛事	国际龙舟竞渡比赛、全国摩托车竞速比赛、绿色马拉松

续表

主类	亚类	基本类型	旅游资源单体举例
G 旅游商品	GA 农业产品	GAA 种植业产品及制品	谷物
		GAB 林业产品与制品	人参、刺五加、五味子
		GAC 畜牧业产品与制品	奶酪、牛奶等
		GAD 水产品及制品	沙丁鱼、鳕鱼、墨鱼和鲱鱼
		GAE 养殖业产品与制品	鲑花、鳌花、鲫鱼、湖虾
	GC 手工艺品	GCE 金石雕刻、雕塑制品	俄罗斯套娃
		GCF 金石器	琥珀
		GCH 画作	油画、蒙古国壁挂画
H 人文活动	HA 人事活动记录	HAA 地方人物	普希金、成吉思汗
		HAB 地方事件	卫国战争胜利日纪念活动、俄罗斯海军节、太平洋和平之日、金桥事件旅游联欢节
	HB 岁时节令	HBA 宗教活动与庙会	东正教会活动
		HBB 农时节日	送冬节
		HBC 现代节庆	太平洋国际旅游博览会、太平洋时尚周
7 主类	19 亚类	64 基本类型	

附表 2　旅游业竞争力指数排名

项目	2015 年			2017 年			2019 年		
	中国	俄罗斯	蒙古国	中国	俄罗斯	蒙古国	中国	俄罗斯	蒙古国
旅游综合竞争力	17	45	99	15	43	102	13	39	93
1. 有利环境	60	62	65	63	60	64	53	46	66
营商环境	80	109	74	92	105	72	36	92	83
安全性	58	126	69	95	109	50	59	98	62
健康和卫生	68	6	41	67	5	50	62	6	38
人力资源和劳动力市场	16	38	58	25	46	80	24	35	78
信息通信技术	72	46	95	64	49	85	58	48	85
2. 旅游政策和有利条件	102	99	104	84	87	114	85	105	113
旅游业的优先性	55	90	106	50	95	102	66	86	85
国家开放程度	96	99	88	72	115	125	76	123	128
价格竞争力	34	41	28	38	11	15	43	27	7
环境可持续性	137	106	130	132	71	127	120	82	131
3. 基础设施	60	49	112	51	45	114	54	47	111
航空交通基础设施	25	22	88	24	22	95	31	23	97

项目	2015 年			2017 年			2019 年		
	中国	俄罗斯	蒙古国	中国	俄罗斯	蒙古国	中国	俄罗斯	蒙古国
地面和港口交通基础设施	53	92	138	44	78	123	48	68	126
旅游服务基础设施	98	54	102	92	55	111	86	69	105
4. 自然和人文旅游资源	1	23	83	1	27	82	1	20	62
自然资源	6	34	94	5	39	79	4	34	62
文化资源和商务旅行	4	21	59	1	25	62	1	18	59

资料来源：世界经济论坛发布的《2015 年旅游业竞争力报告》《2017 年旅游业竞争力报告》《2019 年旅游业竞争力报告》。

第8章　中蒙俄国际经济走廊资源合作总体战略与对策建议

中蒙俄三国各领域合作稳步发展。资源合作是三国最为重要的合作领域，2001年中俄跨境原油管道开通，2015年中俄贸易额首次突破1000亿美元大关，2020年中俄天然气东线工程开通，中蒙贸易稳步提升。中蒙俄资源合作进入历史上最佳时期。2014年，中国提出的"一带一路"倡议与俄方提出的"欧亚经济联盟"、蒙古国提出的"草原之路"倡议高度契合，2016年中蒙俄三国在塔什干签订《建设中蒙俄经济走廊规划纲要》合作文件，中蒙俄合作进入重要战略机遇期，为中蒙俄国际经济走廊资源合作奠定了良好的地缘政治基础。

8.1　合作背景

近年来，在新冠疫情暴发、俄乌冲突升级、西方国家贸易保护主义抬头等一系列重大事件背景下，国际地缘政治经济格局发生了深刻变化。一方面，我国国民经济稳健发展和人民生活水平持续提升，世界制造业中心地位得到巩固，"一带一路"倡议得到全球140多个经济体认可和积极参与，工业化和城镇化进程对自然资源的需求与自我供给之间的结构性缺口长期存在。另一方面，在地缘环境变迁背景下，国家间资源封锁与争夺进一步升级，资源领域"卡脖子"问题正日益突出。中蒙俄国际经济走廊作为"一带一路"首个落地建设的经济走廊，在巩固中俄全面战略协作伙伴关系与中蒙全面战略合作关系的前提下，加强与俄蒙两国的资源合作，将成为我国战略性资源国际合作的优先考虑。

8.1.1　地缘政治经济格局变化

百年未有之大变局和新冠疫情相互叠加，世界进入新的动荡变革期，使全球资源合作风险加剧，中蒙俄资源合作经受了新冠疫情和地缘环境变化的考验。

1）中国经济持续增长，对资源的需求增长将延续一段时期

近年来，中国克服了贸易环境恶化等不利影响，经济保持持续中高速发展，特别是新冠疫情暴发以来，经济依然保持正增长，成为全球经济恢复的引擎。2021年中国大陆经济规模为17.7万亿美元，已经达到美国的77%，中美经济总量差距继续缩小。在"一带一路"倡议引领下，中国已成为全球超过120个经济体的第一大贸易伙伴。经济总量的提升和经济地位的上升也伴随着资源需求和消耗的持续上升，尽管个别类型资源的消费总量已达到峰值，但能源、关键矿产等需求增长仍将持续一段时期，对部分国外资源的依赖度将在较长时期内居高不下。目前我国近半数的木材、天然气、铝土，2/3以上的石油、铀、铜、铁、锂等战略矿产依赖国外进口。立足国内为主，同时利用两种资源和两个市场，依然是当前和今后一段时期破解我国资源保障问题的重要战略取向。

2）贸易保护主义抬头，国际资源合作地缘风险加剧

自 2018 年中美贸易争端以来，发达国家对全球市场的人为干预明显加大，频频发动贸易制裁，变本加厉地企图遏制他国发展，全球资源市场竞争、通道竞争、技术竞争更加激烈。我国在资源贸易通道、关键技术知识产权等领域面临前所未有的地缘风险和国际市场风险。当前我国部分关键资源仍然高度依赖国际市场，如我国的天然气、铁、镍等矿产均大量自澳大利亚进口，其中自澳大利亚进口铁矿石占了中国进口量的 2/3 以上，地缘风险和贸易保护主义抬头给我国的资源保障带来了新的挑战，亟须寻求破解资源"卡脖子"难题的路径与对策。

3）中蒙俄合作渐入佳境，成为东北亚地缘安全的稳定器

随着"一带一路"倡议的落地建设，中俄关系快速发展，中俄油气原油管道二线和中俄天然气管道东线相继建成，双方的贸易额在 2021 年再创新高，突破了 1400 亿美元。2022 年俄乌军事冲突发生以来，西方对俄罗斯发动了空前的制裁，中俄战略协作伙伴关系更加巩固，合作前景更加宽广。

中蒙关系自 2014 年提升为战略伙伴关系以来，发展迅速。中国不但是蒙古国最大的贸易伙伴，也是蒙古国的陆路出海通道。中国在蒙古国的投资快速增加，推动了蒙古国的资源开发步伐。新冠疫情发生以来，双方相互支援，展开了一系列防疫合作，大大拉近了两国人民之间的感情，为两国关系进一步发展巩固了社会基础。

中蒙俄三国山水相连，人文相通，资源禀赋互补性强，资源合作是三国优先合作领域。俄罗斯、蒙古国资源极为丰富，种类多样，开发程度低，与中国展开战略合作潜力巨大。两国与中国陆地边境直接相连，是中国最为便捷的资源进口地，能够有效平衡海运资源的通道风险，在一定程度上保障中国战略性资源供应安全。中国则是全球资源最大消费市场，可成为俄蒙资源稳定的出口市场。

中蒙俄三国在地缘安全、经济合作、资源贸易上具有共同利益，加强中蒙俄三国政治互信、经济联系和贸易合作符合三方发展需求，对稳定东北亚地区经济发展，维护东北亚地区繁荣发展格局具有不可替代的作用。

8.1.2 新发展阶段资源问题转向

党的十八届五中全会提出贯彻新发展理念，党的十九届五中全会明确了准确把握新发展阶段，贯彻新发展理念、构建新发展格局、推动高质量发展的指导思想。新冠疫情加速了中国对立足新发展阶段、贯彻新发展理念、构建新发展格局的认识。当前中国人口低速增长，未来一段时期极有可能出现负增长，快速城镇化转向中低速城镇化，工业化中期阶段向后期阶段过渡，经济高速增长向中低速高质量、绿色发展转变。未来 15～30 年，资源需求端将出现重大转折，新发展阶段资源问题将呈现一些新的特征。

1）资源需求的总量与结构转向

工业化后期，经济增速下降，资源需求达到顶点，之后缓慢下降；进入后工业化社会，经济增速进一步放缓，资源需求整体进入衰退期，传统的大宗商品需求会下降。铁矿石、煤炭资源最为典型，发达国家在 20 世纪末已经达到消费总量的峰值，中国前些年已出现产能过剩情况。取而代之的是资源需求结构的变化，根据资源–产业"雁行式"演进规律（陈其慎，2009），随着国家经济发展，不同的产业会从先进国家向后发国家转移，从而出现国家产业演进的雁行结构，表现为不同产业会依次出现兴盛和衰落，从而出现相互继起的周期。随着一国产业的不断更替升级，该国各类资源消费量也会呈现阶段性兴衰，从而带来资源消费结构的变化，这一规律在矿产资源领域体现得很突出。

根据资源需求雁行理论，经济社会发展到不同阶段，资源需求的种类与结构也不断变化。随着全球经济的发展与新技术的快速推广，一批新兴的战略资源发挥着越来越关键的作用，其需求往往呈爆发式增长，如核电所需的铀、锆、铪等资源，车用动力电池所需的锂、镍、钴等资源，以及高技术装备需要的稀土、锗、铟等资源。这类资源储量低于传统的大宗资源，但需求量与日俱增，因关系到未来新产业的发展而备受关注。

2）资源开发利用的绿色转向

资源开发利用与生态环境密切相关，如水、土、森林等可再生资源的过度开发容易造成资源利用的不可持续，资源开采过程中造成的环境扰动往往容易导致水源、物种多样性遭到破坏，资源加工过程中易造成大气、水体和土壤污染，甚至对全球气候变化、人类健康和生态安全均构成挑战。随着全球绿色运动的兴起，资源所在地各国政府和民众对生态环境的关注度越来越高，可持续开发、绿色开发、低碳开发成为资源开发利用必须满足的要求。人类社会对环境保护的重视，资源开发利用的绿色转向，要求中国在利用国外资源的过程中，必须全面树立绿色发展理念。

当前，应对气候变化已经成为世界主题，各国纷纷出台法律政策，限制传统化石能源的使用，欧盟率先制定了到 2035 年停售燃油车的计划，鼓励新能源发展。煤炭使用量逐步下降，石油用量增长趋缓，天然气、核能、风能、太阳能快速增加。中国政府也积极推进"碳达峰碳中和"，能源的绿色化将在很长一段时期持续推进，这对中国参与国际能源贸易战略制定将具有深远影响。

3）资源产业的质量效益转向

人类对资源的开发利用从陆地到海洋，从浅海到深海，从内陆到南北极，走过了资源扩张的时代，向质量效益转变。在资源开发和资源贸易领域，"买到即赚到"的年代已经过去。对资源价值链的关注比产业链更为重要，需要从产业链、供应链、价值链全方位布局优化。以钴产业为例，中国从刚果（金）进口钴原料，由几家上市公司冶炼，把钴的亿合物出售给宁德时代新能源科技股份有限公司做电池，供给特斯拉和苹果公司等电动汽车与消费电子生产商。在这条产业链中，美国厂家就不做电池，他们做研发和后端整机，处于价值链顶端。他们拿钴去制造硬质合金，然后生产飞机、钻头、精密仪器，因为硬质合金的技术门槛高，下游高端装备产品比造电池利润更高。

4）资源竞争全方位加剧

全球人口持续增长，造成更大的粮食、水和能源资源压力，西亚与非洲各国的粮食短缺与水资源问题日益突出。南亚、西亚、非洲地区依然保持较高的人口出生率，未来将会面临更严重的水土资源问题。截至 2019 年，全球石油产量达 45.8 亿 t，天然气产量达 3.9 万亿 m^3，均创历史新高。随着各国工业化的持续推进，尤其是印度等新兴经济体能源需求量不断增长，能源价格居高不下。资源的短缺导致各国围绕资源的政治、经济和外交博弈不断加剧，中东与非洲的难民问题在一定程度上是水土资源矛盾爆发的集中体现，俄乌冲突以来，俄罗斯、欧盟、美国围绕天然气的斗争同样体现了资源竞争的普遍性与激烈性。

资源供需之间的矛盾使得资源竞争从传统的贸易竞争、产能竞争延伸到资源产业的各个领域，涵盖资源产权、开发权益、资源贸易通道、加工技术、产品流通、市场准入、回收利用等领域，成为当前国际资源合作与竞争的新特点。

5）资源合作模式多样化

全球资源合作持续向纵深发展。由简单的资源贸易，逐步转向合资开发、技术合作、市场渠道合作等多种市场要素的优化配置。从产业链角度，资源合作从单纯的开采向加工、消费、回收利用和技术研发拓展。从国家间合作角度，则由贸易合作向投资、技术、第三方市场等多层面、多国别方向演化。从合作的资本形式上，则发展出了抵押贷款、信托贷款、资源入股、技术入股、市场渠道入股等多种方式。例如，我国在对外资源合作中，越来越多地与其他国家企业展开第三方市场合作，两国企业优势互补，实现对第三国资源开发项目的竞争优势。在资金相对不足的发展中国家合作中，经常采用特许经营的管理方式，即中国企业在当地投资资源开发项目，在一定时间内由建设企业代理经营矿山，直到项目建设费用清偿。

8.1.3　中蒙俄资源合作最新态势

新冠疫情暴发以来，俄罗斯石油、木材、金属矿产，蒙古国煤炭、有色金属矿产等主要资源生产呈小幅波动下降趋势，但中国从俄罗斯进口资源量却呈明显上升趋势，中国进口俄罗斯石油量从新冠疫情前的 8000 万 t，到 2023 年进口量突破 1 亿 t；液化天然气（LNG）进口量从 2019 年的不到 200 万 t 大幅增加；铜和铁的进口量也有所提升。中国从蒙古国进口资源量保持稳定态势，尤其从蒙古国进口石油量增长到 200 万 t 历史新高，这反映出中俄、中蒙资源合作经受住了全球新冠疫情和地缘环境严峻形势的考验，三国资源合作具有韧性。

1）中俄资源合作深度与广度不断拓展

2020 年，新冠疫情对俄罗斯资源产业的国内外市场均造成明显冲击，资源价格下跌，主要产品产量下降，产能出现较大空缺。到 2021 年，随着新冠疫情限制措施的减少，主要资源生产总体上呈现出恢复态势，但是不同的资源种类出现了较大分化。原油产量有所恢复，接近新冠疫情前水平。受全球对清洁能源需求大幅增加的拉动，天然气产量迅速二升，增长 10% 以上，超过新冠疫情前最高水平。受到中国等地产能快速增长的带动，钢铁产量持续上升。由于受灾和矿井关闭等，俄罗斯铜矿生产受到较大影响，主要国有铜企诺里尔斯克产能下降。俄罗斯木材生产缓慢恢复，接近新冠疫情之前的水平。新冠疫情期间中蒙俄三国在互利合作的基础上，国际关系进一步发展，中俄油气管道等基础设施不断改善，为三国资源合作进一步发展打下了坚实的基础。资源合作拓展到国际支付和结算领域，实现了资源合作本币结算。中俄北极资源合作不断深化，亚马尔天然气项目自 2018 年建成以来，供气量不断增加，双方在天然气开采平台、运输设备建造方面的合作日趋广泛。中国可借助中俄友好关系，加强在北极资源开发方面的合作。目前，俄蒙已初步完成对经蒙古国的中俄天然气管道项目的可行性论证，新的中俄能源通道呼之欲出。

2）中蒙资源合作继续快速发展

蒙古国铜矿、煤炭、铁矿等资源储量巨大。中美贸易摩擦及新冠疫情以来，在国际贸易环境恶化的背景下，中国与蒙古国贸易关系未受影响，反而更加巩固。中国 2020 年进口蒙古国煤炭 3579 万 t，较上年同期的 3536.08 万 t 增长 1.21%；出口额为 30.14 亿美元，同比增长 9.43%。蒙古国在向中国市场供应冶金焦煤量方面超过了澳大利亚，成为中国焦煤第一大进口来源国。2021 年，蒙古国最大的铜矿欧玉陶勒盖铜金矿已经开始向中国出口铜。2021 年蒙古国对华铁矿出口额约 10 亿美元，同比增长六成。

3）三国战略资源合作空间依然巨大

俄蒙两国都是资源大国，俄罗斯在耕地、水资源、石油、天然气、金属矿产、木材等资源方面位居世界前列，蒙古国则有非常丰富的煤炭和铜矿资源。目前，俄蒙两国资源勘探程度仍然较低，资源潜力巨大。例如，俄罗斯北极地区天然气储量极为丰富，仅亚马尔-涅涅茨自治区，就储存着超过 40 万亿 m^3 的天然气，占据俄罗斯天然气储量的 85% 和全球天然气储量的 37%，但是长期没有得到有效利用，现有生产线仅可年产 550 万 t 液化天然气，产量与巨大储量远不匹配；又如，西伯利亚与远东地区的森林广阔，均以成过熟林为主，但受到交通基础设施不便的影响，木材资源不能有效开发，也影响了森林的代际更替。蒙古国煤炭资源总储量为 1623.405 亿 t，已开发量为 274.916 亿 t，已开发比例仅为 17%。铁矿查明储量为 20 亿 t，但是 2020 年向中国的出口量仅有 760 万 t。目前两国经济发展较为乏力，亟须资金投入，资源贸易和加工是两国经济支柱。而中国有着全球最完整的制造业体系，资源需求旺盛，开发能力较强。未来三方在资源开发、过境运输、加工利用、科学研究等方面仍有着广阔的合作空间。

但是，俄中两国资源合作的规模和层次依然不高，这从两国贸易额数据可以看出。目前，中俄贸易额不足中美贸易额的 1/4，不足中日贸易额的 1/3，不足中韩贸易额的 1/2。这个贸易体量与俄罗斯资源禀赋大国和中国资源消费大国地位不相符，也说明未来合作潜力巨大，需要继续强化政策沟通，全面提升俄中资源合作水平。

8.1.4　中蒙俄资源合作存在的问题与挑战

中蒙俄资源合作空间巨大，但目前面临合作水平和层次不高、政策和法律法规等体制机制障碍突出、跨境基础设施滞后、地缘竞争激烈等问题。

1）资源合作水平和层次不高

中俄资源合作以油气、木材、矿产、食品为主，中蒙资源合作以金属矿产和煤炭为主，其他资源合作力度相对较弱。合作模式以双边资源贸易为主，投资合作相对较少。资源勘探、合作开发、股权合作、联合建设资源深加工园区等新型合作模式较为薄弱，面向第三方市场的合作刚刚起步。合作模式的单一化限制了资源合作的深度与广度，不利于资源合作效益提升。

2）政策和法律法规等体制机制障碍突出

政策和法律法规差异性是国际资源合作的重要障碍因素。主要包括以下几方面：一是股权比例限制，俄蒙两国资源市场并未放开，对国外投资有严格限制，外资企业在俄蒙很难获得国民待遇，对外资企业的持股比例一般都有较为严格的限制。例如，俄罗斯一般要求外资企业持股比例不能超过 49%；俄罗斯确保自身绝对控股，加大了外资投资的顾虑。二是环保要求高，对资源开发限制严格，很多矿山只能井下开采，增加了成本、降低了回采率，导致浪费资源。三是劳工政策限制严格，一般要求外资企业必须雇佣当地劳动力，严格限制国外劳工进入人数，增加了外资企业的人工成本。四是金融不稳定，银行利率和资源税收偏高，增加了资源合作的金融成本。五是海关通关程序复杂，商品通关效率不高，双方海关边检规定衔接不畅，导致粮食、木材等资源流通难度大，严重制约了资源合作开发。此外，俄蒙两国都存在政策和法律法规多变问题，尤其是蒙古国政权更替快，影响长期稳定合作。

3）跨境基础设施滞后

俄蒙两国面积大，俄西伯利亚和远东地区地广人稀，且在苏联解体之后经济发展较为缓慢，基础设施严重老化，公路普遍年久失修，铁路速度慢、效率低，亟待改造提升。在铁路、公路未能延伸到的区域，森林、矿产、能源资源相对丰富，但不具备电力、运输的基本条件，无法开发。例如，俄罗斯北极地区资源开发的基础设施严重不足，人居环境相对恶劣，资源开发难度加大。在海洋资源开发方面，俄罗斯经济水平较差，难以负担巨额基础设施投资成本。中俄、中蒙共同边境线漫长，但是口岸基础设施建设进展较慢，中俄边界主要为黑龙江、乌苏里江和阿尔泰山阻隔，公路、铁路、桥梁、隧道、油气管道不足，成为双边资源合作的"瓶颈"。中俄黑河大桥建设论证历时几十年，仍未达到预期效果。蒙古高原特殊的地理环境在一定程度上影响中蒙俄大型跨国基础设施建设。

4）地缘竞争激烈

俄罗斯是全球主要的油气出口国，欧盟、日本、韩国均从俄罗斯大量进口油气资源，作为新兴经济体的印度能源需求也迅速增加，资源需求国之间的竞争对中俄加深资源合作造成了影响。21 世纪初"安大线""安纳线"之争即是鲜明案例。北溪二线的开通增加了亚马尔地区天然气的出口选择，对中俄清洁能源合作构成了一定的分流效应。同时，俄罗斯积极谋求与石油输出国组织（OPEC）、中亚天然气出口国加强联系和协作，谋求对全球油气供应更大的主导权，尤其是 2022 年以来，俄罗斯对中亚油气通道的控制能力明显加强，加之俄罗斯本身已经成为中国最大的油气进口来源国，在全球资源市场议价能力有所加强。

蒙古国长期以来一直谋求发展"第三邻国"战略，与美国、日本、韩国、澳大利亚等国合作开展资源开发，对中国企业进入限制较严。蒙古国最大的欧玉陶勒盖铜金矿已被澳大利亚力拓公司控股。由于国际竞争的加剧，相关国家在蒙古国的资源控制对中国构成不利影响。近期，俄乌冲突发生，俄欧关系变化影响世界资源贸易格局，全球资源合作不稳定性因素增多。

8.2　总体战略

2022 年 10 月，中国共产党第二十次全国代表大会胜利召开，习近平总书记在大会报告中提出，以中国式现代化全面推进中华民族伟大复兴，并再次明确了从二〇二〇年到二〇三五年基本实现社会主义现代化，从二〇三五年到本世纪中叶把我国建成富强民主文明和谐美丽的社会主义现代化强国的两阶段目标。自然资源是中国式现代化建设不可或缺的物质基础，资源合作是中蒙俄合作的战略性领域。未来 15～30 年，中国式现代化建设对自然资源的强劲需求将维持一段时期，新能源、新材料等新产业发展对新资源需求将持续增长；随着全球绿色运动的兴起，资源的绿色开发、低碳开发、安全开发和循环利用越来越受到重视。中国政府已积极推进"碳达峰碳中和"，推进能源的绿色化和资源的绿色低碳循环利用将是中方秉承的基本原则。中国经济从高速增长向高质量发展转变，将从资源产业链、供应链、价值链全方位布局优化。这些新的变化对未来中蒙俄资源合作长远规划具有重要指导作用。

8.2.1　战略思路

积极推动我国"一带一路"倡议与欧亚经济联盟、蒙古国"草原之路"倡议对接，以平等、互利、共赢基本原则为指导，通过资源贸易、产能投资、技术交流、共建园区等领域启动合作项目，进一步加强中蒙俄三国在能源、矿产、农业、林业、旅游等行业的资源合作，建设资源合作集聚区，推进基础设施建设，加大资源环境保护力度，不断扩大资源贸易规模，提升资源合作水平，丰富资源合作模式，将中蒙俄资源合作打造成为三国经贸合作和全方位合作的"压舱石"，三国经济振兴发展和人民生活水平提升的"推进器"，国际绿色发展合作典范，维护东北亚、中亚和跨欧亚地区可持续发展的"稳定器"。

8.2.2　战略原则

坚持平等互利共赢。中蒙俄资源合作要兼顾各方利益和关切，平衡好合作各国的国家利益，协调好政府、企业和社区权益，切实促进各方协同进步。

坚持长远规划。在基于长期政治互信的基础上，制定战略资源领域的长期合作规划，签订长期协议，长远打算，稳步推进，确保开发权益，降低投资风险。

坚持优势互补。要充分发挥各自在资源、资本、劳动力方面的优势，扩大要素流动，实现最优配置。发挥好中国巨大市场、资本优势和资源贸易枢纽条件，积极参与俄罗斯、蒙古国资源的开发及第三方市场开拓，要突出俄罗斯和蒙古国的资源特点，优先开展油气、有色金属、森林、农业、旅游等方面的合作。

坚持多元主体。三国政府要做好引导服务工作，为企业投资提供制度保障和行政支持。大型国有企业要担负起战略投资的重任，积极进行长期、大型项目的布局与开发。吸引多种所有制的资本、企业参与资源合作。鼓励社区参与资源开发，并从中获益。

坚持绿色安全。要科学测度水、土、森林资源的开发强度，保证资源的可持续利用。严格执行环保制度，保护生态环境，减少资源开发过程中的水、土壤和大气污染。积极参与社区环境建设，做好矿山的后续回填和生态修复。

8.2.3　战略目标

1）三国经贸合作和全方位合作的"压舱石"

中国式现代化是人口规模巨大的现代化，中国愿意与包括俄蒙在内的周边国家和地区共享 14 亿人口巨大市场带来的重要发展机遇。通过资源贸易、产能投资、技术交流、共建园区等领域启动一批重大合作项目，进一步加强三国在能源（尤其是天然气）、矿产（尤其是关键矿产）、农业（粮食）、林业（木材）、旅游等行业的资源合作，推进跨境基础设施建设，优化通关简易流程，强化金融支持，不断扩大资源贸易规模，提升资源合作水平，丰富资源合作模式，把资源合作打造成三国经贸合作和全方位合作的"压舱石"。同时，通过中蒙俄战略性资源合作，提高中国对油气、粮食、关键有色金属等战略性资源的供应安全水平，有效对冲国际局势恶化带来的资源供应风险，为我国经济社会持续健康发展强化战略资源保障。

2）三国经济振兴发展和人民生活水平提升的"推进器"

俄罗斯与蒙古国近年来经济发展放缓，居民生活水平提升较慢。同时由于俄乌冲突，俄罗斯遭受西方国家空前制裁，经济发展压力较大。通过战略性资源合作，可以有效缓解相关国家的经济困境，改善当地民生条件，并促进相关产业的发展，为中蒙俄国际经济走廊的建设提供持久的动力。中国倡导构建人类命运共同体，建议加强中蒙俄三国地方、企业和民间合作，依靠科技进步推进资源全产业链、价值链合作，共建一批资源深加工园区，提升资源合作质量效益，把资源合作打造为三国经济振兴发展和人民生活水平提升的"推进器"。

3）国际绿色发展合作典范

中国积极倡导生态文明，强调山水林田湖草沙生命共同体建设和绿色低碳循环产业体系构建。中蒙俄三国应秉承资源绿色低碳循环利用理念，积极倡导节约集约利用资源，处理好资源开发利用与环境保护的关系，积极应对全球气候变化。加强中蒙俄三国资源循环利用与绿色发展技术合作，把中蒙俄资源合作打造为国际绿色发展合作典范。

4）维护东北亚、中亚和跨欧亚地区可持续发展的"稳定器"

中俄均为世界大国，是维护全球地缘安全的主要力量。应通过战略性资源合作，有效地提升三国战略安全水平，形成横跨亚欧大陆的地缘安全板块。同时，充分利用中蒙俄三国资源互补性强优势，优化东北亚地区资源配置，提升地区抗风险能力，支撑东北亚地区持续健康发展。中蒙俄三国及其周边国家共同关注彼此利益，加强政策沟通与协调，共同维护公平公正的资源合作国际秩序，尤其是资源贸易国际秩序，把资源合作打造为维护东北亚、中亚和跨欧亚地区可持续发展的"稳定器"。

8.3　对策建议

1）加强政策沟通，深化政治互信

在共同应对全球性问题和地区危机时，增强三方的理解和信任，坚定"背靠背"战略协作关系，全面提升中蒙俄各领域合作水平，消除合作过程中不必要的政治与思想障碍。加深双方民间来往，全面深化两国人民关系，为两国战略资源合作提供坚实的政治基础。

加强三国在资源勘探、开发投资、金融信贷、股权合作、海关税收、环境保护等领域的政策协调，在尊重三国利益关切的前提下，尽量消除影响资源合作的制度性和政策性障碍，提高重点资源合作项目的推进效率。

2）制订长期合作规划

在三方全方位合作大背景下，应制定能源、矿产、农业、林业合作长期战略规划，按照长远打算、分步推进的原则，明确近期、中期和远期目标，确定近期应当重点推进的主要任务，并细化具体项目清单。将资源合作规划纳入各自的法律体系，通过立法、司法和行政资源，协调政策，为推动战略资源合作保驾护航。

3）拓展资源合作模式

推动多样化资源合作模式。加大对资源开采上游产业、资源加工中游产业和下游成品深度开发等全产业链的投资和技术合作，利用中国资金、技术和市场优势，助力相关国家资源开发和产能合作，增强在资源合作领域的话语权。积极推广人民币计价结算、人民币直接与卢布兑换结算等资源贸易和投资结算形式，探索"市场换资源""工程换资源""贷款换资源"等新模式，利用中国的巨大市场优势、工程技术优势、资金优势，参与俄蒙资源开发。积极探索在资源地、边境贸易区、消费地等不同区域建立资源深加工园区的国际合作模式。加强资源企业股权合作，积极获得海外资源权益，加强资源关联产业领域的合作，发挥俄罗斯的技术优势与中国的制造优势，合作生产资源开采加工设备，共同开发相关技术服务。

4）加强基础设施建设

加强俄罗斯西伯利亚地区、远东地区和蒙古国重点地区的交通、电力、通信、水利等基础设施建设，为资源开发、加工和配套产业发展提供支撑条件，重点保障好亚马尔半岛、克拉斯诺亚尔斯克边疆区、贝加尔地区、远东南部等重点资源合作区域的基础设施建设。推进中蒙俄跨境油气管道可行性方案论证，加快中俄天然气管道西线的修建，远期建设萨哈林岛（库页岛）—符拉迪沃斯托克（海参崴）—绥芬河石油天然气管道。提升跨境公路、铁路、桥梁密度，重点建设中俄沿海高铁通道，绥芬河—乌苏里斯克（双子城）铁路通道；提升黑河—布拉戈维申斯克（海兰泡）公路通道与同江—下列宁斯科耶铁路通道便捷程度；打造哈尔滨国际航空港，作为东北亚枢纽机场。完善口岸服务体系建设，重点建设哈尔滨、同江、绥芬河铁路口岸，东宁、密山、绥芬河、虎林等公路口岸，哈尔滨、黑河、同江、抚远等河运口岸。完善口岸管理机制，简化通关手续。加强边境经济合作区建设，形成资源加工产业基地，依托交通通道与贸易口岸，推动双方建设边境自由贸易区和保税区，实现资源型商品在口岸就地加工，减少通关难度，便利双边产业合作。

5）探索第三方市场合作

通过在资源地建立合作加工企业，向第三国出口资源制成品与半成品。例如，在远东地区合作建立石化企业，利用俄罗斯油气资源优势，向日本、韩国市场提供石化产品；建立木材深加工企业，向周边国家出口家具等制成品。通过农业合作，发挥水土资源优势，面向国际粮食市场，建立跨国粮食生产基地。通过技术合作，向第三国提供资源开发利用技术，如合作开发面向第三国的核电装备及技术服务、油气开采平台及相关技术服务等。

6）保护生态环境

积极提升化石能源清洁开采与利用技术，开发有色金属开采与冶炼废弃物回收技术，加强矿山生态修复。发展高效节水农业，有效保护水土资源，降低农业面源污染，探索贝加尔湖地区瓶装水资源开发与贸易合作。加强育苗与森林养护工作，促进森林资源再生；加强木材废料再利用，实现木材清洁生产，减少火灾隐患。

7）积极推进中俄北极资源合作

积极参与以亚马尔半岛为重点的北极地区油气资源开发，加强北极天然气贸易合作，联通已有的中俄天然气管道。探索参与北极地区资源勘探合作；开展北极地区综合科学考察。开展北极地区海洋资源调查与开发合作。参与北极航道共同开发，推进沿岸港口、交通、物流等基础设施建设，利用好北极航道资源，促进沿岸地区资源开发与经济发展。

参 考 文 献

安东诺娃 Н Е, 林琳. 2015. 俄罗斯远东林业产业集群: 俄中合作的现实与潜力. 西伯利亚研究, 3: 25-29.

奥都巴雅尔. 2013. 蒙古国旅游产业发展研究. 呼和浩特: 内蒙古师范大学.

白雪梅, 西涅果夫斯基·米哈伊尔·奥列戈维奇. 2017. 俄罗斯大豆生产现状考察报告. 黑龙江农业科学, (4): 140-141.

卜晓燕. 2019. 俄罗斯省级行政单元农业资源格局与潜力研究. 北京: 中国科学院.

曹建军. 2018. 油气田开发现状及发展趋势. 云南化工, 45(9): 175-176.

常娟, 王根绪, 高永恒, 等. 2012. 青藏高原多年冻土区积雪对沼泽、草甸浅层土壤水热过程的影响. 生态学报, 32(23): 7289-7301.

陈炳蔚, 陈廷愚. 2007. 横贯亚洲巨型构造带的基本特征和成矿作用. 岩石学报, (5): 865-876.

陈从喜, 崔荣国, 李政, 等. 2020. 高技术矿产的内涵、分类及应用前景. 国土资源情报, (10): 7.

陈金玲. 2016. 中俄石油天然气合作的历史. 俄罗斯圣彼得堡国立大学报, (16): 138.

陈龙, 赵元艺. 2017. 蒙古博洛金矿床研究进展. 地质通报, 36(1): 112-126.

陈其慎. 2009. 中国矿业投资海外, 急需建立海外矿业投资协会. 中国矿业, (12): 111-113.

陈其慎, 于汶加, 张艳飞, 等. 2015. 资源–产业"雁行式"演进规律. 资源科学, 37(5): 871-882.

陈文. 2019. 蒙古国地质构造概况及金成矿区分布特征. 甘肃地质, 18(2): 7.

陈喜峰, 施俊法, 陈秀法, 等. 2017. "一带一路"沿线重要固体矿产资源分布特征与潜力分析. 中国矿业, 26(11): 32-41.

陈志广, 张连昌, 万博, 等. 2008. 内蒙古乌奴格吐山斑岩铜钼矿床低 Sr-Yb 型成矿斑岩地球化学特征及地质意义. 岩石学报, 24(□): 115-128.

程金龙. 2017. 俄罗斯村庄被遗弃现象的原因分析及对中国的警示. 世界农业, (11): 184-189.

初冬梅. 2017. 中国黑龙江垦区在俄罗斯东部地区农业开发研究. 北京: 社会科学文献出版社.

崔愿, 耿彦斌. 2016. "一带一路"战略之中俄铁路通道发展对策研究. 综合运输, 38(12): 15-22, 74.

达尔森, 徐春祥. 2020. 美国经济制裁对俄罗斯石油出口的影响. 沈阳: 沈阳理工大学.

达莎. 2016. 俄罗斯旅游业发展问题研究. 哈尔滨: 哈尔滨工业大学.

迪娜拉. 2018. 俄罗斯的石油出口前景分析. 北京: 中国石油大学.

俄罗斯农业部. 2018a. 2016 年俄罗斯农业普查报告. http://www.mcx.ru [2020-09-19].

俄罗斯农业部. 2018b. 2016 年俄罗斯农业用地情况评估报告. http://www.mcx.ru [2020-09-19].

俄罗斯农业部. 2019. 2018 年俄罗斯气候评估. http://www.mcx.ru [2020-09-19].

恩格斯. 1971. 自然辩证法. 北京: 人民出版社.

方俊钦, 聂凤军, 徐备, 等. 2013. 蒙古国欧玉陶勒盖斑岩型铜 (金) 矿田的找矿新进展. 地质科技情报, 32(5): 188-194.

冯玉军. 2016. 论"丝绸之路经济带"与欧亚经济联盟对接的路径. 欧亚经济, (5): 15-19, 128.

富景筠, 张中元. 2016. 世界能源体系中俄罗斯的结构性权力与中俄能源合作. 俄罗斯东欧中亚研究, (2): 50-62.

高德荣, 苏庭宝, 吕奎, 等. 2016. 内蒙古甲乌拉–查干铅锌银矿床成矿地质特征及找矿实践. 矿产勘查, 7(3): 391-398.

高晓慧. 2014. 中俄贸易额在各自国家对外贸易中的贡献分析. 俄罗斯东欧中亚研究, (4): 28-34.

格叶莲娜. 2019. 俄罗斯与中国石油天然气合作问题研究. 沈阳: 沈阳理工大学.

葛君, 徐永飞, 安雪洋, 等. 2019. "一带一路"背景下中蒙俄经济走廊生态敏感区分析. 生态学报, 39(14): 5051-5057.

公丕萍, 宋周莺, 刘卫东. 2015. 中国与俄罗斯及中亚地区的贸易格局分析. 地理研究, (5): 812-824.

管晋红. 2021. 含油气盆地构造与成藏规律分析. 石化技术, 28(10): 140-141.

郭宾奇. 2003. 中俄农业合作前景广阔——中俄农业十大互补性探析. 西伯利亚研究, 30(3): 24-36.

郭连城, 边中悦. 2014. 中国与俄罗斯外经贸政策调整及其效应. 财经问题研究, (5): 117-123.

国土资源部信息中心. 2015. 世界矿产资源年评. 北京: 地质出版社.

韩璟, 卢新海, 匡兵. 2020. 中国海外耕地投资东道国的空间分布及地缘关系因素影响路径分析. 中国土地科学, 34(10): 79-88.

何登发, 马永生, 刘波, 等. 2019. 中国含油气盆地深层勘探的主要进展与科学问题. 地学前缘, 26(1): 1-12.

何海清, 支东明, 唐勇, 等. 2021. 准噶尔盆地阜康凹陷康探 1 井重大突破及意义. 中国石油勘探, 26: 1-11.

何雨. 2017. 浅析中俄石油合作的现状及发展建议. 经贸实践, (8): 102.

侯万荣, 聂凤军, 江思宏, 等. 2010. 蒙古国博洛大型金矿区花岗岩 SHRIMP 锆石 U-Pb 测年及地质意义. 地球学报, 31(3): 331-342.

胡冰川. 2016. 开放条件下的农业供给侧结构性改革: 形势、目标与策略. 理论学刊, 4(7): 67-73.

冀翌格. 2017. 黑龙江与俄罗斯远东地区的农业合作基础与障碍. 对外经贸, 5(275): 11-14.

江思宏, 韩世炯, 陈郑辉, 等. 2019. 蒙古国铜矿床成矿规律. 地质科技情报, 38(5): 1-19.

姜振军. 2015. 中俄共同建设"一带一路"与双边经贸合作研究. 俄罗斯东欧中亚研究, (4): 41-47.

金书秦, 沈贵银, 刘宏斌. 2017. 农业面源污染治理的技术选择和制度安排. 北京: 中国社会科学出版社.

亢荣. 2022. 中俄能源合作思考. 电器工业, (3): 4-7.

李德安, 孙永强, 薛友兵. 2006. 西伯利亚地台的古代含油气沉积. 石油仪器, 20: 52-54.

李飞, 董锁成, 李泽红. 2016. 中国东部地区农业环境-经济系统耦合度研究. 长江流域资源与环境, 25(2): 219-226.

李飞, 张克, 董锁成, 等. 2021. 中蒙俄经济走廊耕地资源格局与合作战略研究. 地理研究, 40(11): 3063-3072.

李富佳, 董锁成, 原琳娜, 等. 2016. "一带一路"农业战略格局及对策. 中国科学院院刊, 31(6): 678-688.

李国玉, 曹亚鹏, 马巍, 等. 2021. 中俄原油管道冻土灾害问题及防控对策研究. 中国科学院院刊, 36(2): 150-159.

李华, 杨恺. 2012. 俄罗斯矿产资源现状及开发. 中国煤炭地质, 24(12): 4.

李俊建, 刘新秒. 2013. 蒙古地质矿产研究进展. 天津: 天津科学技术出版社.

李俊建, 付超, 党智财, 等. 2020. 蒙古国矿产资源概况. 地质调查与研究, 43(1): 19-29.

李俊枝. 2015. 中国东北地区与俄罗斯远东及西伯利亚地区林业合作研究. 对外经贸, (7): 46-48.

李力荣, 高宁. 2016. 中俄能源合作模式研究. 贸易投资, (3): 189-194.

李向文, 白令安, 王可勇, 等. 2017. 上黑龙成矿带基于证据权重法的金矿综合信息成矿预测. 黄金, 38(3): 19-24.

李晓西. 2001. 以战略保证资源 以资源支撑战略——新世纪我国战略性资源的状况和对策. 中国石油, (4): 3.

李新. 2015. 中俄蒙经济走廊助推东北亚区域经济合作. 俄罗斯东欧中亚研究, (4): 25-33.

李原园, 曹建廷, 沈福新, 等. 2014. 1956~2010 年中国可更新水资源量的变化. 中国科学: 地球科学, (9): 2030-2038.

李昭, 马亮. 2017. 我国油气田开发现状及未来发展趋势. 化工设计通讯, 43(6): 53.

李峥. 2019. 浅析油气田开发现状及发展趋势. 中国石油和化工标准与质量, 39(22): 151-152.

刘芳, 李贵宝, 王圣瑞, 等. 2015. 蒙古湖泊水环境保护及管理. 中国环境管理干部学院学报, 25: 44-47, 74.

刘建明, 张锐, 张庆洲. 2004. 大兴安岭地区的区域成矿特征. 地学前缘, 11(1): 269-277.

刘军, 周振华, 欧阳荷根. 2017. 黑龙江省多宝山 Cu-Mo 矿床成矿斑岩锆石 U-Pb 年龄及地球化学特征. 矿床地质, 36(5): 1057-1073.

刘清才, 齐欣. 2018. "一带一路"框架下中国东北地区与俄罗斯远东地区发展战略对接与合作. 东北亚论坛, (2): 34-51, 127.

刘伟轲, 景喆. 2008. 中俄农产品贸易问题研究. 广东农业科学, (12): 150-152.

龙雪. 2018. "一带一路"背景下中蒙俄旅游合作研究. 哈尔滨: 黑龙江大学.

陆家亮, 赵素平, 孙玉平, 等. 2018. 中国天然气产量峰值研究及建议. 天然气工业, 38(1): 1-9.

吕新彪, 杨俊声, 范谢均, 等. 2020. 大兴安岭地区铅锌多金属矿床时空分布、地质特征及成因. 地球科学, 45(12): 4399-4427.

吕英杰, 马大明, 金洪涛. 1992. 中国砂金矿的分布规律及其找矿方向. 北京: 地质出版社.

马红丽, 李文琪. 2015. 关于中俄林业投资合作研究. 全国商情 (经济理论研究), (20): 34-35.

马思. 1972. 马克思恩格斯全集 (23 卷). 北京: 人民出版社.

马树庆. 1995. 东北区农业气候土壤资源潜力及其开发利用研究. 地理科学, 15(3): 243-252.

马耀峰. 2009. 丝绸之路国内段旅游合作与开发. 丝绸之路, (16): 5-10.

毛汉英. 1984. 苏联农业地理. 北京: 商务印刷书馆.

毛景文, 李晓峰, 张作衡, 等. 2003. 中国东部中生代浅成热液金矿的类型、特征及其地球动力学背景. 高校地质学报, 9(4): 620-637.

木永. 2016. 外商直接投资对蒙古国矿产业发展的影响研究. 兰州: 西北师范大学.

聂凤军, 江思宏, 白大明, 等. 2010. 蒙古国南部及邻区金属矿床类型及其时空分布特征. 地球学报, 31(3): 267-288.

牛育育, 吴殿廷. 2020. 中俄旅游合作的回顾与前瞻. 东北亚经济研究, 20(5): 78-93.

庞雄奇, 陈君青, 李素梅, 等. 2018. 塔里木盆地特大型海相油田原油来源. 石油学报, 39(1): 23-42.

朴光姬, 李芳. 2016. "一带一路"建设与中蒙俄能源合作——基于地区安全视角. 亚太经济, (5): 3-9.

戚爱华, 曹斌, 徐舜华, 等. 2015. 俄罗斯原油生产和出口现状及未来趋势. 国际石油经济, 23(2): 69-74.

齐木德赫希格·孟和其其格. 2008. 蒙古国旅游产业发展研究. 上海: 华东师范大学.

钱易, 陈吉宁. 2008. 农业环境污染的系统分析和综合治理. 北京: 中国农业出版社.

邱瑞照, 谭永杰, 朱群, 等. 2013. 中国及邻区重要成矿带成矿规律对比研究. 北京: 地质出版社.

然娜, 侯银霞. 2018. 提升俄罗斯石油企业核心竞争力的对策研究. 哈尔滨: 哈尔滨工业大学.

邵立民, 邵晨阳. 2013. 我国东北地区对俄罗斯远东农业合作与贸易的问题及对策. 农业经济与管理, (2): 82-86.

沈存利. 1998. 赴俄罗斯赤塔州矿山考察报告. 内蒙古地质, (3): 33-38.

施和生, 王清斌, 王军, 等. 2019. 渤中凹陷深层渤中 19-6 构造大型凝析气田的发现及勘探意义. 中国石油勘探, 24: 36-45.

辻久子. 2016. 中国利用俄罗斯远东"借港出海"的新尝试. 笪志刚, 译. 俄罗斯学刊, 6(1): 85-87.

石玉林, 陈百明. 1991. 中国土地资源生产能力及人口承载量研究. 北京: 中国人民大学出版社.

石玉林, 唐华俊, 高中琪, 等. 2019. 中国农业资源环境若干战略问题研究. 北京: 中国农业出版社.

宋璐. 2021. "冰上丝绸之路"倡议下中俄北极油气资源合作研究. 北京: 外交学院.

苏轼娜, 许敬华. 2015. 俄罗斯能源近况与中俄能源合作前景. 资源与产业, 17(3): 28-31.

孙国昕, 马春雨, 赵波, 等. 2021. 蒙古国勘探区块的凹陷、区带、圈闭定量评价方法. 大庆石油地质与开发, 40(2): 10-19.

孙鸿烈. 2013. 在中国自然资源研究会成立大会上的工作报告. 自然资源学报, 28(9): 5.

孙晓谦. 2012. 俄罗斯旅游市场开发现状及发展趋势. 西伯利亚研究, 39(3): 5-11.

孙永祥. 2017. 俄罗斯石油工业改革的现状和问题. 当代石油石化, 10(11): 15-17.

谭钢, 印建平. 2016. 蒙古国铅锌资源勘查开发现状与前景展望. 中国金属通报, (12): 115-117.

谭晓弖, 刘家福, 张柏, 等. 2021. 俄罗斯远东地区后备耕地资源潜力分析. 土壤与作物, 10 (3): 314-323.

唐文旭, 王永军, 曹卫生. 2007. 江汉盆地白垩系油气成藏条件与勘探策略. 石油天然气学报, (3): 182-184, 510.

田作基, 鲍志东, 吴义平, 等. 2016. 日本及蒙古含油气盆地资源评价. 北京: 石油工业出版社.

佟匡胤, 杨言辰, 宋国学, 等. 2015. 黑龙江争光金锌矿地质特征、矿床成因及找矿潜力探讨. 地质与勘探, 51(3): 507-518.

汪巍. 2020. 中俄油气工程合作特点及趋势. 国际工程与劳务, (2): 73-75.

王成辉, 徐珏, 黄凡, 等. 2014. 中国金矿资源特征及成矿规律概要. 地质学报, 88(12): 2315-2325.

王骅. 2016. 中俄两国签署林业合作备忘录. http://www.xinhuanet.com/politics/2016-05/31/c_129029607.htm [2018-09-10].

王金霞, 仇焕广, 王军飞. 2013. 中国农村生活污染与农业生产污染. 北京: 科学出版社.

王京, 刘琨. 2014. 俄罗斯最新石油资源数据解析及生产前景分析. 国际石油经济, (10): 53-62.

王岚, 王连铮. 2015. 俄罗斯大豆生产及科研. 大豆科学, 34(6): 1097-1099.

王立新, 刘爱民, 辛良杰. 2019. 中国粮食安全与耕地保障问题战略研究. 北京: 中国农业出版社.

王陆新, 潘继平, 娄钰. 2018. 近十年中国石油勘探开发回顾与展望. 国际石油经济, 26(7): 65-71.

王平. 2018. 西北干旱区间歇性河流与含水层水量交换研究进展与展望. 地理科学进展, 37(2): 183-197.

王平, 王田野, 王冠, 等. 2018. 西伯利亚淡水资源格局与合作开发潜力分析. 资源科学, 40: 2186-2195.

王少勇. 2018. 我国油气资源勘查开采呈现新格局. 资源与产业, 20(4): 82-83.

王素花, 高书琴. 2020. 俄罗斯天然气资源基础及出口潜力. 国际石油经济, 28 (6): 75-82.

王学君. 1993. 旅游资源结构分析. 地理学与国土研究, 9(1): 37-39.

王宗明, 张柏, 宋开山, 等. 2007. 东北地区农业土地资源潜力评价. 生态科学, 26(4): 351-360.

维卡多莉亚. 2014. 中国与俄罗斯开展国际旅游合作的策略研究. 大连: 东北财经大学.

吴丹. 2008. 东亚双边进口贸易流量与潜力: 基于贸易引力模型的实证研究. 国际贸易问题, (3): 32-42.

吴殿廷. 2020-01-03a. 发展潜力巨大的蒙古国旅游业. 中国旅游报, 7.

吴殿廷. 2020-01-17b. 浅析中蒙旅游合作的前景及意义. 中国旅游报, 7.

吴殿廷, 杨欢, 耿建忠, 等. 2014. 金砖五国农业合作潜力测度研究. 经济地理, 34(1): 121-127.

吴殿廷, 王彬, 周李. 2021. 中俄旅游合作的现实意义和突破路径. 东北亚经济研究, 5(1): 25-35.

武广, 王玉瑞, 刘军, 等. 2014. 大兴安岭北部主要金属矿床成矿系列和区域矿床成矿谱系. 矿床地质, 33(6): 1127-1150.

夏友照. 2011. 关于建立中俄朝跨境旅游合作区的战略思考. 社会科学战线, (11): 237-239.

向安平, 汤郧城, 李贵涛, 等. 2012. 黑龙江多宝山斑岩 Cu-Mo 矿床成岩成矿时代研究. 矿床地质, 31(6): 1237-1248.

萧芦. 2020. 2014—2019 年中国天然气产量. 国际石油经济, 28(4): 104.

肖伟, 王义天, 江思宏, 等. 2010. 南蒙古及邻区地质矿产简图及地形地貌特点. 地球学报, 31(3): 473-484.

徐晟, 张孟伯, 张桂平. 2014. 俄罗斯地质与矿产资源及重要地学文献资料集成. 北京: 地质出版社.

徐建山, 朱颖超. 2016. 全球格局变化下的"一带一路"油气合作战略研究. 国际经济合作, 12: 75-80.

徐青鸽, 刘嘉麒, 莫宣学, 等. 2020. 长白山新生代玄武岩中橄榄岩包体所揭示的岩石圈地幔特征. 岩石学报, 36(7): 2047-2066.

徐义刚, 郭正府, 刘嘉麒. 2020. 中国火山学和地球内部化学研究进展与展望 (2011～2020 年). 矿物岩石地球化学通报, 39(4): 683-696.

徐志刚, 陈毓川, 王登红, 等. 2008. 中国成矿区带划分方案. 北京: 地质出版社.

许青云, 杨贵军, 顾伟伟, 等. 2017. 陕西省农业土地资源潜力评价. 遥感信息, 32(5): 141-151.

薛永安, 李慧勇. 2018. 渤海海域深层太古界变质岩潜山大型凝析气田的发现及其地质意义. 中国海上油气, 30(3): 1-9.

闫静, 李树民. 2015. 丝绸之路经济带旅游合作的潜力、挑战与实现路径. 西安财经学院学报, 28(4): 94-98.

杨劲松. 2018. 推动中俄地方旅游合作再上新台阶. https://www.sohu.com/a/254151961_126204 [2020-10-12].

姚予龙, 邵彬, 李泽红. 2018. "一带一路" 倡议下中俄林业合作格局与资源潜力研究. 资源科学, 40(11): 2153-2167.

于江薇, 王小烈, 于汶加, 等. 2017. 中蒙俄国际经济走廊带有色金属矿产开发利用现状及未来合作前景. 中国矿业, 26(11): 47-52.

于敏, 姜明伦, 耿建忠. 2015. 中俄农业合作新机遇及对策研究. 世界农业, (8): 4-9.

余珊. 2018. 我国林业企业境外投资现状分析及建议. 林产工业, 45(7): 55-58.

余燕, 赵明正, 赵翠萍. 2021. 中国与 "一带一路" 沿线国家粮食生产合作潜力研究. 区域经济评论, (6): 115-124.

余振, 周波, 邱珊. 2014. 论中国—俄罗斯 FTA 的经济基础与路径选择——基于 "自然贸易伙伴假说" 的分析. 中国社会科学院研究生学报, (6): 137-144.

张道伟, 马达德, 陈琰, 等. 2019. 柴达木盆地油气地质研究新进展及勘探成果. 新疆石油地质, 40: 505-512.

张建武, 薛继亮, 李楠. 2015. 中蒙俄贸易和产业的协调机制和政策研究——基于产业互补和产业替代的视角. 开放经济研究, (3): 191-196.

张金萍, 高子清. 2014. 中俄农业深度合作的基础与路径选择. 求是学刊, 41(6): 1-9.

张璟, 邵军, 鲍庆中, 等. 2014. 蒙古国乌兰铅锌矿地质特征、岩石地球化学特征及 U-Pb 年龄. 中国地质, 41(4): 1124-1135.

张抗, 张立勤. 2019. 21 世纪初中国原油储量、产量构成变化分析及启示. 中国石油勘探, 24(3): 280-296.

张帅, 张义波, 石传军. 2019. 蒙古国北部那仁陶勒盖金矿床地质特征及成因探讨. 黄金, 40(8): 29-32.

张维理, 武淑霞, 冀宏杰, 等. 2004. 中国农业面源污染形势估计及控制对策: 21 世纪初期中国农业面源污染的形势估计. 中国农业科学, 37(7): 1008-1017.

张宇硕, 陈军, 陈利军, 等. 2015. 2000—2010 年西伯利亚地表覆盖变化特征——基于 GlobeLand30 的分析. 地理科学进展, 34(10): 1324-1333.

章力建, 蔡典雄, 武雪萍. 2013. 农业立体污染综合防治理论与实践. 杭州: 浙江科学技术出版社.

赵媛. 1995. 俄罗斯旅游地理研究. 世界地理研究, (1): 88-92.

郑民, 李建忠, 吴晓智, 等. 2019. 我国主要含油气盆地油气资源潜力及未来重点勘探领域. 地球科学, 44(3): 842-847.

中俄资讯网. 2018. 俄罗斯将制定 2035 年林业产业发展战略. http://www.chinaru.info/zhongejmyw/jingmaozhengce/51802.shtml [2020-10-12].

周京武, 阿不力米提・阿不力克木, 毛炜峄, 等. 2014. 天山南坡清水河流域径流过程对气候变化的响应. 冰川冻土, 36(3): 685-690.

周李, 吴殿廷, 李泽红, 等. 2018. 中蒙俄经济走廊自然旅游资源格局及影响因素研究. 资源科学, 40(11): 2168-2176.

周立明, 韩征, 任继红, 等. 2019. 我国石油天然气探明储量现状及变化特点. 中国矿业, 28(9): 6-11.

周念利, 黄宁. 2014. 中俄政治与经贸关系发展的非对称现象分析及应对. 东北亚论坛, (2): 67-78.

周言艳. 2020. 中俄在旅游领域的人文交流问题探究. 西伯利亚研究, 47(5): 94-101.

周永恒, 吴大天, 吴涛涛, 等. 2017. 俄罗斯重要铅锌成矿带的资源特征. 矿物学报, 增刊: 891-892.

周永恒, 张森, 吴涛涛, 等. 2018. 俄罗斯铜矿资源勘查开发现状、潜力及投资建议. 地质与勘探, 54(6): 1227-1237.

周永恒, 柴璐, 鲍庆中. 2019. 中蒙俄国际经济走廊带矿产资源. 北京: 科学出版社.

朱蓓蓓. 2019. 俄罗斯远东地区开发战略与中俄区域合作研究. 长春: 吉林大学.

朱九成, 周静, 查锋. 2020. 海外油气合作进入战略机遇期. 中国投资 (中英文), (Z7): 68-69.

卓兰. 2017. 蒙古国旅游开发现状及对策研究. 南京: 东南大学.

曾庆芬. 2019. 贸易战对我国农业对外直接投资的影响及政策建议. 农村经济, (12): 11-19.

Anna P. 2018. 俄罗斯对华石油出口贸易研究. 北京: 北京交通大学.

Nominzul T. 2019. 中石油蒙古国投资策略研究. 兰州: 兰州理工大学.

АГАНБЕГЯН А Г. 2010. Доклад Академика РАН Аганбегяна АГ на международной конференции «Россия и мир: вызовы нового десятилетия». М.: Академия Народного хозяйства.

Андреев И. 2014. Стратегический ресурс национальной экономики и международной политики. Свободная Мысль, 4(1646): 201-214.

Архипенко А. 2017. Современное состояние и проблемы развития нефтепере рабатывающего комплекса России. Мировая Экономика, (9): 34-43.

Безруков Л, Гагаринова О, Кичигина Н, и др. 2014. Водные ресурсы Сибири: состояние, проблемы и возможности использования. География и природ. ресурсы, (4): 30-41.

Бенезольский Б И. 2011. Состояние и пути развитня минерально-сырьевой базы благородхых и цветных метнллов России. Разведка и Охрана Недр, (5): 29-36.

Бенезольский Б И, Голенев В Б. 2013. Минерально-сырьевая база драгоценных металлов. Минеральные ресурсы России. Экономика и управление, (5): 124-143.

Бердячевский Г В, Лаврентьев Ю Г, Чернявский Л И. 1977. Нахождение концентрации элементов при количественном спектральном микроанализе минералов. Геология и геофизика, 3: 153-157.

Вологин В Г, Лазарев А В. 2016. Состояние и перспективы развития минерально-сырьевого комплекса Дальневосточного федерального округа// Материалы Форума Майнекс-ДВ. Магадан.

Горюшова С В, Суздалева А Л. 2015. О необходимости формирования цивилизованного рынка пресной воды. Актуальные проблемы гуманитарных и естественных наук, 11: 115-117.

Красников А. 2016. Оценка состояния и перспектив развития российского нефтяного сектора. Известия УрГЭУ, 3 (65): 114-119.

Левченко Н, Иванова Н. 2016. Перспективы развития российского нефтяного комплекса в контексте мировой экономики. Экономическая теория, (9): 68-75.

Леонидович А И. 2014. Россия эры водолея стратегический ресурс национальной экономики и международной политики. СВОБОДНАЯ МЫСЛЬ, 4: 201-214.

Магрицкий Д В, Фролова Н Л, Евстигнеев В М, и др. 2017. Водные ресурсы и режим рек арктической зоны Сибири: современное состояние, прогнозируемое изменение, масштабы и структура хозяйственного использования//Водные и экологические проблемы Сибири и Центральной Азии: Институт водных и экологических проблем СО РАН Барнаул, Статья содержит уточненные оце: 121-131.

Мигачев И Ф, Беневольский Б И, Голенев В Б. 2008. Состояние, перспективы расширения и осьоения МСБ цветных металлов России. Разведка и Охрана Недр, (9): 68-74.

Пешкоза Г, Самарина Ю. 2019. Современные реалии экономических взаимоотношений РФ, КНР и США в условиях санкций и торговых войн. Экономика и управление, 4 (162): 45-50.

Порочкин Е М, Зарбаилов А Ю. 1975. Внутренние водные пути СССР: справочник. [S.l.]: Транспорт.

Спорыхина Л В, Орлова Н И, Быховский В З. 2013. Минерально-сырьевая база цветных металлов: перспективы развития и освоения, Минеральные ресурсы России. Экономика и управление, (5): 99-118.

Черепозицын А Е. 2020. Экономическая эффективность вариантов добычи нефти на территории Северо-Западного федерального округа до 2020 года. Современные аспектыэкономики, (107): 142-147.

Эйриш Л В. 2012. Закономерности локализации и принципы прогнозирования золоторудных месторождений на Дальнем Востоке России. Руды и Металлы, (1): 5-16.

Arnell N. 1999. Climate change and global water resources. Global Environmental Change, 9: 31-49.

Babkin V I. 2004. Water resources of the Russian federation in the 20th century. Water Resources, 31(4): 357-362.

Bezrukov L A, Gagarinova O V, Kichigina N V, et al. 2014. The water resources of Siberia: present state, problems, and potential uses. Geography and Natural Resources, 35(4): 326-336.

Bulygina O N, Razuvaev V N, Korshunova N N. 2009. Changes in snow cover over Northern Eurasia in the last few decades. Environmental Research Letters, 4(4): 045026.

Castro P, Azul A M, Filho W L, et al. 2019. Climate Change-Resilient Agriculture and Agroforestry Ecosystem Services and Sustainability. Cham: Springer International Publishing.

Chen Y, Li X, Wang L, et al. 2017. Is China different from other investors in global land acquisition? Some observations from existing deals in China's Going Global Strategy. Land Use Policy, (60): 362-372.

Chernova A D. 2016. The review of foreign projects exploration and development project, aimed at reproduction MSB platinum group metals. Разведка и Охрана Недр, (8): 8-13.

Chuer J K, Kotlyar B, Gantsetseg O, et al. 2005. Geology of the Boroo gold deposit, northern Mongolia//Seltmann R, Gerel O, Kirwin D J. Geodynamics and Metallogeny of Mongolia with A Special Emphasis on Copper and Gold Deposits. London: Centre for Russian and Central Eurasian Mineral Studies.

Datry T, Larned S T, Tockner K. 2014. Intermittent rivers: a challenge for freshwater ecology. Bioscience, 64(3): 229-235.

Dergunov A B. 2001. Tectonics, Magmatism and Metallogeny of Mongolia. London: Routledge: 286.

Dobrovolski S G. 2007. The issue of global warming and changes in the runoff of Russian rivers. Water Resources, 34: 607-618.

Famiglietti J S. 2014. The global groundwater crisis. Nature Climate Change, 4: 945-948.

Gleick P H, Palaniappan M. 2010. Peak water limits to freshwater withdrawal and use. Proceedings of the National Academy of Sciences of the United States of America, 107(25): 11155-11162.

Hofmann J, Karthe D, Ibisch R, et al. 2015. Initial characterization and water quality assessment of stream landscapes in Northern Mongolia. Water, 7: 3166-3205.

Ivanov A L, Savin I Y, Stolbovoy V S. 2014. Quality of Russian soils for agricultural exploitation. Russian Agricultural Sciences, 40: 49-53.

Ivanov A I, Vartanyan S S, Chernykh A I, et al. 2016. The state and prospects of development of mineral resources of diamonds and gold of Russia. Разведка и Охрана Недр, (9): 95-100.

Karl T R, Arguez A, Huang B, et al. 2015. Possible artifacts of data biases in the recent global surface warming hiatus. Science, 348(6242): 1469-1472.

Keenan R J, Reams G A, Achard F, et al. 2015. Dynamics of global forest area: results from the FAO Global Forest Resources Assessment 2015. Forest Ecology and Management, 352: 9-20.

Koronkevich N I, Barabanova E A, Georgiadi A G, et al. 2019. Anthropogenic impacts on the water resources of the Russian Arctic Basin Rivers. Geography and Natural Resources, 40: 22-29.

Kronvang B, Vagstad N, Behrendt H, et al. 2007. Phosphorus losses at the catchment scale within Europe: an overview. Soil Use and Management, 23(1): 104-116.

Laikam K E, Vorobyova N A, Visotskaya N A, et al. 2018. Russian Federation's Agricultural Census Bulletin. Moscow: Russian Federation Statistics.

Lankin A. 2005. Status and Trends in Forest Product Exports from the Russian Far East and Eastern Siberia to China. Washington D.C.: Forest Trends: 64.

Lawrence D M, Slater A G. 2005. A projection of severe near-surface permafrost degradation during the 21st century. Geophysical Research Letters, 32(24): L24401.

Li F, Dong S, Li F, et al. 2016. Is there an inverted U-shaped curve? Empirical analysis of the environmental Kuznets Curve in agrochemicals. Frontiers of Environmental Science & Engineering, 10(2): 276-287.

Li Z, RenY, Li J, et al. 2018. Land-use/cover change and driving mechanism on the West Bank of Lake Baikal from 2005 to 2015—a case study of Irkutsk City. Sustainability, (8): 2094.

Liu J, Wu G, Qiu H N, et al. 2014. 40Ar/39Ar dating, fluid inclusions and S-Pb isotope systematics of the Shabaosi gold deposit, Heilongjiang Province, China. Geological Journal, 50(5): 592-606.

Lu X, Li Y, Ke S. 2020. Spatial distribution pattern and its optimization strategy of China's overseas farmland investments. Land Use Policy, 91: 104355.

Magritskii D V. 2008. Anthropogenic impact on the runoff of Russian rivers emptying into the Arctic Ocean. Water Resources, 35(1): 1-14.

Magritsky D V, Frolova N L, Evstign Ee V V M, et al. 2017. Long-term changes of river water inflow into the seas of the Russian Arctic sector. Polarforschung, 87: 177-194.

Malyutin E I, Prischepa O M, Voronovich V N, et al. 2016. Raw material base of oil and gas of the north-west federal district and prospect of its development. Prospect of Mineral Resource, (9): 10-15.

McClelland J W, Holmes R M, Peterson B J, et al. 2004. Increasing river discharge in the Eurasian Arctic: consideration of dams, permafrost thaw, and fires as potential agents of change. Journal of Geophysical Research-Atmospheres, 109: D18102.

Menzel L, Törnros T, Marberg I. 2014. Climate Change and Water Resources in Northern Mongolia. Vienna: EGU General Assembly.

Mueller L, Sheudshen A K, Eulenstein F. 2016. Novel Methods for Monitoring and Managing Land and Water Resources in Siberia. Cham: Springer International Publishing.

Nefedova T G. 2016. Russian agricultural resources and the geography of their use in import-substitution conditions. Regional Research of Russia, 6(4): 292-303.

Nokleberg W J. 2010. Tectonic and metallogenic model for Northeast Asia. US Geological Survey Professional Paper, 1765: 1-55.

Overeem I, Syvitski J P M. 2010. Shifting discharge peaks in Arctic rivers, 1977-2007. Geografiska Annaler: Series A, Physical Geography, 92(2): 285-296.

Pekel J F, Cottam A, Gorelick N, et al. 2016. High-resolution mapping of global surface water and its long-term changes. Nature, 540(7633): 418-422.

Peterson B J, Holmes R M, McClelland J W, et al. 2002. Increasing river discharge to the Arctic Ocean. Science, 298: 2171-2173.

Postel S L, Daily G C, Ehrlich P R. 1996. Human appropriation of renewable fresh water. Science, 271: 785-788.

Rippngton S, Cunningham D, England R. 2008. Structure and petrology of the Altan Uul Ophiolite: new evidence for a Late Carboniferous suture in the Gobi Altai, southern Mongolia. Journal of the Geological Society, 165: 711-723.

Samsonova V P, Kondrashkina M I, Krotovb D G. 2019. Spatial variability of arable soils' agrochemical properties (case study of the Trubchevsky Raion in Bryansk Oblast). Moscow University Soil Science Bulletin, 74(2): 73-79.

Schwarzenbach R P, Egli T, Hofstetter T B, et al. 2010 Global water pollution and human health. Social Science Electronic Publishing, 35(1): 109-136.

Shiklomanov I A. 2000. Appraisal and assessment of world water resources. Water International, 25(1): 11-32.

Shiklomanov I A, Babkin V I, Balonishnikov Z A. 2011. Water resources, their use, and water availability in Russia: current estimates and forecasts. Water Resources, 38: 139-148.

Srinivasan V, Lambin E F, Gorelick S M, et al. 2012. The nature and causes of the global water crisis: syndromes from a meta-analysis of coupled human-water studies. Water Resources, 48 (10): W10516.

Tian Y L, Young R, Reig P. 2015. Aqueduct Projected Water Stress Country Rankings. Washington D.C.: World Resources Institute.

Tomurtogoo O. 2005. Tectonics and structural evolution of Mongolia, international association on the genesis of ore deposits// Seltmann R, Gerel O, Kirwin D J. Geodynamics and Metallogeny of Mongolia with A Special Emphasis on Copper and Gold Deposits. London: Centre for Russian and Central Eurasian Mineral Studies.

Tooth S. 2000. Process, form and change in dryland rivers: a review of recent research. Earth Science Reviews, 51(1): 67-107.

United States Environmental Protection Agency (USEPA). 2019. National Water Quality Inventory. Washington D.C.: USEPA.

USGS. 2019. Mineral Commodity Summaries. Reston: USGS.

Vihma T, Screen J, Tjernström M, et al. 2016. The atmospheric role in the Arctic water cycle: a review on processes, past and future changes, and their impacts. Journal of Geophysical Research: Biogeosciences, 121(3): 586-620.

Vologin V G, Lazarev A V. 2016. State and prospects of mineral complex in far east federal district. Разведка и Охрана Недр, (9): 44-50.

Vorosmarty C J, Mcintyre P B, Gessner M O, et al. 2010. Global threats to human water security and river biodiversity. Nature, 467(7315): 555-561.

Vrscaj B, Poggio L, Marsan F A. 2008. A method for soil environmental quality evaluation for management and planning in urban areas. Landscape and Urban Planning, 88(2-4): 81-94.

Wang L, Qin K Z, Cao M J, et al. 2020. Thermal history of an Early Paleozoic epithermal deposit: constraints from 40Ar/39Ar and (U-Th)/He thermochronology at Zhengguang, eastern Central Asian Orogenic Belt. Ore Geology Reviews, 126: 103791.

Wang P, Huang Q W, Pozdniakov S P, et al. 2021a. Potential role of permafrost thaw on increasing Siberian river discharge. Environmental Research Letters, 16(3): 034046.

Wang P, Huang Q W, Tang Q, et al. 2021b. Increasing annual and extreme precipitation in permafrost-dominated Siberia during 1959-2018. Journal of Hydrology, 603(Part A): 126865.

White B, Borras S M, Hall R, et al. 2012. The new enclosures: critical perspectives on corporate land deals. Journal of Peasant Studies, 39(3-4): 619-647.

Wu P, Wood R, Stott P. 2005. Human influence on increasing Arctic river discharges. Geophysical Research Letters, 32(2): L02703.

Yang D, Kane D L, Hinzman L D, et al. 2002. Siberian Lena River hydrologic regime and recent change. Journal of Geophysical Research: Atmospheres, 107: ACL-1-ACL 14-10.

Yang D, Ye B, Kane D L. 2004. Streamflow changes over Siberian Yenisei River Basin. Journal of Hydrology, 296(1-4): 59-80.

Yao R, Yang J. 2010. Quantitative evaluation of soil salinity and its spatial distribution using electromagnetic induction method. Agricultural Water Management, 97(12): 1961-1970.

Zorin Y A, Zorina L D, Spiridonov A M, et al. 2001. Geodynamic setting of gold deposits in Eastern and Central Trans-Baikal (Chita Region, Russia). Ore Geology Reviews, 17(4): 215-232.

索　引